CLAUS GASTROPH
Die politischen Vereinigungen

Schriften zum öffentlichen Recht

Band 118

# Die politischen Vereinigungen

Inhalt und Grenzen der Vereinigungsfreiheit des Art. 9
des Grundgesetzes im politischen Bereich in
der Verfassungsstruktur der Bundesrepublik Deutschland

Von

Dr. Claus Gastroph

DUNCKER & HUMBLOT / BERLIN

Alle Rechte vorbehalten
© 1970 Duncker & Humblot, Berlin 41
Gedruckt 1970 bei Richard Schröter, Berlin 61
Printed in Germany

*Meinen Eltern*

*und*

*Meiner Frau*

# Vorwort

Die im weiten Umfang zulässige politische Teilhabe des einzelnen kann in der modernen Großraumdemokratie nur noch selten verwirklicht werden. Politische Vereinigungen treten deshalb im politischen Leben immer stärker in Erscheinung. Neben den großen und dadurch nivellierend wirkenden Volksparteien sind sie oft Träger teilweise extremer politischer Meinungen geworden. Die Vereinigungsfreiheit wird damit neben der Parteienfreiheit mehr und mehr Vermittlerin aktivbürgerlicher politischer Grundrechte.

In dieser Ausgangssituation versucht die Arbeit einzusetzen und den *staatsrechtlichen* Standort politischer Gruppen außerhalb der Parteien im Verfassungsgefüge zu bestimmen. Dabei durften neben dem staatsrechtlichen Schrifttum staatstheoretische sowie politologische und soziologische Erkenntnisse nicht unberücksichtigt bleiben. Die Arbeit setzt sich aber nicht das Ziel, zu gegenwärtigen Erscheinungen außerparteilicher (= außerparlamentarischer) Vereinigungen oder Oppositionsgruppen Stellung zu nehmen. Die hier besonders herausgestellte *liberale* Konzeption einer freiheitlichen und für den Staat wie den einzelnen notwendigen Gruppenbildung soll insoweit nicht mißverstanden werden. Es soll nicht jede Haltung unter der Firmierung „Vereinigungsfreiheit" gebilligt werden. Ein besonderes Anliegen der Untersuchung ist es, im einzelnen zu klären, daß Vereinigungsfreiheit und politische Betätigungsfreiheit trotzdem die Einhaltung allgemeiner demokratisch-liberaler Grundüberzeugungen sowohl in der Mittelauswahl als auch im Ziel erfordern.

Die vorliegende Arbeit hat als Inauguraldissertation der Juristischen Fakultät der Ludwigs-Maximilians-Universität in München vorgelegen.

Es ist mir ein besonderes Bedürfnis, meinem verehrten Lehrer, Herrn Privatdozent Dr. Heinrich *Scholler,* für die stete Förderung der Arbeit zu danken. Besonderen Dank schulde ich ihm für die vornehme menschliche Haltung, die er neben seinem fachlichen Rat nie vermissen ließ. Sein staatsrechtliches Seminar bot vielfache Anregung und kritische Auseinandersetzung.

Meiner Frau danke ich für die sachkundige Durchsicht des Manuskripts und für die Korrektur. Herrn Ministerialrat Dr. Broermann danke ich für die Aufnahme der Arbeit in sein Verlagsprogramm.

München, im Februar 1970

*Claus Gastroph*

## Inhaltsverzeichnis

**Einleitung** .................................................. 19

§ 1   I. Das Individuum und sein Verhältnis zum Kollektiv .......... 19
      1. Das Menschenbild im Grundgesetz ..................... 19
      2. Staat — Individuum — Vereinigung von Individuen ........ 20
      3. Vereinigungsfreiheit als öffentlich-rechtliche Problemstellung ............................................. 20

§ 2   II. Theoretischer Ansatz für Gefahren und Nutzen der Gruppenbildung .................................................. 21
      1. Gefahren ............................................. 21
      2. Nutzen .............................................. 22

§ 3   III. Abgrenzung der Arbeit ................................... 22
      1. Vereinsrechtliche Gruppenbildung ...................... 22
      2. Abgrenzung zur Sonderproblematik der Interessen- und Anspruchsverbände ...................................... 23
      3. Die Beschränkung auf die Vereinigungsfreiheit nach Art. 9 Abs. 1 GG ............................................ 23
        a) Religionsgemeinschaften, Weltanschauungsgemeinschaften 23
        b) Parteien und Fraktionen ........................... 25
        c) Arbeitsrechtliche Koalitionen ....................... 26

§ 4   IV. Plan der Darstellung ................................... 26
      1. Mittel der Darstellung ............................... 26
      2. Inhalt der Darstellung ............................... 27
        a) Geschichte ....................................... 27
        b) Vereinigungsfreiheit .............................. 27
        c) Schranken der Freiheit ............................ 28
        d) Verbotsverfahren ................................. 28

§ 5   V. Ziel der Arbeit ......................................... 28

### 1. Kapitel

### Die Geschichte der Vereinigungsfreiheit

§ 6   I. Altertum und Mittelalter .................................. 29
      1. Im griechischen Staat ................................. 29
      2. Im römischen Staat ................................... 29
      3. Im germanischen Gemeinwesen ........................ 30
      4. Im Mittelalter ........................................ 31

§ 7 II. Die Vereinigungsfreiheit in den Vereinigten Staaten von Amerika, England und Frankreich ab der Mitte des 18. Jahrhunderts  31
    1. Die Vereinigten Staaten von Amerika  31
    2. England  33
    3. Frankreich  33

§ 8 III. Der Deutsche Vormärz: 1794—1848  35
    1. Politische Machtverhältnisse  35
    2. Geistesgeschichtliche Grundlagen der Vereinigungsfreiheit im deutschen Vormärz  36
        a) Doppelwertigkeit der Vereinsfreiheit  36
        b) Konsequenz dieses Denkens im Verhältnis Staat — Gesellschaft  38

§ 9 IV. Die Frankfurter Grundrechte und die Reaktion in den deutschen Einzelstaaten  39
    1. Frankfurt  39
    2. Die Reaktion auf Frankfurt in den deutschen Einzelstaaten  40

§ 10 V. Das Reichsvereinigungsgesetz von 1908 und die Entwicklung bis 1949  41
    1. Die gesetzliche Garantie der Vereinigungsfreiheit  41
    2. Die verfassungsmäßige Garantie  42
    3. Die Aushöhlung der Vereinsfreiheit durch die Feinde der Republik  43
    4. Beseitigung der Vereinsfreiheit  43
    5. Die Wiedereinrichtung der Vereinsfreiheit  44

2. Kapitel

**Die Vereinigungsfreiheit**

§ 11 I. Erscheinungsformen der Vereinigungen im deutschen Verfassungsleben  45
    1. Vereinigungen ohne politische Relevanz  45
    2. Vereinigung mit politischer Relevanz, die politischen Vereinigungen im weiteren Sinn  46
        a) Vereinigungen mit egoistischer Grundeinstellung  46
            aa) Begriffsbestimmung  46
            bb) Die Vereinigungen auf kulturell-religiösem Gebiet  47
            cc) Die Anspruchs- und Interessengruppen, die Verbände  47
            dd) Die Vereinigungen mit egoistischen Zielen im staatspolitischen Bereich  48
        b) Vereinigungen mit altruistischer, gesamtverantwortlicher Zielsetzung oder gesamtpolitischer Konzeption  48
            aa) Vereinigungen auf kulturell-religiösem Gebiet  48
            bb) Vereinigungen auf politischem Gebiet, die soziologische Unterscheidung von den Parteien  49
    3. Vereinigungen in ihrer Bestehensdauer  51
    4. Statistisches Vorkommen  51

§ 12 II. Die Vereinigungsfreiheit als verfassungsrechtliche Grundlage
dieser Erscheinungsformen .................................. 52
 1. Die Neubesinnung auf die Freiheitsrechte ................. 52
  a) Die klassische Funktion: die liberale Funktion .......... 52
  b) Die Funktionalisierung der Freiheitsrechte: die demokratische Funktion ........................................ 53
   aa) Die juristische Interpretation .................... 53
   bb) Die geistesgeschichtlichen Grundlagen der Funktionalisierung ..................................... 57
  c) Die Institutionalisierung der Freiheitsrechte: ein Zeichen der Krise der Ausübung staatsbezogener Freiheitsauffassung ................................................ 59
 2. Die Vereinigungsfreiheit als spezielles Freiheitsrecht: Die liberale Funktion ........................................ 62
  a) Die sog. positive Vereinigungsfreiheit ................. 62
   aa) Die Gründungsfreiheit und Beitrittsfreiheit ........ 62
   bb) Die Bestandsgarantie ............................... 64
   cc) Die Betätigungsfreiheit ............................ 64
  b) Die negative Vereinigungsfreiheit ..................... 66
  c) Die Institutionalisierung der Vereinigungsfreiheit ...... 67
 3. Die Vereinigungsfreiheit: die demokratische Funktion und die strukturelle Sicht ................................... 69
  a) Der offene, kontinuierliche, politische Prozeß als Folge der Funktionalisierung der Grundrechte ................. 69
  b) Die Subjektsfrage bei der Grundrechtsverwirklichung im politischen Prozeß: Der Ausweg in den Vereinigungen .. 71
   aa) Die Problemlage .................................. 71
   bb) Der Lösungsversuch: die Vereinigungen ............ 72
  c) Die Vereinigungsfreiheit im Verfassungsgefüge ........ 75
   aa) Die Abgrenzung zu den Parteien .................. 75
   bb) Die Chancen für das Zusammenwachsen von Staat und Gesellschaft durch die freien Vereinigungen .... 80
 4. Konsequenzen dieser Struktur für den Vereinigungsbegriff und die Träger der Vereinigungsfreiheit ................. 81
  a) Der Vereinsbegriff .................................. 81
  b) Die Träger der Vereinigungsfreiheit .................. 83

3. Kapitel

**Die Schranken der Vereinigungsfreiheit**

§ 13 I. Die wertgebundene Demokratie: verfassungssystematischer Stellenwert der Verfassungsschutzbestimmungen ............ 86
 1. Der geschichtliche Hintergrund .......................... 86
 2. Die Konsequenzen im Grundgesetz ....................... 87
  a) Organisatorische Maßnahmen ........................ 87
  b) Der Verfassungsschutz. Die Entscheidung für die Illegitimität bestimmter Erscheinungsformen im Verfassungsleben ................................................ 87

## Inhaltsverzeichnis

§ 14 II. Die Verbotsschranken für die Vereinigungen als Ausdruck der wertgebundenen Demokratie .................................. 91

    1. Allgemeine Grundsätze einer Illegitimisierung von Vereinigungen ................................................................ 91

        a) Die Gefahren der Gruppen für den Staat: das historische Beispiel .................................................. 91
        b) Das Verbot als echte Freiheitsbeschränkung ............. 93
        c) Die Durchbrechung der Freiheit als Gegensatz zum „in dubio pro libertate" ......................................... 95
        d) Die Konsequenzen für das Verbot aus den allgemeinen Grundsätzen ................................................. 96

    2. Die Verbotstatbestände ............................................... 99

        a) Vereinigungen, deren Zweck oder Tätigkeit den Strafgesetzen zuwiderläuft ....................................... 99
            aa) Zweck oder Tätigkeit einer Vereinigung ........... 99
            bb) Die Strafgesetze ........................................ 101
                α) Allgemein ........................................... 101
                β) Einzelne Tatbestände ............................ 104
        b) Vereinigungen, die sich gegen die verfassungsmäßige Ordnung richten ........................................... 108
        c) Die Gedanken der Völkerverständigung ................ 113

§ 15 III. Die Schranken der Vereinigungsfreiheit in den allgemeinen Gesetzen .................................................. 114

    1. Die Schranken der externen Betätigung: Die punktuellen Maßnahmen ........................................................ 114

    2. Die punktuellen Maßnahmen im Verhältnis zum Verbot .... 116

§ 16 IV. Die mittelbaren Verbotsmaßnahmen als unzulässiger Schrankentatbestand außerhalb des Art. 9 Abs. 2 GG ................... 119

    1. Die mittelbaren Maßnahmen, die sich gegen die Vereinigung als solche richten: Der Entzug der Rechtsfähigkeit .......... 119

    2. Der „Durchgriff" gegen die Funktionäre, Mitglieder und Anhänger einer Vereinigung .................................... 123

        a) Der Durchgriff im Verfassungsrang: Das Verhältnis von Art. 9 Abs. 2 GG zu Art. 18 GG im Durchgriffsbereich .... 123
        b) Der Durchgriff durch Maßnahmen mit Gesetzesrang: Das politische Strafrecht und Art. 9 Abs. 2 GG ............. 125
            aa) Der Verfassungsschutz als konstitutives Element der Begrenzung der politischen Grundrechtsaktivität .... 125
            bb) Die Ausweitung des Parteienprivilegs im materiellen Bereich ................................................. 127
            cc) Die einzelnen Durchgriffstatbestände des politischen Strafrechts ............................................... 130
            dd) Die Unbedenklichkeit und Notwendigkeit der Folgetatbestände nach der Illegalisierung ................ 130

## 4. Kapitel

### Die Durchsetzung der Schranken der Vereinigungsfreiheit

§ 17   I. Die Möglichkeit der Illegitimisierung und Illegalisierung im Verfassungsschutz .................................................. 132
       1. Das Verfahren vor dem Bundesverfassungsgericht ........ 132
          a) Das Verwirkungsverfahren nach Art. 18 GG ............ 132
          b) Das Parteiverbotsverfahren nach Art. 21 Abs. 2 GG .... 134
       2. Das Verfahren vor dem Bundesverwaltungsgericht bzw. den höchsten Landesverwaltungsgerichten ................... 135
          a) § 16 Vereinsgesetz. Die Illegitimisierung ................ 135
          b) § 129 a StGB a. F. ...................................... 136
       3. Die Exekutive als Herrin des Verbotsverfahrens .......... 137

§ 18   II. Das Verbotsverfahren nach dem Vereinsgesetz ................ 137
       1. Die Illegitimisierung: § 3 Abs. 1 Satz 1, 1. Satzteil VereinsG 137
       2. Die Illegalisierung: § 3 Abs. 1 Satz 1, 2. Satzteil VereinsG .. 138
       3. Der Zugriff auf das Vermögen: § 3 Abs. 1 Satz 2 VereinsG .. 139
       4. Die Zuständigkeit: § 3 Abs. 2 VereinsG .................... 140
          a) Die Vollziehung allgemein ............................. 141
              aa) Der Vollzug eines Bundesverbotes ................. 141
              bb) Der Vollzug eines Landesverbotes ................. 143
          b) Der vorläufige Vollzug ................................. 143

§ 19   III. Die Verfassungsmäßigkeit und Zweckmäßigkeit des Verbotsverfahrens ................................................. 146
       1. Die exekutivische Paralysierung der Vereinigungen ........ 146
          a) Die strafrechtswidrigen Vereinigungen ................ 146
          b) Die politischen Vereinigungen: Das Verhältnis von Art. 9 Abs. 2 GG zu Art. 18 GG als Verbot der exekutivischen Paralysierung ......................................... 147
              aa) Art. 9 Abs. 2 GG als lex specialis gegenüber Art. 18 GG ............................................... 147
              bb) Art. 18 GG und Art. 9 Abs. 2 GG in kumulativer Beziehung ........................................ 152
       2. Die Bundesstaatliche Zuständigkeitsregelung .............. 153
          a) Der Stand der Meinungen ............................. 153
          b) Die Möglichkeiten einer Einwirkung auf die Länderexekutive ............................................ 155
          c) Die gewaltenhemmende Funktion des Föderalismus .... 155
          d) Die Lösung der Konfliktslage ......................... 156
       3. Die Einziehung des Vermögens .......................... 158
          a) Die Einziehung des Vereinsvermögens ................. 158
              aa) Die Beschlagnahme als vorläufige Maßnahme ...... 158
              bb) Abgrenzung der Einziehung zu verwandten Erscheinungen ............................................ 158
              cc) Die Einziehung bei strafrechtswidrigen Vereinigungen 160
              dd) Die Vermögenseinziehung bei verfassungsfeindlichen oder völkerverständigungsfeindlichen Vereinigungen 162
          b) Die Dritteinziehung ................................... 165

§ 20  IV. Die Durchführung des Verbotsverfahrens .................... 166
   1. Die Garantie eines effektiven Rechtsschutzes und des Verbotsverfahrens ........................................ 166
   2. Die Möglichkeiten der Einschränkung der Vereinigungen während eines Verbotsverfahrens mit sofortiger Vollziehung 167
      a) Allgemeine Regeln .................................... 167
      b) Die Vereinbarkeit des § 20 Abs. 1 Nr. 1 VereinsG mit diesen Verfahrensnotwendigkeiten ...................... 170

**Thesen** ............................................................ 172

**Literaturverzeichnis** ................................................ 179

## Abkürzungsverzeichnis

| | |
|---|---|
| a. A. | anderer Ansicht |
| a. a. O. | am angegebenen Ort |
| abl. | ablehnend |
| Abs. | Absatz |
| a. E. | am Ende |
| a. F. | alte Fassung |
| allg. | allgemein (-e, -es) |
| ALR | Allgemeines Landrecht in Preußen von 1794 |
| Anm. | Anmerkung |
| AöR | Archiv für öffentliches Recht (Zeitschrift) |
| AP | Arbeitsgerichtliche Praxis, Nachschlagewerk des Bundesarbeitsgerichtes |
| AT | Allgemeiner Teil |
| Aufl. | Auflage |
| AVO | Ausführungsverordnung |
| AWG | Außenwirtschaftsgesetz vom 28. April 1961 in der Fassung des Änderungsgesetzes vom 30. 6. 1967 BGBl. I 617 |
| BAG | Bundesarbeitsgericht |
| Bay. | Bayerisch |
| BayBS. | Bayerische Bereinigte Sammlung (Gesetzessammlung 1802—1956) |
| Bay. LStVG | Bayerisches Landesstraf- und Verordnungsgesetz in der Fassung der Bekanntmachung vom 3. Januar 1967 GVBl. S. 243 |
| BayVerf. | Bayerische Verfassung |
| BayVerfGH | Bayerischer Verfassungsgerichtshof |
| BayVerwBl. | Bayerische Verwaltungsblätter (Zeitschrift) |
| BayVerwZustVollstrG | Bayerisches Verwaltungszustellungs- und Vollstreckungsgesetz nach dem Stand vom 23. Dezember 1965 GVbl. S. 357 |
| BayVGH | Bayerischer Verwaltungsgerichtshof |
| Bd. | Band |
| BEG | Bundesentschädigungsgesetz |
| Bem. | Bemerkung |
| Beschl. | Beschluß |
| BGB | Bürgerliches Gesetzbuch vom 18. August 1896 (RGBl. 195) nach dem Stand vom 24. 3. 1966 (BGBl. I 181) |
| BGBl. | Bundesgesetzblatt |
| BGH St | Bundesgerichtshof in Strafsachen, Amtliche Entscheidungssammlung |
| BGH Z | Bundesgerichtshof in Zivilsachen, Amtliche Entscheidungssammlung |

| | |
|---|---|
| BK | Bonner Kommentar |
| Bl. | Blatt, Blätter |
| BRat. | Bundesrat |
| BReg. | Bundesregierung |
| BT | Besonderer Teil |
| BTag | Bundestag |
| BVerfG | Bundesverfassungsgericht |
| BVerfG E | Bundesverfassungsgericht, Amtliche Entscheidungssammlung |
| BVerfGG | Bundesverfassungsgerichtsgesetz vom 12. März 1951 in der Fassung vom 5. 8. 1964, BGBl. I 593 |
| BVerwG | Bundesverwaltungsgericht |
| BVerwG E | Bundesverwaltungsgericht, Amtliche Entscheidungssammlung |
| Dt. | Deutschland |
| dt. | deutsch |
| Diss. | Dissertation |
| DÖV | Die öffentliche Verwaltung (Zeitschrift) |
| DVBl. | Deutsche Verwaltungsblatt (Zeitschrift) Deutsches Verwaltungsblatt (Zeitschrift) |
| DVO | Durchführungsverordnung |
| E | Entscheidung nach den amtlichen Entscheidungssammlungen |
| ed. | edition |
| Einl. | Einleitung |
| Erl. | Erläuterung |
| erw. | erweitert (-e) |
| EvStaatslex. | Evangelisches Staatslexikon |
| f | folgende Seite |
| ff | folgende Seiten |
| FN | Fußnote (-n) |
| frz. | französisch |
| GG | Grundgesetz für die Bundesrepublik Deutschland vom 23. März 1949 in der Fassung vom 8. 6. 1967 (BGBl. I 581) |
| GmbHG | Gesetz betreffend die Gesellschaften mit beschränkter Haftung vom 20. 4. 1892 |
| GVBl. | Gesetz- und Verordnungsblatt (des jeweils angegebenen Landes) |
| h. L. | herrschende Lehre |
| h. M. | herrschende Meinung |
| Hess. | Hessen, hessisch |
| insbes. | insbesondere |
| intern. | international (-e) |
| i. S. | im Sinne |
| JöR | Jahrbuch für öffentliches Recht (Tübingen) |
| jur. | juristisch |
| JuS | Juristische Schulung (Zeitschrift) |
| JZ | Juristenzeitung (Zeitschrift) |
| Komm. | Kommentar |
| KPD | Kommunistische Partei Deutschlands |
| LM | Lindenmaier-Möhring, Nachschlagewerk des Bundesgerichtshofs |

| | |
|---|---|
| lt. | laut |
| MDR | Monatszeitschrift für deutsches Recht (Zeitschrift) |
| n. F. | neue Folge, neue Fassung |
| NJW | Neue Juristische Wochenschrift (Zeitschrift) |
| NS | Nationalsozialismus, nationalsozialistisch |
| OLG | Oberlandesgericht |
| OVG | Oberverwaltungsgericht |
| OWiG | Gesetz über Ordnungswidrigkeiten vom 26. März 1952 in der Fassung vom 26. Juli 1957 (BGBl. II 713) |
| PAG | Polizeiaufgabengesetz (Gesetz über die Aufgaben und Befugnisse der Polizei in Bayern) in der Fassung vom 3. 4. 1963 (GVBl. S. 95) |
| POG | Polizeiorganisationsgesetz (Gesetz über die Organisation der Polizei in Bayern) vom 20. 10. 1954 (BayBS I S. 450) |
| p.St.n.A. | politisches Strafrecht neuer Art |
| PVS | Politische Vierteljahresschrift (Zeitschrift) |
| r | rechte, rechts |
| RAO | Reichsabgabenordnung vom 22. 5. 1931 in der Fassung vom 13. 7. 1961 (BGBl. I 981) |
| RdA | Recht der Arbeit (Zeitschrift) |
| RdNr. | Randnummer |
| RG | Reichsgericht |
| RGBl. | Reichsgesetzblatt |
| RG St. | Reichsgericht in Strafsachen, Amtliche Entscheidungssammlung |
| RG Z | Reichsgericht in Zivilsachen, Amtliche Entscheidungssammlung |
| RVG | Reichsvereinsgesetz vom 19. 4. 1908 RGBl. 1908 S. 151 |
| S. | Satz, Seite |
| saarl. | saarländisch |
| sog. | sogenannt |
| Sp. | Spalte |
| StGB | Strafgesetzbuch vom 15. Mai 1871 nach dem Stand vom 11. 7. 1965 (BGBl. I 604) |
| StPO | Strafprozeßordnung in der Fassung vom 17. September 1965 (BGBl. I S. 1374) |
| usw. | und so weiter |
| VA | Verwaltungsakt |
| VAG | Versicherungsaufsichtsgesetz |
| VereinsG | Gesetz zur Regelung des öffentlichen Vereinsrechtes (Vereinsgesetz) vom 5. August 1964 (BGBl. I S. 593) |
| VereinsVO | Vereinsverordnung vom 11. 3. 1950 in Preußen |
| Verf. | Verfassung |
| VerfGH | Verfassungsgerichtshof |
| VerwArch | Verwaltungsarchiv (Zeitschrift) |
| VerwG | Verwaltungsgericht |

| | |
|---|---|
| Verw.Rspr. | Verwaltungsrechtsprechung |
| VGH | Verwaltungsgerichtshof |
| vgl. | vergleiche |
| VO | Verordnung |
| Vorbem. | Vorbemerkung |
| VVDStL | Veröffentlichungen der Vereinigung der Deutschen Staatsrechtslehrer (Zeitschrift) |
| VwGO | Verwaltungsgerichtsordnung nach dem Stand vom 20. Juli 1967 (BGBl. I S. 725) |
| WRV | Verfassung des Deutschen Reiches (Weimarer Reichsverfassung) vom 11. 8. 1919 (RGBl. S. 1383) |
| z. B. | zum Beispiel |
| zit. | zitiert |
| ZPO | Zivilprozeßordnung vom 30. Januar 1877 nach dem Stand vom 14. 7. 1964 (BGBl. I 457) |

FIRMA VOLUNTAS IN BONUM
NON DIMINUIT LIBERTATEM

*Thomas von Aquin*
(Summa Theologica, Band I a Qu. 62, Art. 8 ad 13)

# Einleitung

## § 1  I. Das Individuum und sein Verhältnis zum Kollektiv

### 1. Das Menschenbild im Grundgesetz

Das Grundgesetz der Bundesrepublik Deutschland geht in seinem Anspruch- und Wertsystem[1] von einem bestimmten Menschenbild aus. Es ist konstituiert durch die Unantastbarkeit der Menschenwürde, Art. 1 Abs. 1 S. 1 GG, und bekennt sich zum absoluten Eigenwert des Individuums. Damit wendet sich das Grundgesetz von einer gewissen Wertneutralität ab, die der WRV eigen war[2].

Und doch kann und soll diese absolute Wertstellung den einzelnen Menschen nicht aus seiner Sozialgebundenheit herauslösen, wie sich bereits aus der Schutzpflicht des Art. 1 Abs. 1 S. 2 GG[3] und der Fassung des Art. 2 Abs. 1 GG[4] positiv folgern läßt. Diese Sozialgebundenheit hat eine lange geistesgeschichtliche Tradition, die hier ihren gesetzlichen Ausdruck gefunden hat[5]. Das Bundesverfassungsgericht[6] hat diese Position mit Recht als eine Abkehr vom „klassischen, absoluten" Liberalismus des 19. Jahrhunderts bezeichnet[7]. „Das Menschenbild des Grundgesetzes ist nicht das eines isolierten souveränen Individuums; das Grundgesetz hat vielmehr die Spannung Individuum — Gemeinschaftsgebundenheit der Person entschieden, ohne dabei deren Eigenwert anzutasten."

---

[1] *Dürig* in *Maunz-Dürig-Herzog*, Art. 1 RdNr. 5; ähnlich spricht *Smend* in Staatsrechtliche Abhandlungen, Verfassung und Verfassungsrecht, S. 265, von einem bestimmten Kultur- und Wertsystem, das der Sinn des von dieser Verfassung konstituierten Staatslebens sein soll; BVerfG E 7, 198 (205); BVerfG E vom 4. 4. 1967, NJW 1967, 976.
[2] *Peters*, Festschrift für Laun, S. 669; *Jasper*, Der Schutz der Republik, S. 8 ff.; *Scholler*, BayVerwBl. 1968, S. 41; *Dürig* in *Maunz-Dürig-Herzog*, Art. 18 RdNr. 5.
[3] So *Dürig* in *Maunz-Dürig-Herzog*, Art. 1 RdNr. 48.
[4] Auf diesen Gesichtspunkt stellt *v. Mangoldt-Klein*, S. 165 besonders ab.
[5] *Dürig* in *Maunz-Dürig-Herzog*, Art. 1 RdNr. 48 mit vielen Nachweisen.
[6] BVerfG E 4, 7 (15).
[7] Zustimmend: statt vieler *v. Mangoldt-Klein*, S. 165; *Zippelius* in BK, Art. 1 RdNr. 5; *Dürig* in *Maunz-Dürig-Herzog*, Art. 1 RdNr. 46.

### 2. Staat — Individuum — Vereinigung von Individuen

Doch diese Entwicklung des Menschenbildes[8] muß den Weg für eine erweiterte Schau dieser oben skizzierten Spannung bereiten.

Der Grundrechtsteil der Verfassung wird im Gegensatz zur älteren liberalen Auffassung von der Dreiheit Staat — Vereinigung von Individuen — Individuum beherrscht[9].

Das Problem der qualitativen Vermassung in der egalitärdemokratischen Großraumgesellschaft[10] ist auch durch die Massenhaftigkeit der gesellschaftlichen Wirkungszusammenhänge[11] in ein neues Stadium getreten[12].

Die „phobie des groupements" bei *Rousseau* in der Französischen Revolution[13] wurde durch eine der soziologischen Analysen besser entsprechende Betrachtungsweise abgelöst.

### 3. Vereinigungsfreiheit als öffentlich-rechtliche Problemstellung

Auf Grund dieser Ausgangslage bekam aber auch eine Bestimmung der Verfassung eine besondere Bedeutung, die bisher nicht genügend erkannt zu werden scheint[14]: die Vereinsfreiheit, Art. 9 GG, das Recht des einzelnen, sich nach eigenem Entschluß zu gemeinsamem Denken und Handeln zusammenzuschließen[15]. Die staatsrechtliche Problemstel-

---

[8] Ob dieses Menschenbild im Rahmen einer pluralistischen Gesellschaftsordnung mit besonderen christlichen oder anderen weltanschaulichen Sonderwerten erfüllt ist, kann in diesem Zusammenhang dahingestellt bleiben.
[9] *Kelsen*, Allg. Staatslehre, S. 325; *Düring* in *Maunz-Dürig-Herzog*, Art. 1 RdNr. 53; *Wittkämpfer*, Interessenverbände, S. 62 mit weiteren Nachweisen; *Kaiser*, Organisierte Interessen, S. 29 bezeichnet die Vereinigung von Individuen innerhalb eines Staatsverbandes als gemeinsame politische und staatsrechtliche Position, als intermediären Raum zwischen Individuum und Gemeinschaft. Er knüpft hiermit mit Recht an die Begriffe der französischen Staatslehre (*Montesquieu*) an. Vgl. dazu unten (frz. Entwicklung) § 7 II 3.
[10] Vgl. *Scholler*, Person und Öffentlichkeit, S. 181; *Leibholz*, Strukturprobleme, S. 17, 18; *Kägi*, Die Verfassung als Grundordnung, Kapitel 7, bezeichnet dies als „absolute" massive Demokratie.
[11] *Wurzbacher*, Freie Vereinigungen, S. 53; ähnlich *Heller*, Allg. Staatslehre, S. 123.
[12] Die soziologischen, aber auch rechtssoziologischen Strukturprobleme beleuchtet *Habermas*, Strukturwandel, S. 196 ff.
[13] So *Kägi*, Die Verfassung als Grundordnung, S. 45; *Dürig* in *Maunz-Dürig-Herzog*, Art. 1, RdNr. 53; *Wittkämpfer*, Interessenverbände, S. 62 mit Fußnote 48 und vielen weiteren Nachweisen.
[14] Vgl. *v. Münch* in BK, Art. 9 RdNr. 17.
[15] Im folgenden wird zumeist von „Vereinigungen" gesprochen werden.
Zunächst soll damit der etwas unverständliche und im Sprachgebrauch etwas negativ gewordene Ausdruck „Verein" vermieden werden, da er den Eindruck von Kleinem, Provinziellem und Spießbürgerlichem erwecken könnte (Vereinsmeierei).
Schließlich hat Art. 9 Abs. 2 GG für Vereine und Gesellschaften den hier verwendeten Oberbegriff „Vereinigungen", geprägt. (*Schnorr* § 2, Vereinsgesetz, RdNr. 3, S. 65).

lung des Vereinsrechts wird demnach nicht in den Problemen des Privatrechts angesprochen.

Das öffentliche Vereinsrecht stellt sich nicht die Aufgabe, technische Regeln für die Durchführung eines geordneten Vereinslebens festzulegen und z. B. Gründungsmodalitäten oder Eintragungsverfahren für Vereine oder Haftungsfragen des zivilrechtlichen Schadensersatzes für Vereinshandeln zu regeln. Dies regeln die §§ 21—79 BGB[16].

Das öffentliche Vereinsrecht behandelt vielmehr das Recht, das die Grenzen zwischen der Staatsmacht und der Macht oder dem Einfluß privater Gruppen zieht[17]. Es handelt sich um eine Grundfrage der Staatsgestaltung, mit der sich das öffentliche Vereinsrecht befaßt. Das Vereinsrecht wird zu einem klassischen Rechtsproblem, wenn neben die Existenzgarantie des groupements die Einschränkung dieser Garantie tritt[18], das Verbot einer Vereinigung.

Damit wird der verharmlosenden Laienbetrachtung, die das Vereinsrecht nur als Regelung der Geselligkeit oder rechtlich irrelevante Tätigkeit[19] ansieht, der Boden entzogen.

### § 2 II. Theoretischer Ansatz für Gefahren und Nutzen der Gruppenbildung

#### 1. Gefahren

Die Gefahr eines Ungleichgewichts zwischen dem Teilkollektiv und dem Gesamtstaat droht *einerseits dem Gesamtstaat*, der sich durch eine Gruppe bedroht fühlen kann und zu Gegenmaßnahmen schreiten will oder muß, wenn er nicht die ihm zustehende Existenz oder Funktion gefährden oder verhindern will. *Andererseits* besteht *die Gefahr* verfassungsstrukturellen Ungleichgewichts für das *Individuum*, wenn es nicht mehr im Staat als Eigenwert ernst genommen wird, solange es nicht Mitglied eines Teilkollektivs ist. Für das Individuum besteht die Gefahr, die Rechtsträgerschaft und Funktionsträgerschaft im Verhältnis zum Staat zu verlieren, es besteht die Gefahr, daß das Individuum nur

---

In der Sache besteht kein Unterschied zwischen „Vereinen", „Gesellschaften" und „Vereinigungen". Vgl. *Schnorr*, VereinsG § 2 RdNr. 3, S. 65 und unten § 12, 4, a.

[16] Vgl. *Schnorr*, VereinsG, Einleitung ‚B II, 2, d.

[17] Vgl. *Seifert*, DÖV 1964, S. 685 mit weiteren Nachweisen zur Abgrenzung des privaten vom öffentlichen Vereinsrecht.

[18] *Ridder*, DÖV 1963, S. 324 und 323; *Seifert*, DÖV 1964, S. 685 r. Sp.; *v. Feldmann*, DÖV 1965, S. 29 mit Nachweisen.

[19] Dazu *Schnur*, Pressefreiheit, VVDStL-Tagung Heft 22, S. 103 und Fußnote 4 zur Abgrenzung der natürlichen von der rechtlichen Freiheit, als Beispiel der Abgrenzung rechtliche relevanter von rechtlich irrelevanten Tätigkeiten.

noch zum Schnittpunkt zwischen Staat und Teilkollektiv verkümmert[1]. Damit kann dieser Zwang das oben angedeutete Menschenbild des GG, das oberste Maxime bleibt, behindern oder verhindern.

Diese Gefahren eines Ungleichgewichts müssen bei der Behandlung einer verfassungsrechtlichen Theorie des groupements berücksichtigt werden.

## 2. Nutzen

Neben diesen Gefahren einer Vereinsbildung werden aber auch Vorteile der Gruppenbildung eine verfassungsrechtliche Realanalyse beeinflussen müssen. Der einzelne kann in der Gemeinschaft mit Gleichgesinnten ein Mittel finden, um seine Ansichten, aber auch seine Interessen, der Allgemeinheit gegenüber erst zu Gehör zu bringen.

Er kann durch die gemeinsame Gesinnung mit anderen in seiner Meinung erst gestärkt werden oder sich erst seine Meinung bilden[2].

Dem einzelnen kann es in einer Gruppe, unterstützt durch einen „Apparat" möglich werden, zur vollen Entfaltung der Persönlichkeit zu gelangen.

Es wird darzulegen sein, ob und wie die Vereinigungen den Staatsbürger erst fähig machen, Grundrechte aktiv auszuüben und am staatlichen Leben, an der res publica, am politischen Leben, teilzunehmen[3]. Liegt wirklich die Ohnmacht des einzelnen vor, von der die Soziologen *Habermas*[4] und *Schelsky*[5] sprechen und die *Scholler* zu einer zweifelnden Frage veranlaßt[6]?

Aber auch die Vorteile, die der Staat aus den Gruppen ziehen kann, wenn die Bürger aktiv Grundrechte ausüben können, werden die Position mitbestimmen.

## § 3 III. Abgrenzung der Arbeit

### 1. Vereinsrechtliche Gruppenbildung

Eine vollständige Darlegung der Theorie der Gruppenbildung kann und soll nicht der Sinn der Arbeit sein.

---

[1] Peter *Schneider*, Pressefreiheit und Staatssicherheit, S. 55.
[2] *Francis*, Interessengruppen, S. 5.
[3] *Fränkel*, Politische Mitarbeit, S. 11/12; *v. Mangoldt-Klein*, Art. 9 Anm. II 4, S. 317; *v. Feldmann*, DÖV 1965, S. 29; *Mallmann*, Vereinsfreiheit, Sp. 108 Herder Staatslexikon; *Hamann*, Art. 9 Erl. A. 3.
[4] *Habermas*, Strukturwandel, S. 198, S. 252. Die einzelnen, die „Privatleute" vermögen nur noch in der Stellung als Subjekte der öffentlichen Meinungsbildung Geltung erlangen, wenn sie Mitglieder „gesellschaftlicher Organisationen", wenn sie Glieder eines „Mitgliederpublikums" sind.
[5] *Schelsky*, Soziologie der Sexualität, S. 12 ff.: Allein durch die Teilhabe an Institutionen werde der Mensch zur Person, sonst sei er nur haltloses Triebwesen. In Anlehung an eine Formulierung *Sartres* gilt nach *Schelsky*, „L'institution précède la personne".
[6] *Scholler*, Person und Öffentlichkeit, S. 140 mit Fußnote 23.

§ 3 Abgrenzung der Arbeit

Diese Arbeit stellt sich vielmehr zur Aufgabe, die verfassungsrechtliche Struktur der vereinsrechtlichen Gruppenbildung im Anspruch- und Wertsystem des Grundgesetzes aufzuzeigen[1].

Aus den Grundlagen der Struktur der Vereinigungsfreiheit sollen und müssen dann Konsequenzen für das Verbotsverfahren gezogen werden, das das funktionale System der gegenwärtigen Demokratie[2] nicht stören darf.

### 2. Abgrenzung zur Sonderproblematik der Interessen- und Anspruchsverbände

Das Thema soll aber noch in einer anderen Hinsicht eingeschränkt werden. Die Sonderproblematik des rechtlichen Status der Interessen- und Anspruchgruppen des sozialen Lebens verengt den Blick auf die allgemeine Verfassungsstruktur der Vereinigungsfreiheit und ist speziellem Schrifttum, das besonders die wirtschaftlichen Interessen berücksichtigt, vorbehalten[3].

Das Hauptproblem liegt hierbei darin, inwieweit wirtschaftliche Interessentengruppen zu Trägern staatlicher Macht und staatlicher Funktionen, zur Repräsentation der Allgemeinheit[4], berufen sein können, und wie die Grenzen der zulässigen Einflußnahme auf die staatliche Willensbildung[5] festzulegen sind. Im Mittelpunkt des Interesses sollen vielmehr die *politischen Vereinigungen* im allgemeinen Sinne stehen, die Gruppen der mehr Gleichgesinnten, und weniger die der Gleichinteressierten[6].

### 3. Die Beschränkung auf die Vereinigungsfreiheit nach Art. 9 Abs. 1 GG

#### a) Religionsgemeinschaften, Weltanschauungsgemeinschaften

Durch die Beschränkung auf die Vereinigungsfreiheit nach Art. 9 Abs. 1 und 2 GG ergeben sich noch folgende Einschränkungen der all-

---

[1] Vgl. dazu BVerfG E 7, 198 (207); BVerfG E vom 4. 4. 1967 NJW 67, 976; mit Einschränkungen auch *Hesse*, Grundzüge, S. 120.

[2] Dazu *Dürig* in *Maunz-Dürig-Herzog*, Art. 20 RdNr. 72, 73. Kritisch dazu vor allem Vertreter liberaler Rechtsstaatlichkeit: *Forsthoff*, Rechtsstaat im Wandel, S. 162.

[3] Vgl. dazu aus der unermeßlichen Literatur: Theodor *Eschenburg*, Herrschaft der Verbände?; *Breitling*, Verbände; *Kaiser*, Organisierte Interessen; *Huber*, Staat und Verbände; *Wittkämper*, Interessenverbände; *Varain*, Partei und Verbände; *Leibholz*, VVDStL Heft 24 (1966), S. 1 ff.; *Winckler*, VVDStL Heft 24 (1966), S. 34 ff.; *Maste*, Staat und Gesellschaft; *Leisner*, Grundrechte und Privatrecht, S. 380 ff.

[4] *Altmann*, Öffentliche Verbände, S. 226.

[5] Vgl. als Einführung dazu: *Krüger*, Allg. Staatslehre, S. 399 ff. mit vielen Hinweisen; *Leisner*, Grundrechte und Privatrecht, S. 380/381 und Literatur in Fußnote 267; *Forsthoff*, Lehrbuch, S. 477; Diss. *Gygi*, Bern 1955, S. 15 ff.

[6] Zu dieser soziologisch — empirischen Unterscheidung: DIVO-Pressedienst, S. 8; *Wurzbacher*, Freie Vereinigungen, S. 76.

gemeinen Theorie der staatsrechtlichen Stellung der Gruppen. So finden Religionsgemeinschaften im Sinne des Art. 137 I Weimarer Reichsverfassung (dort noch Religionsgesellschaften genannt) und Weltanschauungsgemeinschaften im Sinne des Art. 137 VII WRV eine Sonderregelung (Art. 140 GG und § 2 Abs. II Nr. 3 VereinsG).

Nach einer im wesentlichen unbestrittenen Definition versteht man dabei unter einer Religionsgemeinschaft „einen Verband von Angehörigen des gleichen Glaubensbekenntnisses oder naher verwandter Glaubensbekenntnisse zur allseitigen Erfüllung der durch das gemeinsame Bekenntnis bedingten Aufgaben"[7].

Weltanschauungsgemeinschaften sind „nur solche Vereinigungen Gleichgesinnter, die ein allseitiges geistiges Verständnis des gesamten Weltbildes suchen"[8]. Darunter zählen *nicht Ideologien im politischen Sinn*, da sie sich im wesentlichen nur mit der Auseinandersetzung mit den Formen der Staats-, Rechts- und Gesellschaftsordnung, also einem Teilbereich des Weltbildes befassen. Gewisse Grenzbeispiele werden jedoch nur im Rahmen eines Beurteilungsermessens entschieden werden können[9].

Die Weltanschauungsgemeinschaften wie die religiösen Gruppen können sich auch grundsätzlich nicht auf die allgemeine Vereinigungsfreiheit berufen, werden aber auch nicht von einer Verbotsmöglichkeit nach Art. 9 Abs. 2 erfaßt[10, 11].

Die sog. Rathausparteien und sonstigen kommunalen Wählergruppen werden nach dieser Definition zu den hier zu behandelnden Gruppen

---

[7] So *Schnorr*, VereinsG § 2 RdNr. 37, S. 97.
[8] So *Schnorr*, VereinsG RdNr. 40 zu § 2; BVerfG E 5, S. 145 f.; Regierungsbegründung zu § 1 Abs. 2 Nr. 2 VereinsG, BTag-Drucksache IV 430, S. 11.
[9] Vgl. auch BayVGH, BayVerwBl. 1965, S. 170 (172), zur Nichteinstufung des Bundes für Gottes-Erkenntnis e. V. zu den Weltanschauungsgemeinschaften, da zu den „Grundsätzen der verbotenen Vereinigun eine aktive Einflußnahme in Richtung einer Gestaltung oder Veränderung der gesellschaftlichen oder staatlichen Ordnung gehörte".
[10] *v. Münch* in BK, Art. 9 GG RdNr. 22; *Schnorr*, VereinsG § 2 RdNr. 36, S. 94 ff. Das Verhältnis zwischen Art. 9 und 140 GG, Art. 137 WRV, Vereinigungsfreiheit und Religionsfreiheit ist bestritten. Vgl. dazu *v. Mangoldt-Klein*, Art. 4 V 1, 2 Art. 9 II 6 b mit Nachweisen der Literatur.
[11] Ein Sonderproblem ergibt sich auch, wenn weltanschauliche oder religiöse Vereinigungen auftreten und sich nicht in den engen Grenzen der Auslegung zu Art. 137 WRV (mit 140 GG) halten. Für volle Anwendbarkeit des Art. 9 I, aber auch des Art. 9 Abs. 2 GG: *Füsslein*, Vereins- und Versammlungsfreiheit, S. 432; *Wernicke*, Erstbearbeitung, Art. 9 GG im BK Erl. II b; wohl auch *v. Mangoldt-Klein*, Art. 4 V 1 (S. 223); a. A. z. B. Mallmann, Vereinsfreiheit, Sp. 108. Vermittelnd *v. Münch* in BK Art. 9 GG RdNr. 22: Art. 9 und Art. 4 seien zusammenhängend anwendbar, je nach Auftreten der Vereinigung. Dieser Auffassung ist der Vorzug zu geben: es wird damit ein Höchstmaß an materieller Gerechtigkeit erreicht. Die Trennung in diese beiden Bereiche ist trotz gewisser Auslegungsschwierigkeiten noch möglich. Weitere Nachweise bei *Schnorr*, VereinsG § 2 Abs. 2 RdNr. 38, 39.

## § 3 Abgrenzung der Arbeit

gerechnet, obwohl sie an sich nach parlamentarischer Vertretung streben[12].

Diese Gruppen weisen aber keine strukturellen Besonderheiten gegenüber anderen politischen Gruppen auf.

### b) Parteien und Fraktionen

Auch die Parteien müssen aus der Analyse der Verfassungsstruktur des Vereinigungsrechts und des damit verknüpften Verbotsrechts herausgelöst werden. Parteien sind politische Vereinigungen von Bürgern, die zumindest für längere Zeit Einfluß auf die politische Willensbildung nehmen wollen und an der Vertretung in einem Landesparlament oder im deutschen Bundestag mitwirken wollen[13], sofern diese parlamentarische Mitwirkungsabsicht auf Grund der tatsächlichen Verhältnisse ernsthaft gemeint sein kann[14].

Durch Art. 21 GG sind die Parteien als eigene Institutionen des Verfassungsrechts vor den anderen Vereinigungen mit politischer Zielsetzung besonders hervorgehoben[15]. Die Freiheit der Partei bleibt zwar rechtlich und tatsächlich der Vereinigungsfreiheit zugeordnet, hat aber auf Grund der besonderen verfassungsrechtlichen Aufgabe eine spezielle Ausgestaltung in der Parteifreiheit gefunden[16].

Die Parteien können vielmehr Unterschiede, aber auch Parallelen[17] aufzeigen und die Struktur des politischen groupements außerhalb der Parteien erhellen helfen.

Im Zusammenhang mit den Parteien bleiben bei dieser Darstellung auch *die Fraktionen* des Bundestages und der deutschen Länderparlamente unberücksichtigt. Fraktionsmitglieder können nur solche Mitglieder einer bestimmten Partei sein, die in den Bundestag bzw. Landtag gewählt worden sind[18].

---

[12] Diese Abgrenzung durch das BVerfG dürfte im übrigen weniger dogmatischen Ursprungs sein, sondern aus der praktischen Erwägung entstanden sein, daß das Gericht sich über Art. 21 Abs. 2 GG nicht mit „Parteien" regionalen oder regionalsten Zuschnitts befassen kann.

[13] Die Definition der Parteien ist im wesentlichen unbestritten. So auch § 2 ParteienG vom 24. 7. 1967, BGBl. I, S. 773; vgl. *v. Mangoldt-Klein*, Art. 21 III 2 b, S. 619; *Dürig* in *Maunz-Dürig-Herzog*, Art. 21, 7 bis 31; Henke in BK Art. 21 GG RdNr. 2 bis 5; *Freisenhahn*, Verfassungsgerichtsbarkeit, S. 93.

[14] Dieser Begriff wurde durch das ParteienG der in der Literatur insoweit streitigen Definition angefügt. Zu diesem Streit siehe *Maunz* in *Maunz-Dürig-Herzog*, Art. 21, S. 10/11. Er ist berechtigt, um die politischen Vereine zu erfassen, die Beteiligungswillen an Wahlen nur vorschützen, um dem Verbotsverfahren des Art. 9 Abs. 2 zu entrinnen und die Privilegien des Art. 21 GG ungerechtfertigt zu beanspruchen.

[15] BVerfG E 5, S. 133 f.; 11, 214 (273); 20, 89 (100 und 107) Stichwort Verfassungsorgane: Kreationsorgane i. S. *Jellineks*; vgl. BVerfG E 4, S. 27 (30 f.), 5, 85 (134); *Häberle*, JuS 1967, S. 73; *Leibholz*, Strukturwandel, S. 117.

[16] BVerfG E 20, 85 (108).

[17] Čopič, GG und p. St. n. A., S. 58.

[18] Zur Rechtsnatur der Parlamentsfraktionen vgl. *Moecke*, NJW 1965, S. 276 ff.

Infolge der Akzessorietät der Parlamentsfraktionen zu den politischen Parteien teilen die Fraktionen das verfassungsstrukturelle und rechtliche Schicksal der Parteien[19], wie § 2 II Nr. 2 VereinsG nochmals klarstellend festhält.

### c) Arbeitsrechtliche Koalitionen

Unberücksichtigt sollen auch die arbeitsrechtlichen Koalitionen i. S. des Art. 9 III GG bleiben. Es ist stark umstritten, ob es sich bei der Koalitionsfreiheit um ein selbständiges Grundrecht handelt[20] oder ob die Koalitionsfreiheit i. S. des Art. 9 III GG nur ein Unterfall der allgemeinen Vereinigungsfreiheit des Art. 9 I GG ist[21].

Die arbeitsrechtlichen Koalitionen unterliegen besonderen Bedingungen, wie sich schon daran zeigt, daß sie an der Rechtsschöpfung unmittelbar beteiligt sind[22], bei Tarifvertragsabschlüssen alleinige Vertretungsbefugnis der Arbeitnehmer bzw. der Arbeitgeber besitzen[23] und als Sozialpartner einen besonderen Bereich des Wirtschaftslebens mitgestalten[24].

## § 4 IV. Plan der Darstellung

### 1. Mittel der Darstellung

Bei der Darstellung des Konfliktes zwischen dem Bestehens- und Wirkungswillen der politischen Gruppen und einem richtig verstandenen Staatsschutz, der gleichzeitig ein Bürgerschutz sein muß, werden zwei Gesichtspunkte besonders zu berücksichtigen sein, die dem traditionellen, streng-dogmatischen Staatsrechtsdenken noch nicht allgemein inkorporiert sind.

Ein Recht politischer Vereinigungen ist auch unter *soziologischen* und *politologischen* Aspekten zu würdigen[1] und muß *Verfassungsstrukturen*

---

[19] Vgl. *Schnorr*, VereinsG § 2 RdNr. 34, S. 93.
[20] *Huber*, Wirtschaftsverwaltungsrecht, Bd. II, S. 381; *Hueck-Nipperdey*, Arbeitsrecht, Bd. 2, S. 54 mit weiteren Nachweisen; *Ridder*, Föderalistische Mißverständnisse, S. 517; *Schmidt*, NJW 1965, S. 424 f.; Folge davon: Verbotsgründe des Art. 9 II GG gelten nicht für Koalitionen; vgl. *Schnorr*, VereinsG, S. 240, 241; für Amerika: *Huber*, Festschrift für Jahrreiß, S. 112 mit Fußnote 48; *Leisner*, Vereinigungsfreiheit, Ev. Staatslex., Sp. 2338.
[21] *Füsslein*, Vereins- und Versammlungsfreiheit, S. 432; *v. Mangold-Klein*, Art. 9 V I mit vielen Nachweisen; *Stree*, Deliktsfolgen und GG, S. 169; *Schnorr*, VereinsG § 16 vor 6, S. 241; *Hamann*, Art. 9 B 7.
[22] Vgl. §§ 2, 5 des TarifvertragsG vom 9. April 1949 in der Fassung des ÄnderungsG v. 11. Januar 1952 (BGBl. I, S. 19 ff.).
[23] *Ramm*, Koalitionsbegriff und Tariffähigkeit, JuS 1966, S. 229.
[24] *v. Mangoldt-Klein*, Art. 9 V 9, S. 327; *Schnorr*, VereinsG RdNr. 4 zu § 16, S. 239; BAG AP Nr. 2 und Nr. 32 zu Art. 9 GG.
[1] Vgl. dazu *Oppermann* JZ 1967, S. 721 mit vielen Nachweisen über die Befruchtungsmöglichkeiten zwischen Politologie und Soziologie als empirische Wissenschaften und der normativen Staatsrechtswissenschaft als logisch-analytischer Wissenschaft; *Scholler*, Person und Öffentlichkeit, S. 1 f.; *Maunz*, Dt.

im Sinne der Arbeitsmethoden der allgemeinen Staatslehre aufzeigen, wenn eine sachgerechte Lösung des Konfliktsfalls erreicht werden soll.

Dabei muß und kann deshalb darauf verzichtet werden, das in Ausführung des Art. 9 GG ergangene Vereinsgesetz[2] mit den dort getroffenen Regelungen zu kommentieren. Diese Kommentierung hat auch in Hinblick auf die Erfordernisse der Praxis *Schnorr*, Öffentliches Vereinsrecht, übernommen[3].

## 2. Inhalt und Darstellung

### a) Geschichte

Die Darstellung des Konfliktes zwischen dem Recht der einzelnen Gruppe und dem Staat und seinen Bürgern will nicht auf eine kurze *geschichtliche Darstellung* der Vereinsfreiheit verzichten[4]. Hierbei werden neben einem Vergleich der Rechtsentwicklung im Ausland (Amerika, England, Frankreich) vor allem die Entwicklung der Vereinigungsfreiheit und ihre Zurückdrängung im deutschen Vormärz, die Auswirkungen der Frankfurter Grundrechtserklärung in den deutschen Einzelstaaten, die Vereinigungsfreiheit bis 1919 und der Weg in der Weimarer Zeit bis schließlich 1945 eine neue Deutung dieses ewigen Konfliktes[5] zwischen Freiheit und Staatsmacht vorbereiten können.

### b) Vereinigungsfreiheit

Daran anschließend soll das Recht der Vereinigungsfreiheit dargestellt werden.

Dazu ist es notwendig, die Arten der Vereinigungen und die soziologisch-politische Bedeutung der politischen Vereinigungen im besonde-

---

Staatsrecht, S. 55—58; *Luhmann*, Institution, S. 10; *Winckler*, VVDStL Heft 24 61966), S. 37 speziell für die Gruppenproblematik; *Ridder*, Meinungsfreiheit, S .255, hat dieses Verhältnis an der Entwicklung der Meinungsfreiheit deutlich gemacht; vgl. auch gemeinsame Empfehlungen zum Verhältnis von Rechtswissenschaft und Politologie in JZ 1967, S. 727. Kritisch: *Herrfahrdt*, Rechtssoziologie, Sp. 1730, 1731: er macht mit Recht darauf aufmerksam, daß das Recht nicht durch soziologische Analysen umgangen werden darf, wenn ein normatives Recht weiterbestehen soll. Diese Gefahr wird allerdings in der „modernen" Literatur etwas zu gering veranschlagt.

[2] Vereinsgesetz: Gesetz zur Regelung des öffentlichen Vereinsrechtes vom 5. August 1964, BGBl. I 1964, S. 539.

[3] Öffentliches Vereinsrecht: Kommenatr zum Vereinsgesetz Köln-Berlin-Bonn-München 1965.

[4] *Oppermann*, JZ 1967, S. 726; *Smend*, Staatsrechtl. Abhandlungen, Verfassung und Verfassungsrecht, S. 266, Art. 142 (Meinungsfreiheit als klassisches Beispiel); *Häberle*, Wesensgehaltsgarantie, S. 176, aber etwas einschränkend, S. 178, da er den Sozialstaatsgedanken und die Möglichkeit revolutionären Denkens sowie die Möglichkeit revolutionärer Entwicklungen anführt; vgl. auch Fußnote 329, S. 178. Gegen geisteswissenschaftl. Methode: *Forsthoff*, Umbildung, S. 52, der von einem Anachronismus spricht; *v. Mangoldt-Klein*, S. 119, Vorbem. XIV 5; *Scholler*, Person und Öffentlichkeit, S. 183.

[5] *Seifert*, DÖV 1964, S. 685.

ren darzustellen, um dann die Vereinigungsfreiheit verfassungsstrukturell[6] und dogmatisch festzulegen und ihre staatsrechtliche Stellung im Verfassungsgefüge zu erläutern und dabei den Begriff der Vereinigungen von anderen Erscheinungsformen abzugrenzen.

### c) Schranken der Freiheit

Im dritten Hauptteil sollen die rechtlichen Institutionen dargelegt werden, die den Freiheitsraum begrenzen können, aber auch begrenzen müssen. Dabei sind neben den allgemeinen Wertentscheidungen der Verfassung die besonderen Werte zu berücksichtigen, die die Vereinigungsfreiheit dem Individuum vermitteln kann, aber auch die Gefahren, die eine schrankenlose Duldung vereinten Handelns sowohl für den einzelnen Bürger wie für den Staat als ganzen mit sich bringt.

### d) Verbotsverfahren

Im vierten Hauptteil werden die Konsequenzen aus der materiellen Rechtslage für das Verbotsverfahren und die Nebenfolgen eines Verbotes zu ziehen sein. Dabei müssen vor allem die Regeln des Vereinsgesetzes[7] herangezogen werden und das gewählte Verfahren als Teil eines Staatsschutzes im Geiste der Verfassung[8] geprüft und interpretiert werden.

## § 5 V. Ziel der Arbeit

Das Ziel dieser Arbeit kann endlich nicht darin liegen, besondere Gruppen im Staat zu fördern oder zu konkreten Zielen und Aktionsformen bestimmter Organisationen Stellung zu nehmen oder Sympathie dafür zu bekunden.

Wohl aber wird es notwendig sein, sich zur freiheitlichen und demokratischen Grundordnung zu bekennen. Die Subsumtion erarbeiteter Ergebnisse für bestimmte gegenwärtige Vereinigungen, die im Kreuzfeuer der verfassungsrechtlichen Kritik stehen, muß der Rechtsanwendung vorbehalten bleiben. Eine bestimmte Stellungnahme wird mit dieser Arbeit nicht bezweckt.

---

[6] Vgl. dazu *Leibholz*, Strukturprobleme, S. VII, der diesen Ausdruck für das deutsche Verfassungsrecht zum ersten Mal geprägt hat.
[7] Das Vereinsgesetz befaßt sich hauptsächlich mit dem Verfahren zur Konkretisierung der Schranken der Vereinigungsfreiheit. So mit Recht *Schnorr*, Einl. B II 2, S. 33.
[8] Vgl. *Willms*, Staatsschutz im Geiste der Verfassung.

1. Kapitel

## Die Geschichte der Vereinigungsfreiheit

### § 6  I. Altertum und Mittelalter

#### 1. Im griechischen Staat

Das Streben nach gemeinsamem Handeln, ausgedrückt im Streben nach freien Zusammenschlüssen, kann schon im Altertum beobachtet werden[1].

Sozial und wirtschaftlich geformte Gruppen nahmen, gestützt auf die Einheit ihrer Mitglieder, an der politischen Willensbildung der griechischen Polis teil[2]. Doch überwiegt im politischen Einfluß die Einzelpersönlichkeit, die unabhängig von einer Gruppe durch eigene Persönlichkeit wirkt.

Die Freiheit im Staate[3], nicht gegenüber dem Staat im liberalen Sinn, war aber nach griechischer Staatsphilosophie und Staatslehre durch die Herrschaft der Weisen und Besten gesichert[4]. Eines *Freiheitsrechts bedurfte es deshalb nicht*. So war die Duldung organisierten Handelns in Gruppen keine abgesicherte Freiheit[5]. Das Vereinigungsrecht unterlag der Disposition der Staatsführung, die per definitionem mit dem Staatsinteresse übereinstimmte[6].

#### 2. Im römischen Staat

Auch im römischen Staat kann zwar politische Gruppenbildung festgestellt werden[7], doch auch hier war diese Gruppenbildung weder als

---

[1] *Planitz*, Ideengeschichte, S. 598.
[2] *Ehrenberg*, Der Staat der Griechen, S. 111 f.
[3] Vgl. zu diesem Begriff: Carl *Schmitt*, Verfassungslehre, S. 157; *Kübler*, Grundrecht, S. 157; *Menzel*, Beiträge, S. 10 ff.
[4] So vor allem Platos Staatsidee; vgl. *Küchenhoff*, Vereins- und Versammlungsfreiheit, S. 9.
[5] Vgl. zum Freiheitsrecht des Gewissens in der griechischen Polis: *Scholler*, Freiheit des Gewissens, S. 27; zum Freiheitsrecht allgemein: *Küchenhoff*, Vereins- und Versammlungsfreiheit, S. 9/10.
[6] *Jellinek*, Allg. Staatslehre, S. 308/09; *Kübler*, Grundrechte, S. 5.
[7] *Planitz*, Ideengeschichte, S. 599.

Abwehrrecht gegen den Staat noch als Teilnahmerecht des Bürgers in Gruppenbildung am Staatsleben garantiert[8]. Das Kaisertum mit seinen totalitären Zügen schränkte schließlich diese tatsächlich existierende Freiheit ein. Doch war diese Freiheit der Teilnahme an der Staatsgewalt nur im Rahmen der Staatsgewalt möglich; die moderne Freiheit von der Staatsgewalt, verbunden mit dem Recht, zwar nicht zu herrschen, aber Einfluß zu üben auf die Staatsgewalt im Interesse des Individuums, bestand nicht. Die „moderne" Freiheit des demokratischen Liberalismus im Sinne *Constants*[9], der diese liberale Freiheit der antiken gegenüberstellt, wurde auch den Gruppen nicht eingeräumt.

Sie waren weder frei im *modernen liberalen* Sinn, noch wirklich frei im *echten antiken Sinn des status aktivus*.

Nur die unpolitischen Vereinigungen wurden durch den Staat geduldet; die Freiheit war nur dort gegeben, wo sie auf die den jeweiligen Herrschern genehme Staatsteilnahme gerichtet war[10].

### 3. Im germanischen Gemeinwesen

Im germanischen Staat bestand *keine Gruppenbildung* im staatsrechtlichen Sinn.

Die Sippe war die einzige geschlossene Gruppe. Sie war jedoch nur familiär gegliedert und umfaßte das Sippenmitglied in seiner ganzen Existenz; freiwillige Mitgliedschaft oder Zusammenfinden auf Grund gemeinsamen Denkens oder gemeinsamer Ziele bildete sich außerhalb der Sippe nicht.

Aus dem Nebeneinander von Sippe und germanischem Staatsverband[11] formte sich der Dualismus von Monarch und Fürsten, die jeweils ihre Rechte gegenseitig abgrenzten[12]. Die Unterwerfung unter einen Lehensherrn, den Fürsten, brachte den Sippen in der Regel Geborgenheit und die notwendigsten Lebensrechte. Ein Bedürfnis nach Teilnahme am Staat, nach Einwirkungsmöglichkeit auf die Herrschenden durch Bildung von Vereinigungen, zeigte sich nicht[13].

Auch ein apolitisches Vereinsleben entwickelte sich nicht. Verbotsregelungen erübrigten sich.

---

[8] So richtig: *v. Lübtow*, Das römische Volk, S. 510; ähnlich *Küchenhoff*, Vereins- u. Versammlungsfreiheit, S. 9.

[9] Benjamin *Constant*, Cours de politique, S. 529 (540). Hier wird ein gewisser Vorgriff auf die Freiheit des status aktivus und politikus im Gegensatz zum status negativus deutlich. Die antike Freiheit war einseitig am status aktivus orientiert.

[10] *Seyfert*, DÖV 1964, S. 685 allerdings nicht genügend differenzierend; *Küchenhoff*, Vereins- und Versammlungsfreiheit, S. 11.

[11] Es dürfte problematisch sein, von einem Staat in Germanien zu sprechen, weshalb der Ausdruck „Gemeinwesen" für eine locker gegliederte Gesellschaft gewählt wird.

[12] So *Küchenhoff*, Vereins- und Versammlungsfreiheit, S. 10.

[13] *Küchenhoff*, Vereins- und Versammlungsfreiheit, S. 10.

### 4. Im Mittelalter

Im Mittelalter spielten freiwillige Zusammenschlüsse von gleichgesinnten Bürgern keine Rolle[14]. Es bestand kein assoziatives Vereinigungswesen[15]. Als Fortführung germanischer Lehensherrschaft ist diese Entwicklung verständlich.

Überragende Bedeutung bekam dagegen das ständische Korporationswesen[16]. Ohne die Absicht, dem Mittelalter heutige Rechtssituationen aufzwingen zu wollen, kann von öffentlich-rechtlichen Zusammenschlüssen in Gilden, Innungen und Zünften gesprochen werden.

Sie bildeten einen eigenen Rechtskreis mit autonomer Satzungsgewalt[17]. Die Mitgliedschaft in solchen Korporationen vermittelte erst Bürgerrechte.

Wenn im beginnenden Mittelalter und im Hochmittelalter noch Versuche gemacht wurden, die Macht der Korporationen zugunsten der Staatsmacht einzuschränken[18], wurde schließlich doch der Staat durch die Korporationen nach und nach überwuchert[19].

Vereinigungsfreiheit im Sinne liberaler Verfassungen des 19. und 20. Jahrhunderts gewährte die Staatsmacht nicht; es fehlte auch die Grundvoraussetzung dafür, daß sich Gleichgesinnte treffen und verbinden, es fehlte das allgemeine Staatsbürgertum, das das Recht oder zumindest Ansätze eines Willens für Teilnahme am Staatsleben sinnvoll gemacht hätte[20].

## § 7 II. Die Vereinigungsfreiheit in den Vereinigten Staaten von Amerika, England und Frankreich ab der Mitte des 18. Jahrhunderts

### 1. Die Vereinigten Staaten von Amerika

Von naturrechtlichen Gedanken ausgehend, nahm das Recht auf Vereinigen in den Vereinigten Staaten von Amerika zum ersten Mal als *Rechtsposition des Bürgers* rechtliche und politische Realität an.

---

[14] F. *Müller*, Korporation, S. 18.
[15] Es wird hier die allgemein gültige Definition verwendet: Assoziationen sind freiwillige Zusammenschlüsse ohne Erfassung des gesamten Lebensbereiches des Mitglieds.
Korporationen sind Vereinigungen unter ständischem Gesichtspunkt, die alle Menschen einer bestimmten gesellschaftlichen Schicht umfaßt. So auch F. *Müller*, Korporation, S. 15, 16.
[16] F. *Müller*, a. a. O., S. 18.
[17] F. *Müller*, a. a. O., S. 19.
[18] Als Beispiele seien genannt: Auflösung aller städtischen Handwerksverbände durch Reichsgesetz von 1232, Maßnahmen gegen Handwerksbruderschaften in Dortmund 1346 und in Frankfurt 1443 und 1447.
[19] Zutreffend *Seifert*, DÖV 64, S. 685.
[20] *Kübler*, Grundrechte, S. 9; F. *Müller*, Korporation, S. 19 mit vielen Nachweisen.

1791 wurde durch einen Zusatzartikel der Verfassung ausdrücklich die Meinungs- und Pressefreiheit, stillschweigend die Versammlungsfreiheit und das Petitionsrecht gewährleistet[1].

Die Vereinigungsfreiheit speziell war nicht ausdrücklich erwähnt.

Aus dem individuellen Recht des einzelnen wurde aber durch unbestrittene Tradition das Recht zu gemeinsamer Ausübung der genannten Grundrechte hergeleitet. Der allgemeinen Äußerungsfreiheit war die spezielle gemeinsame Äußerungsfreiheit in Gruppen inkorporiert[2]. Schon *Tocqueville* führte 1835 aus[3], daß „gemäß der Freiheit allein zu handeln, das natürlichste Recht für den Menschen ist, daß er auch frei ist, seine Anstrengungen mit den Mühen zu vereinen, die sich Menschen seinesgleichen für den gleichen Zweck geben, und daß er frei ist, gemeinsam zu handeln". Er meint weiter mit Recht[4], daß „*das Recht, sich zusammenzuschließen, seinem Wesen nach von der individuellen Freiheit nicht getrennt werden kann*". Zudem war diese Verfassungswirklichkeit eine vom Volk getragene Grundentscheidung[5], so daß diese Freiheit echte Lebenskraft besaß und auch genutzt wurde, auch in der Form der kollektiven Meinungsäußerung.

Diese Äußerungsfreiheit, auch gemeinsam, war zu keiner Zeit institutionellen Schranken unterworfen. *Jefferson* sagte in seiner Inaugurationsrede zu einer Zeit, als die Französische Revolution und Napoleon die Welt an den Rand des Abgrunds brachten, daß die Äußerungsfreiheit ungestört bleiben könne, auch wenn damit ein anderes System propagiert werden würde[6].

Damit war auch die im groupement ausgeübte Meinungsfreiheit, wie sich aus dem gesamten Verfassungsverständnis ergab, gemeint[7]. Grenze dieser kollektiven, politischen Äußerungsfreiheit, die nicht mit der gefaßten Meinungsfreiheit im kontinentalen Sinn zu verstehen ist, war die Äußerung, die zu allgemeinen ungesetzlichen Handlungen aufrief oder zu allgemeinen ungesetzlichen Handlungen führte[8].

---

[1] Robert C. *Carr*, Grundrechte in den Vereinigten Staaten, S. 926; *Huber*, Festschrift für Jahrreiß, S. 111; ungenau *Küchenhoff*, Vereins- und Versammlungsfreiheit, S. 15.

[2] H. v. *Mangoldt*, Rechtsstaatsgedanke, S. 58; *Ehmke*, Wirtschaft und Verfassung, S. 281 f.; *Löwenstein*, Verfassungsrecht und Verfassungspraxis, S. 488 f.; *Carr*, Robert .K, Grundrechte in den Vereinigten Staaten, S. 917; *Huber*, Festschrift für Jahrreiß, S. 112.

[3] *Tocqueville*, Demokratie in Amerika, S. 142.

[4] *Tocqueville*, a. a. O., S. 142.

[5] Im Sinne Carl *Schmitts*: Verfassungslehre, S. 20.

[6] Aus *Carr* Robert, Grundrechte in den Vereinigten Staaten, S. 928, zitiert aus Messages and Papers of the Presidents Bd. I S. 321.
Ebenso zitiert bei *Voigt*, Geschichte der Grundrechte, S. 21.

[7] *Commager*, Rechte der Minderheit, S. 11 mit weiteren Nachweisen; *Huber*, Festschrift für Jahrreiß, S. 112.

[8] Im einzelnen *Carr*, Grundrechte in den Vereinigten Staaten, S. 929.

Diese Verfassungstradition wurde bis in unsere Zeit kontinuierlich fortgeführt[9].

## 2. England

In England traten zur Zeit der Französischen Revolution ebenfalls Gruppen mit politischer Zielsetzung in die politische Öffentlichkeit[10]. Die „Clubs" wirkten als Debattier- und Gesellschaftsklubs an der Politik mit durch Forderungen nach Gleichheit und allgemeinem Wahlrecht und durch Petitionen an das Parlament. Vertreter dieser Clubs, die die Arbeit von Regierung und Parlament kritisch beobachteten[11], wurden nach London entsandt. Sie hatten bald so viel Einfluß im Staate, daß William *Pitt* der Jüngere schließlich die Aufhebung der Habeas-Corpus-Akte gegen sie erwirkte und ihre weitere Tätigkeit mit Hochverratsstrafen bedrohte[12]. Die Gruppenbildung im politischen Bereich blieb zurück, wenn auch verschiedene politische Grundrichtungen in der Politik bemerkbar bleiben.

## 3. Frankreich

In Frankreich traten im 18. und beginnenden 19. Jahrhundert geschlossene Gruppen ebenfalls nicht besonders in Erscheinung. Geistesgeschichtlich war dieser extreme Individualismus geprägt durch die Gedankengänge und Ideen J. J. *Rousseaus*[13].

Der Bürger, der sich unter die höchste Leitung durch den Gesamtwillen, den volonté générale, stellt, unterwirft sich nicht: der Staat ruht auf der Übereinstimmung der Interessen aller seiner einzelnen Mitglieder, auf einem sich von selbst bildenden vollkommenen Interessengleichgewicht[14]. Vom Gesamtwillen aus betrachtet sind die Sonderwillen der einzelnen, wie sie in den Teilverbänden notwendig repräsentiert werden, eine Verführung, eine Verfälschung des volonté générale. Die *„corps intermédiaires"*, die Gruppen im Sinne *Montesquieus*, hatten in der *„république une et indivisible"* der Doktrinäre der reinen Demokratie, in der Republik der Jakobiner, keinen Platz[15].

---

[9] Vgl. *Carr* mit Nachweisen, a. a. O., S. 928, z. .B das Votum von Richter *Hulme*.
[10] *Voigt*, Gesichte der Grundrechte, S. 66.
*Küchenhoff*, Vereins- und Versammlungsfreiheit, S. 18.
[11] *Küchenhoff*, a. a. O., S. 17, 18.
[12] W. J. *Mackenzie* und *Herry Street* in Grundrechte in Großbritannien, S. 810; *Voigt*, Geschichte der Grundrechte, S. 67.
[13] F. *Müller*, Korporation, S. 74.
[14] *Rousseau*, Du Contract Social, Bd. II 12 S. 106; Bd. II 1 S. 67; weitere Nachweise über die Ablehnung von Teilverbänden bei F. *Müller*, Korporation, S. 61, 63, 64.
[15] *Röpke*, Interessensvertretung, S. 58.

Auch die Summe der Sondermeinungen, der volontés de tous, ersetzt den Gesamtwillen nicht[16].

Geistesgeschichtlich war damit in Frankreich der Weg für eine „abolition de toute association" bereitet[17].

Politisch war diese Entwicklung begünstigt durch die Ablehnung des ancien régime, in dem die Zünfte und andere corps intermédiaires im Sinne *Montesquieus* das Regime stützen[18]. Überstürzend kam noch eine übermäßige Rezeption des römischen Rechts in Frankreich dazu, das ebenfalls in seiner Grundtendenz gruppenfeindlich war[19].

Die *Gruppe* als organisierte Wirkungseinheit[20] galt bis weit in die Mitte des 19. Jahrhunderts als möglicher und damit *suspekter Rivale* des Staates[21]. An einer Aufnahme des Rechts auf Gruppenbildung in den Katalog der Grundrechte von 1789 war deshalb historisch wie politisch nicht zu denken[22]. Eine Interpretation der Vereinigungsfreiheit aus anderen Grundrechten heraus fand, im Gegensatz zu den Vereinigten Staaten, trotz der Schrift von A. v. *Tocqueville*, die politisch keine Wirkung hatte, keine rechtliche Ausformung[23].

Vereinigungen mit politischer Zielsetzung blieben weiterhin eine Provokation gegen die „pouvoir établi"[24].

Erst 1901 wurde die Vereinigungsfreiheit und ihr Stellenwert für eine lebendige Demokratie erkannt[25].

Schwankungen der Gründungsfreiheit und Betätigungsfreiheit von Vereinigungen waren seitdem nur kurzfristig und durch besondere Zeitereignisse bedingt[26].

---

[16] F. *Müller*, Korporationen, S. 62.
[17] *Huber*, Festschrift für Jahrreiß, S. 110 mit weiteren Nachweisen.
[18] *Duverger*, Grundrechte in Frankreich, S. 602.
[19] v. *Münch* in BK, Art. 9 Erl. I S. 5.
[20] Dieser Ausdruck ist, soweit ersichtlich, noch nicht in der Literatur eingeführt, soll hier aber verwendet werden. In Anlehnung an *Heller*, Allg. Staatslehre, S. 92/93.
[21] Vgl. *Huber*, Festschrift für Jahrreiß, S. 110; *Burdeau*, libertés, S. 151.
[22] F. *Müller*, Korporation, S. 72; *Huber*, Festschrift für Jahrreiß, S. 100 unten.
[23] *Küchenhoff* führt dies darauf zurück, daß die Grundrechtsausübung durch die Bürger fehlte, denn sonst wäre die ausweitende Interpretation unausweichlich gewesen. *Küchenhoff*, Vereinigungs- und Versammlungsfreiheit, S .16 im Anschluß an Carl *Schmitt*, Staatslehre, S. 20; vgl. auch *Geiger*, Wandlung der Grundrechte, S. 33.
[24] *Burdeau*, a. a. O., S. 154; *Küchenhoff*, Vereinigungs- und Versammlungsfreiheit, S. 15; *Huber*, Festschrift für Jahrreiß, S. 111; vgl. auch das frz. Strafgesetz vom 10. April 1834: die bloße Gründung von Vereinigungen mit politischer Zielsetzung war strafbar.
[25] *Huber*, Festschrift für Jahrreiß, S. 111.
[26] Z. .B Suspendierung der Vereinigungsfreiheit durch die Vichy-Regierung.

## § 8 III. Der Deutsche Vormärz: 1794—1848

### 1. Politische Machtverhältnisse

In der Zeit des ausgehenden 18. Jahrhunderts und des beginnenden 19. Jahrhunderts beherrschte in Deutschland der Absolutismus als Regierungsform das politische Denken und die politische Wirklichkeit.

Aus der Aufklärung heraus[1], mitgetragen durch den revolutionären Nationalismus[2], begannen sich Vereinigungen zu bilden, die ihren Wirkungskreis nicht nur auf ihre Mitglieder beschränkten, sondern nach Beeinflussung des Staatsgefüges strebten[3].

Das Preußische Allgemeine Landrecht von 1794 erkannte in II § 6 ALR an, daß „die Verbindung mehrerer Mitglieder des Staates erlaubt ist, wenn ihr Zweck mit dem gemeinen Wohl bestehen kann". Verbindungen konnten durch Verwaltungsakt verboten werden, wenn „sie anderen gemeinnützigen Absichten oder Anstalten hinderlich oder nachteilig" waren[4].

Diese anscheinend gewährte Vereinigungsfreiheit stand aber von Anfang an unter starkem polizeistaatlichen Druck[5].

Zudem war zunächst nur die Gründungsfreiheit gewährt und die Betätigungsfreiheit nicht ausgesprochen[6].

Präventiv[7] gegen die Übergriffe jakobinischer Dynamik[8] wurden jedoch bald politische Vereinigungen und geheime Vereine als gemeinschädlich angesehen und daher verboten[9].

---

[1] Vgl. *Waldecker*, Handbuch, S. 638; *Müller, F.*, S. 250.
[2] So *Huber*, Verfassungsgeschichte, Bd. I S. 697.
[3] Vgl. z. B.
*vor 1815* Deutsche Gesellschaften, Tugendbund, Bund der Deutschen. So: *Küchenhoff*, Vereinigungs- und Versammlungsfreiheit, S. 21, 22; *Huber*, Verfassungsgeschichte, Bd. I S. 703;
*nach 1815* Burschenschaften, Turnerschaften, Hoffmannsche Bund, Wartburgfest: vgl. *Huber*, Bd. I S. 696 und Bd. II S. 133.
*Nach 1832*: vor allem der deutsche Preß- und Vaterlandsverein mit dem Hambacherfest von 1832: vgl. dazu *Scholler*, Person und Öffentlichkeit, S. 219, 225; *Huber*, Bd. II S. 135; a. A. nur *Bäumen*, Vereins- und Versammlungsfreiheit, der den politischen Vereinigungen wenig Effektivität in dieser Zeit zuerkennt.
[4] *Schnorr*, Vereinsgesetz, S. 20 Einleitung; Abdruck der einschlägigen Bestimmungen des ALR bei F. *Müller*, Korporation, S. 240.
[5] *Waldecker*, Handbuch, S. 639; *Bäumen*, Vereins- und Versammlungsfreiheit, S. 17; *Küchenhoff*, Vereins- und Versammlungsfreiheit, S. 18; *Piepenstock*, Bl. für dt. und intern. Politik, 1965, S. 142, der vor allem auch auf die verschiedenen Einwirkungsmöglichkeiten durch strafrechtliche Maßnahmen hinweist.
[6] F. *Müller*, Korporation, S. 240 bezeichnet weshalb diese Bestimmung des ALR überhaupt nicht als Gewährung einer Assoziationsfreiheit, da Vereinigungsfreiheit nicht nur Gründungsfreiheit, sondern auch Betätigungsfreiheit einschließen müsse.
[7] So vor allem von *Bäumen*, a. a. O., S. 18 herausgestellt, um das Primat polizeilicher Opportunität bei Verhinderungsmaßnahmen darzulegen.
[8] *Schnorr*, VereinsG, S. 20.

1. Kapitel: Die Geschichte der Vereinigungsfreiheit

Des weiteren wurden andere Vereinigungen starken polizeilichen Bindungen unterworfen, wie Registrierung zur Beobachtung und Kontrolle[10].

An der Universität wurden vereinsrechtliche, freiheitliche Bestrebungen durch verschiedene Maßnahmen beschnitten, besonders durch die Karlsbader Beschlüsse vom 20. 9. 1819[11].

Umgehungsversuche der Vereinsreglementierung wurden oft unternommen. Besonders aufschlußreich war das Hambacher Fest vom 27. 5. 1832, bei dem Gruppen[12] zum erstenmal als Träger öffentlicher Meinung auftraten[13]. Die unterdrückten Journalisten waren in die Vereinsfreiheit ausgewichen.

In der politischen Realität war staatsbürgerliche Aktivität weitgehend nur über das freie Vereinswesen möglich[14].

### 2. Geistesgeschichtliche Grundlagen der Vereinigungsfreiheit im deutschen Vormärz

#### a) Doppelwertigkeit der Vereinsfreiheit

Geistesgeschichtlich-philosophisch im Sinne wertmaterialer Sinnerfassung (Smend)[15] wurde eine neue Deutung der Vereinigungsfreiheit angestrebt.

Politisch und geistesgeschichtlich bezog die neue Deutung der Vereinsfreiheit die meisten Impulse aus dem Frühliberalismus[16]. Die liberale Vereinslehre im deutschen Vormärz wandte sich von einer einseitigen Vereinslehre ab, die nur dem Bürger einen staatsfreien Raum eröffnen

---

[9] Vgl. Kabinettsordre in Preußen vom 20. 10. 1798 und 6. 1. 1816: Reichsgesetzliche Bekräftigung durch Bundesbeschluß von 1832 nach *Schnorr*, VereinsG, S. 20 mit Belegen.
[10] Vgl. zu den Maßnahmen im einzelnen *Küchenhoff*, Vereins- und Versammlungsfreiheit, S. 20, 21; *Piepenstock*, Bl. für dt. und intern. Politik, 1965, S. 147 Fußnote 2.
[11] *Huber*, Dt. Verfassungsgeschichte, Bd. I S. 735 mit Nachweis der einzelnen Phasen; *Planitz*, Ideengeschichte 1930, S. 612.
[12] *Huber*, Dt. Verfassungsgeschichte, Bd. II, S. 133.
[13] Zum Hambacher Fest: *Huber*, Bd. II, Dt. Verfassungsgeschichte, S. 140, 146; vgl. auch *Scholler*, Person und Öffentlichkeit, S. 224, 225 mit Fußnote 52—54.
[14] F. *Müller*, Korporation, S. 338, 339 oben.
[15] *Smend*, Staatsrechtliche Abhandlungen, Verfassung und Verfassungsrecht S. 162 f., S. 266. Smends Auslegung des Art. 142 WRV (Meinungsfreiheit) als klassisches Beispiel. Wie *Smend*: *Holstein*, AöR Bd. 1 (1926), S. 1 (31) und weiteren Nachweisen über *Hensel* und *Kaufmann*; heute wie *Smend*: *Scheuner* und durch das BVerfG: Nachweise bei *Häberle*, Wesensgehaltsgarantie, S. 176. *Häberle* allerdings einschränkend, soweit er damit das konventionelle Schrankendenken ablehnt. Er sieht die geistesgeschichtliche Interpretation als Wurzel dieses Schrankendenkens.
[16] F. *Müller*, Korporation, S. 337.

§ 8 Der deutsche Vormärz

sollte. Die *Doppelwertigkeit der Vereinsfreiheit* als ein Recht, das dem Bürger die Möglichkeit gibt, sich *ungestört vom Staat* zu vereinigen, ihm aber auch die Möglichkeit eröffnet, *Zugang zum Staat* über Bildung von Gruppen zu erhalten, wurde im deutschen Vormärz zum erstenmal geistesgeschichtlich erkannt.

Zu nennen sind Autoren wie *Rotteck, Welcker* und *von Mohl*.

Wie eine freie politische Presse[17] sind auch die freien Vereine Ausdruck „für eine thätige Teilnahme der Bürger am bürgerlichen Gemeinwesen"[18]. Die Vereine sind für *Welcker* ein Mittel zur politischen Bildung, aber auch zum politischen Einfluß des Bürgers.

*Rotteck* begreift die Vereinsfreiheit ebenfalls nicht rein negativ. Negativ betrachtet würde sie nur den Raum für private Vereine geben[19], die sich nur mit nichtöffentlichen Dingen befassen würden. Private Vereinigungen, auch mit politischer Zielsetzung, sind „keine potentiellen Störenfriede" von „Sicherheit und Ordnung", sondern sind zusammen mit anderen Freiheitsrechten, wie Versammlungs- und Pressefreiheit, die wichtigste Garantie für dauernde Lebenskraft der Verfassung[20]. Die Vereinigungsfreiheit versteht er zuordnend und aufbauend als äußeres Befestigungsmittel des Bestehens einer Verfassung[21]. Der *staatsfernhaltende* Bereich des Freiheitsrechtes tritt deshalb *zugunsten der aufbauenden* Funktion zurück[22].

*Biedermann* gibt den Vereinigungen ebenfalls eine positive Funktion und damit auch der Vereinigungsfreiheit[23].

Auch *Robert von Mohl* zieht die Vereinsfreiheit heran, um dem Bürger „mehr politische Tätigkeit als die Ausübung des Wahlrechtes" zu ermöglichen[24]. Das Vereinsrecht und die Vereinsfreiheit begreift *von Mohl* in der Zwischenstellung zwischen „Freiheitsrecht und Mitwirkungs-

---

[17] Diese Hauptfunktion der Presse trat politisch und geistesgeschichtlich beim Hambacher Fest 1832 in Erscheinung: vgl. *Scholler*, Person und Öffentlichkeit, S. 224, 225. Ein Teach-in, veranstaltet durch die Presse. Daß hier auch Gruppen auftraten und gruppenmäßig abgestimmt wurde, tritt demgegenüber in den Hintergrund.
[18] *Welcker*, Bürgertugend, S. 764; vgl. auch F. *Müller*, Korporation, S. 299 und 337 unten. Ähnlich *Welcker*, Staatsverfassung, S. 367.
[19] *F. Müller* zitiert aus *Rotteck*, Staatsrecht, S. 11.
[20] *Rotteck*, Staatsrecht, S. 10.
[21] *Rotteck*, a. a. O.
[22] Vgl. auch F. *Müller*, Korporation, S. 298, der allerdings diese Aussage *Rottecks* zu sehr auf die Vorbearbeitung durch *Arentin* zurückführt.
[23] *Biedermann*, Staatslexikon, 3. Aufl., S. 369: Artikel Vereine, Vereinswesen und Vereinsrecht: „Die Vereine sind neben der Presse und im Bunde mit ihr ein naturgemäßes und — wenn richtig gebraucht — ein heilsames Mittel die Factoren der Gesetzgebung und Verwaltung in stetem Raport mit dem Geist des Volkes zu bringen." Er erkennt die Staatswillensbildungsfunktion der Vereinigungen.
[24] Robert *von Mohl*, Staatsrecht in Württemberg, S. 383.

recht am staatlichen Leben"[25]. Politische Berufsrechte können vorzüglich durch Vereine wahrgenommen werden[26].

Zusammenfassend fällt auf, daß die Hinführung des Bürgers an den Staat zur Teilnahme an der res publica die Epoche beherrscht und die Autoren, die sich mit der Vereinsfreiheit beschäftigen, diesen Gedanken für die Vereinigungsfreiheit fruchtbar gemacht haben.

b) Konsequenz dieses Denkens im Verhältnis Staat — Gesellschaft

Seit der Terminologieschöpfung *Hegels* setzt, eine Entwicklung fortführend, die in der Mitte des 18. Jahrhunderts begonnen hatte[27], ein *Trennungsdenken* zwischen *Staat* und *Gesellschaft* ein.

Der Staat wird dabei als die Wirklichkeit einer sittlichen Idee (*Hegel*)[28], als sittliches Reich[29] (Stahl) oder als sittlich-geistiger Organismus (*Bluntschli*)[30] verstanden, dem die Gesellschaft als die bürgerlichen Mächte, als ein System der Bedürfnisse[31] gegenübersteht.

Diese Antinomie war im Grunde der gesamten älteren konstitutionellen Staatslehre vorgegeben[32], wobei eine negative Wertung verbunden war, eine μετάβασις εἰς τὸ ἄλλο γένος im Sinne *Aristoteles*, wie *Leibholz* sich ausdrückte[33].

Die positive Deutung der Vereinsfreiheit im deutschen Vormärz legte *geistesgeschichtlich* eine Grundlage zur *Überwindung* dieser *negativen* Antinomie[34]. Es war ein theoretischer Ansatzpunkt dafür gefunden worden, die Gesellschaft, strukturiert in den freien Vereinigungen als der Organisationsform des 19. Jahrhunderts, in Verbindung mit anderen Grundrechtsausübungen an den Staat heranzuführen, den Staat mit der Gesellschaft zu verzahnen und die Unterscheidung von Staat und Gesell-

---

[25] So richtig: F. *Müller*, Korporation, S. 304 oben; gegen die staatswegführende Funktion der Grundrechte allgemein *Kübler*, Grundrechte, S. 222.
[26] Robert *von Mohl*, Präventive Justiz, S. 85, 86. *Smend* greift diesen Begriff des politischen Berufsrechts wieder auf in Bürger und Bourgeois, in Verfassungsrechtliche Abhandlungen, S. 312, 319 mit Fußnote 15.
[27] So F. *Müller*, Korporation, S. 322, beginnend mit *Brunner*.
[28] Vgl. *Ehmke*, Festschrift für Smend, S. 36 mit Nachweisen über Hegel.
[29] *Ehmke*, a. a. O., S. 36.
[30] *Ehmke*, a. a. O., S. 36; *Bluntschli*, Allg. Staatsrecht, S. 110 f.
[31] *Leibholz*, VVDStL Heft 24 (1966) S. 8; *Ehmke*, Festschrift für Smend, S. 36; *Kelsen*, Allg. Staatslehre, S. 15 unten, S. 16 hat Bedenken gegen den Begriff „Gesellschaft", da hier Einheitlichkeit vorgegeben wird, wo keine Einheitlichkeit besteht.
[32] *Stahl*, *Zöpf*, *Held* und mit der Theorie des souveränen Organismus: *Bluntschli*, *Zachariae*. Nach *Ehmke*, Festschrift für Smend, S. 36.
[33] *Leibholz*, Strukturprobleme, S. 330.
[34] Dies gilt auch für Robert *von Mohl*, der die Trennung Staat und Gesellschaft nur noch als Denkfigur übrig lassen will: richtig *Maste*, Staat und Gesellschaft, S. 6; etwas vorsichtiger *Ehmke*, a. a. O., S. 41; Festschrift für Smend.

schaft nur noch als bildhaften Ausdruck einer noch vorhandenen Spannung zu benutzen, aber die theoretische Trennung zu verhindern[35].

Die Wechselbeziehung zwischen Gesellschaft und Staat nannte Rudolf *von Gneist* bei der Staatstheorie *Hegels* mit Recht dürftig[36].

Eine fruchtbare Verbindung zeigte der deutsche Vormärz, vermittelt auch durch die Betonung des Wertes der freien Assoziationen, auf. *Rousseaus* Ablehnung der Teilverbände als Feind des volonté générale war im Ansatz durch die realistischere Betrachtung im deutschen Vormärz, durch die Erkenntnis notwendiger Mediatisierung des einzelnen durch die Gruppe, geistesgeschichtlich überwunden.

## § 9 IV. Die Frankfurter Grundrechte und die Reaktion in den deutschen Einzelstaaten

### 1. Frankfurt

Gegenüber dem polizeistaatlichen Druck, als Protest gegen das in den deutschen Staaten immer noch herrschende „ancien régime"[1], versuchte die revolutionäre, aber auch evolutionäre Bewegung des Jahres 1848, die Vereinigungsfreiheit durch grundrechtliche Fixierung zu sichern.

Ohne Beschränkung durch präventive Maßregeln sollte ein — wenn auch suspendierbares — subjektives Recht auf staatsbürgerliche Freiheit garantiert werden[2].

Im Art. VII § 162 der am 27. Dezember 1848 verabschiedeten Grundrechte, die 1849 der Verfassung vom 28. März 1849 inkorporiert wurden, hieß es[3]:

„Die Deutschen haben das Recht, Vereine zu bilden. Dieses Recht soll durch keine vorbeugende Maßregel beschränkt werden."

Nur ein Staatsnotstand sollte die Möglichkeit schaffen, das Recht, sich zu vereinigen, außer Kraft zu setzen[4]. Ein Hauptanliegen des revolutionären Geschehens von 1848 hatte einen sichtbaren äußeren Erfolg davongetragen[5].

Doch wird hier wieder, begründet durch politische und gesellschaftliche Grundbedingungen der Revolution, das *negative Abwehrrecht* stärker betont, das Recht auf staatliche Nichteinmischung, das Recht auf einen polizeifreien Raum[6].

---

[35] Ähnlich *Ehmke*, S. 40 in Festschrift für Smend; F. *Müller*, Korporation, S. 321.
[36] *v. Gneist*, Rechtsstaat, S. 259.
[1] *Hartung*, Dt. Verfassungsgeschichte, S. 41.
[2] *Waldecker*, Handbuch, S. 639.
[3] Zitiert nach *Hartung*, Quellensammlung, S. 85.
[4] *Küchenhoff*, Vereinigungs- und Versammlungsfreiheit, S. 28.
[5] *Küchenhoff*, a. a. O., S. 26; *Waldecker*, Handbuch, S. 639.
[6] *Waldecker*, a. a. O., S. 640; *Hartung*, Verfassungsgeschichte, S. 48.

Zwar war der entscheidende Durchbruch der Vereinigungsfreiheit in Frankfurt im Gegensatz zur Gesetzgebung des assoziationsfeindlichen Frankreich gelungen[7]. Doch dieser Durchbruch deckte sich nicht ganz mit den Idealen des deutschen Vormärz.

So wurde schon nicht über den Vereinsartikel diskutiert und damit die Chance einer ideengeschichtlichen Klärung nicht genützt[8]. Der Bezug zum Staate hin durch Grundrechtsausübung mittels Vereinen wurde nicht mit der notwendigen Sicherheit festgestellt, auch wenn er von vielen gewünscht und beabsichtigt war[9].

### 2. Die Reaktion auf Frankfurt in den deutschen Einzelstaaten

Obwohl die Verfassung niemals in Kraft trat, erreichte sie politische Wirkung, die auch durch die Reaktion nicht gehindert werden konnte[10].

Im Laufe der Revolutionsereignisse wurde die Vereinigungsfreiheit in den deutschen Einzelstaaten als Bürgerrecht, allerdings nur gesetzlich, anerkannt[11].

Dieser Vereinsfreiheit waren aber Grenzen gesetzt, vor allem politischen Vereinigungen drohten polizeiliche Maßregeln[12].

Im weiteren wird die Vereinsfreiheit, wie alle übrigen Freiheitsrechte, im Zuge der Reaktion immer mehr beschnitten.

Durch das Bundesvereinsgesetz vom 13. Juli 1854 wird die Beweislast für polizeimäßiges Verhalten den zu gründenden Vereinigungen auferlegt[13]. Dieses in Wirklichkeit die Vereinsfreiheit aufhebende Gesetz führten aber nur die Staaten ein, die sich nicht wenigstens zur beschränkten Vereinigungsfreiheit bekannten[14].

---

[7] So mit Recht F. *Müller*, Korporation, S. 332; *Füsslein*, Vereins- und Versammlungsfreiheit, S. 427.

[8] Stenographischer Bericht der Paulskirche, Bd. I, S. 686 und Bd. IV, S. 4173.

[9] So vor allem mit Recht F. *Müller*, Korporation, S. 338, 330; auch *Küchenhoff*, Vereinigungs- und Versammlungsfreiheit, S. 22; *Waldecker*, Handbuch S. 639; vgl. auch *Maier*, Modernes Freiheitsverständnis, S. 13: gedacht war an die negative Funktion als Abwehrrecht gegen Staatseingriffe.

[10] *Füsslein*, Vereins- und Versammlungsfreiheit, S. 427.

[11] Vgl. *Schnorr* Einleitung A I 4 (S. 20). Gesetzliche Regelungen waren: Art. 29 und 30 der revidierten Verfassung vom 31. 1. 1850 mit der Einschränkung durch das Gesetz vom 11. 3. 1850: VereinsVO in Preußen.
In Bayern: Vereins- und VersammlungsG vom 26. 2. 1850. In Württemberg: Versammlungsgesetz vom 2. 4. 1848; weitere Vereinsgesetze sind bei *Schnorr*, S. 20 FN 1 abgedruckt.

[12] Vgl. zu den vielfältigen Maßnahmen: neben der VereinsVO vom 11. 3. 1850 in Preußen, die Beschreibungen bei *Huber*, Verfassungsgeschichte, Bd. III, S. 109; *Waldecker*, Handbuch, S. 640; *Piepenstock*, Blätter für dt. und internationale Politik 1965, S. 143; *Küchenhoff*, Vereinigungs- und Versammlungsfreiheit, S. 29.

[13] *Waldecker*, Handbuch, S. 640; *Küchenhoff*, a. a. O., S. 30; *Piepenstock*, a. a. O., S. 143 und FN 3 mit den Auswirkungen einzelner präventiver Maßnahmen.

[14] Zur beschränkten Vereinigungsfreiheit bekannten sich Preußen und Bayern neben anderen Staaten: vgl. *Waldecker*, Handbuch, S. 640 mit vielen Hinweisen.

§ 10 Das Reichsvereinsgesetz und die Entwicklung bis 1949  41

Dieser labile Rechtszustand dauerte auch über das Jahr 1871 hinaus an. Zwar war die Vereinsgesetzgebung Reichssache (Art. 4 Ziff. 15 der Reichsverfassung), doch kam vorerst nie ein reichseinheitliches Gesetz zustande.

Ein Grundrechtskatalog war dem reinen Organisationsstatut der Reichsverfassung von 1871 nicht angefügt worden[15].

Einzelmaßnahmen gegen bestimmte Vereinigungen kamen aber reichseinheitlich durch Maßnahmegesetz zustande. Am wichtigsten waren die berühmten, aber auch berüchtigten Gesetze gegen die Jesuiten und gegen die Sozialisten[16].

Politisch oder religiös anders Denkende wurden damit kurzerhand zu Staatsfeinden erklärt und von der Teilnahme am politischen Leben ausgeschlossen. Dem Staatsgefüge eine andere Richtung zu geben, konnte somit als unerwünscht durch staatliches Gesetz verhindert werden[17].

*Kirchliche* Stimmen, die das Vereinigungsrecht als Naturrecht forderten, verhallten ungehört, soweit daraus politische oder staatsrechtliche Konsequenzen hätten gezogen werden sollen. So hatte die Stellungnahme Papst Leos XIII. in seiner Sozialenzyklika Rerum Novarum von 1891[18] *kaum politische Wirkung*[19].

### § 10 V. Das Reichsvereinigungsgesetz von 1908 und die Entwicklung bis 1949

*1. Die gesetzliche Garantie der Vereinigungsfreiheit*

Im Reichsvereinsgesetz von 1908[1] wurde die Vereinsfreiheit reichsgesetzlich gewährleistet und damit die Landesgesetzgebung gesperrt[2].

---

[15] *Bäumen,* S. 24 mit weiteren Nachweisen, vor allem in Fußnote 2.
[16] Reichsgesetz betreffend den Orden der Gesellschaft Jesu vom 4. Juli 1872; 1904 zum Teil, 1927 gänzlich aufgehoben. (RGBl. 1872 S. 253) Reichsgesetz betreffend die gemeingefährlichen Bestrebungen der Sozialdemokratie vom 21. August 1878 (in Kraft bis 1890) zitiert nach *Brauchitsch,* Verwaltungsgesetze in Preußen, Bd. 2, S. 168; vgl. auch *Küchenhoff,* Vereins- und Versammlungsfreiheit, S. 31.
[17] *Piepenstock,* Bl. für dt. und intern. Politik 1965, S. 143.
[18] *Marmy* in Mensch und Gemeinschaft in Christlicher Schau, S. 408: „Staat und Teilverbände seien auf demselben natürlichen Trieb zur Vereinigung gegründet" und Vereinigungen werden mit derselben Berechtigung ausgestattet.
[19] *F. Müller,* Korporation, S. 143, 144; *Marmy,* a. a. O., S. 558.
[1] Reichsvereinsgesetz vom 29. 4. 1908 (RGBl. 1908 S. 151).
[2] *Schnorr,* Vereinsgesetz, Einleitung A II, S. 33, der vor allem die Reichseinheitlichkeit und den Reichsvorbehalt als wichtige Garantie der Vereinigungsfreiheit herausstellt, wohl nicht ganz berechtigt, da mat. keine Wirkung und einzelne Länder auch progressiver hätten sein können.

Das vom sog. Bülow-Block (Konservative und Liberale)[3] verabschiedete Gesetz enthält zwar die liberale Grundtendenz, kann sich aber nicht ganz von überkommenen Vorstellungen freimachen[4]. Zwar war die Vereinsfreiheit nicht als Grundrecht statuiert worden[5], das Gesetz enthielt aber *keinen allgemeinen Polizeivorbehalt*[6].

Doch konnten andere Gesetze die Vereinigungsfreiheit einschränken oder beseitigen. (§ 1 Abs. II S. 2 RVG)[7]. Damit war wiederum eine nur labile Freiheit gewährleistet worden, die unter der Drohung von Einzelgesetzen stand[8].

## 2. Die verfassungsmäßige Garantie

In Art. 124 der Weimarer Reichsverfassung[9] wurde die Vereinigungsfreiheit zum erstenmal als Bürgergrundrecht garantiert. Vorbeugende Maßnahmen waren nicht zulässig. Auch politische Vereine brauchten keinen Vorstand und unterlagen keinen präventiv-polizeilichen Maßnahmen[10]. Nach *Waldecker*[11] machte nicht das Grundrecht vor dem Amt der Polizei halt, sondern das Amt der Polizei vor der Vereinsfreiheit. Es war ein polizeifestes Grundrecht geschaffen worden[12].

Eingriffe gegen Vereine sollten, auch soweit sich die Maßnahmen gegen einzelne Mitglieder richteten, nur an der Vereinsfreiheit gemessen werden. Eingriffe nur wegen der Tatsache, daß die Mitglieder vereinigt waren, waren nicht mehr möglich[3].

---

[3] *Bäumen*, a. a. O., S. 27; *Delius*, Vereinsgesetz, S. 8.
[4] So richtig *Bäumen*, a. a. O., S. 27; a. A. *Schnorr*, Vereinsgesetz, Einl. A II, S. 24.
[5] *Waldecker*, Handbuch, S. 640.
[6] Darauf verweist vor allem *Schnorr*, Vereinsgesetz, S. 24; *Waldecker*, a. a. O., S. 641.
[7] „Dieses Recht unterliegt polizeilich nur den in diesem Gesetz und anderen Reichsgesetzen enthaltenen Beschränkungen".
[8] *Waldecker*, Handbuch, verweist darauf mit Recht und zieht Parallelen zur Verfassung von 1850 in Preußen: vgl. S. 36 FN 4 ebenso: *Bäumen*, Vereins- und Versammlungsfreiheit, S. 27; a. A. *Schnorr*, a. a. O., S. 24, der diese Gefahr zu gering einschätzt.
[9] Die Zwischenperiode durch den Aufruf der Volksbeauftragten vom 18. Nov. 2918 kann hier vernachlässigt werden. Sie brachte zeitbedingte Regelungen ohne besonderen ideengeschichtlichen Wert. Vgl. *Waldecker*, Handbuch, S. 641. Auf die Fortgeltungsfragen dieses Aufrufs, die in der Weimarer Staatsrechtswissenschaft stark umstritten waren, wird verwiesen; vgl. *Schnorr*, Vereinsgesetz, S. II, S. 25 mit FN 10.
[10] *Waldecker*, Handbuch, S. 649; *Küchenhoff*, Vereinigungs- und Versammlungsfreiheit, S. 35; *Schnorr*, Vereinsgesetz, Einleitung A II, S. 26; *Delius*, Vereinsgesetz, S. 138.
[11] *Waldecker*, a. a. O., S. 649.
[12] *Füsslein*, Vereins- und Versammlungsfreiheit, S. 435; *Kaub*, Diss., S. 30.
[13] *Waldecker*, a. a. O., S. 649 mit Nachweisen.

### 3. Die Aushöhlung der Vereinsfreiheit durch die Feinde der Republik

Als Reaktion auf den Terror der Straße[14] gestattete das Republik-Schutzgesetz vom 21. 7. 1922[15] aus bestimmten politischen Gründen die zwangsweise Auflösung von Vereinen.

Besondere Einschränkungsmöglichkeiten der Vereinsfreiheit durch die Exekutive brachten dann das Republik-Schutzgesetz vom 25. 3. 1930 und mehrere Notverordnungen des Reichspräsidenten nach Art. 48 WRV[16]. Die Republik versuchte sich durch diese verzweifelten Maßnahmen vor den organisierten Feinden der bestehenden Ordnung zu schützen.

Die einzelnen Maßnahmen wollten die rechts- und linksradikalen undemokratischen Kräfte aus dem Verfassungsleben verdrängen und griffen immer stärker in die Vereinigungsfreiheit ein[17].

Die Vereinigungsfreiheit wurde von den Feinden der Republik, des „Systems", in den unmittelbaren politischen Tageskampf gezogen[18] und war ein Machtinstrument zum Terror.

Die Vereinigungsfreiheit wurde mißbraucht. Die Steuerung des Mißbrauchs hätte nicht nur in der Einschränkung der Vereinigungsfreiheit bestehen müssen. Die Verbote hätten eines echten politischen Gewichtes bedurft und der überzeugenden Autorität starker Gerichte.

### 4. Beseitigung der Vereinsfreiheit

Unter der Herrschaft des Nationalsozialismus wurde die Vereinigungsfreiheit völlig beseitigt[19]. Die Verordnung zum Schutz von Volk und Staat gemäß Art. 48 vom 28. 2. 1933[20] war eine der ersten Maßnahmen der neuen Regierung. Art. 124 WRV wurde diktatorisch außer Kraft gesetzt[21]. Vereinigungen Andersdenkender konnten durch Verwaltungsakt verboten werden. Als Generalklausel[22] gegen jeden

---

[14] Vgl. zu den geschichtlichen Ereignissen in Zusammenhang mit Vereinsverboten: *Jaspers*, Der Schutz der Republik, S. 126 ff.
[15] Gesetz zum Schutz der Republik vom 21. 7. 1922 (RGBl. I S. 585). Abdruck dieses Gesetzes bei *Jaspers*, Der Schutz der Republik, Anhang S. 292.
[16] Vgl. PräsidialVO zur Bekämpfung politischer Ausschreitungen vom 28. 3. 1931, PräsidialVO zu Erhaltung des inneren Friedens vom 19. 11. 1932; vgl *Füsslein*, Vereins- und Versammlungsfreiheit, S. 428.
[17] Zu den lehrreichen Maßnahmen aus der Weimarer Zeit: *Jaspers*, Der Schutz der Republik, S. 128 bis 177 und Anhang S. 316 bis 320; In den einzelnen Ländern wurden insgesamt 182 Vereinigungsverbote der Republik (mit Parteiverboten) ausgesprochen, die durch eine illoyale Justiz teilweise wieder aufgehoben wurden.
[18] *Küchenhoff*, Vereinigungs- und Versammlungsfreiheit, S. 36.
[19] Vgl. *Schnorr*, Vereinsgesetz, Einl. A IV S. 27.
[20] RGBl. I S. 83.
[21] *Füsslein*, Vereins- und Versammlungsfreiheit, S. 429.
[22] So *Bäumen*, Vereins- und Versammlungsfreiheit, S. 35.

politischen Gegner wurde das freie politische Kräftespiel zuungunsten der Demokraten beseitigt.

Selbstauflösung und Gleichschaltung sollten einen gewissen Schein von Freiheit der Vereinsbildung aufrechterhalten[23].

### 5. Die Wiedereinrichtung der Vereinsfreiheit

Nach 1945 wurde schrittweise die Vereinigungsfreiheit durch die Besatzungsmächte hergestellt[24]. Machtpolitische Erwägungen gingen echten freiheitsrechtlichen Idealen vor.

Die Vereinsfreiheit wurde dann erst in den Ländern in den einzelnen Länderverfassungen wiederhergestellt[25] und durch Art. 9 GG grundrechtlich gewährleistet.

Die Vereinten Nationen haben die Vereinsfreiheit in Art. 20 der Charta festgelegt[26].

In der Europäischen Menschenrechtskonvention wird in Art. 11 die Vereinigungsfreiheit statuiert[27]. Sie mit Leben zu erfüllen, soll Aufgabe der Darstellung der gegenwärtigen Rechtslage sein.

---

[23] Vgl. *Schnorr*, a. a. O., Einleitung A IV, S. 27 unten mit Nachweisen.
[24] *Füsslein*, a. a. O., S. 429; *Schnorr*, a. a. O., A IV 3, S. 28.
[25] Z. B. Art. 114 BayVerf.; Art. 18 Berliner Verf.; Art. 17 Bremer Verf; Art. 15 Hess. Verf.; Art. 13 Rheinland-Pfälzische Verf.; Art. 7 Saarl. Verf.
[26] „Jeder Mensch hat das Recht auf Versammlungs- und Vereinigungsfreiheit zu friedlichen Zwecken".
„Niemand darf gezwungen werden, einer Vereinigung anzugehören".
Charta vom 10. 12. 1948.
[27] Konvention der Europarat-Staaten zum Schutz der Menschenrechte und Grundfreiheiten vom 4. 11. 1950 BGBl. I 52, S. 685.

2. Kapitel

## Die Vereinigungsfreiheit

### § 11 I. Erscheinungsformen der Vereinigungen im deutschen Verfassungsleben

*1. Vereinigungen ohne politische Relevanz*

a) Eine Darstellung des Verbotsrechts von Vereinigungen, die auch Verfassungsstrukturen darlegen soll, kann nicht darauf verzichten, auch mit soziologischen Erkenntnismethoden Erscheinungsweisen des Vereinigungswesens darzulegen.

Als Verein wird hier vorläufig jeder auf eine gewisse Dauer geplante freiwillige Zusammenschluß mehrerer natürlicher oder juristischer Personen zu einem bestimmten Zweck unter einer organisierten Willensbildung angesehen[1].

b) Eine Einteilung der Gruppen läßt sich zunächst vornehmen, wenn man die Gruppen nach ihrer Zielsetzung differenziert. Die eine Gruppe umfaßt Vereinigungen ohne politische Relevanz[2]. Darunter versteht man Gruppen, die nicht aus dem privaten Bereich heraustreten wollen und nicht an eine irgendwie geartete Öffentlichkeit treten wollen, um Einfluß geltend zu machen[3]. So sind vor allem die Vereine zu nennen, die sich lediglich den internen Beziehungen ihrer Mitglieder widmen. Oft handeln sie nur im Raum rechtlich irrelevanter Betätigungen.

Sie sind *staatsrechtlich*, aber wohl auch *soziologisch nicht interessant*, da sie nur im staatsfreien Raum tätig sind und auch dem Staat niemals gefährlich werden können, da sie apolitisch[4] eingestellt sind. Gefährlich werden diese Gruppen nur dann, wenn sie strafrechtswidrige Tätig-

---

[1] Diese Definition ist im wesentlichen unbestritten. Vgl. *v. Mangoldt-Klein*, Art. 9 III 6 a; *Schnorr*, Vereinsgesetz, § 2 RdNr. 6, S. 61; *Füsslein*, Vereins- und Versammlungsfreiheit, S. 431; *v. Jan*, VereinsG, S. 51.
[2] *Kaiser*, Organisierte Interessen, S. 22; *Laufer*, Verbände, S. 9.
[3] Zur Abgrenzung der privaten Sphäre in ihrer Pluralität von dem Bereich der ebenfalls pluralen Öffentlichkeit: Vgl. *Scholler*, Person und Öffentlichkeit, S. 81 bis 90 und S. 90 bis 94; *Häberle*, JuS, 1967, S. 73.
[4] *Smend* würde sie bourgeoise nennen: vgl. Staatsrechtliche Abhandlungen, Bürger und Bourgeoise, S. 314.

keiten ausüben (Ringvereine von Berufsverbrechern, Vereine mit unsittlicher Betätigung usw.). Aber auch diese Gruppen sind staatsrechtlich nicht bedeutend, da die Einflußnahme auf den Staat oder andere Bürger fehlt.

Diesen Gruppen ohne politische Relevanz genügt die Negativ-Funktion der Grundrechte und insbesondere der Vereinigungsfreiheit völlig, d. h. der Staat mischt sich nicht in ihre Angelegenheiten ein, sofern sie *nicht* mit den *allgemeinen Gesetzen kollidieren*. Organisationsrechtlich treten sie entweder als Gesellschaften nach dem BGB und den Nebengesetzen oder als Idealvereine nach §§ 21—79 BGB auf.

Zu diesen Vereinigungen sind auch die wirtschaftlichen Unternehmungen zu rechnen, die auf Mitgliederbasis tätig sind, wie Genossenschaften, Aktiengesellschaften und offene Handelsgesellschaften.

*2. Vereinigungen mit politischer Relevanz, die politischen Vereinigungen im weiteren Sinn*

a) Vereinigungen mit egoistischer Grundeinstellung

aa) Begriffsbestimmung

Die Abgrenzung zu den politischen Vereinigungen ergibt sich aus dem Ziel ihrer Tätigkeit.

Vereinigungen mit politischer Relevanz streben an die Öffentlichkeit, sie wollen auf ihre Umwelt einwirken[5, 6].

Zu beachten ist dabei, daß jeder interne Verein zu einer Vereinigung mit politischer Relevanz im weitesten Sinn aufsteigen kann, sobald er seine Zielrichtung verbreitert.

Ein Verein, der für seinen Vereinszweck öffentliche Mittel fordert oder sonstige Ansprüche an die Allgemeinheit erhebt, tritt aus dem Bereich des Privaten in den des Politischen ein[7].

In diesem Bereich der Vereinigungen mit Öffentlichkeitsanspruch ist soziologisch wiederum die Möglichkeit gegeben, daß die Vereinigungen teilweise egoistisch oder altruistisch sind und daß die Vereinigungen ihre Zielsetzung ändern[8].

Dies bedeutet, daß diese Vereinigungen ihr Hauptgewicht darauf legen, die Stellung ihrer Mitglieder zu verbessern, wobei der Übergang zu altruistischen Motiven ebenfalls flüssig ist und von den Gruppen zur

---

[5] *Habermas*, Strukturwandel, spricht von einer politisch räsonnierenden und das Politische rationalisierenden Öffentlichkeit. *Habermas*, a. a. O., S. 88 ff. und S. 94 ff.

[6] *Wurzbacher*, Freie Vereinigungen, S. 99; *Laufer*, Verbände, S. 10.

[7] Diese Variabilität des Vereinszweckes veranlaßt einen Großteil von Soziologen im Gegensatz zur Rechtswissenschaft an dieser Unterscheidung nicht mehr festzuhalten. Vgl. dazu: *Wurzbacher*, Freie Vereinigungen, S. 78 ff.

[8] Diese Unterscheidung erfolgt nach *Wacke*, VVDStL Heft 24, (1966) S. 106.

§ 11 Erscheinungsformen der Vereinigungen 47

Erhöhung ihrer Reputation meist behauptet werden wird, daß sie auch gesamtverantwortlich argumentieren und das Wohl der Gesamtheit im Auge haben.

bb) Die Vereinigungen auf kulturell-religiösem Gebiet

Auf kulturell-religiösem Gebiet und auf dem Gebiet der Freizeitgestaltung bestehen eine nicht zu schätzende Zahl von Vereinigungen, wie Sportvereine, kirchliche Jugendorganisationen, studentische Verbindungen im herkömmlichen Sinn, soweit sie nicht auf Einflußnahme im staatspolitischen Bereich streben[9].

cc) Die Anspruchs- und Interessengruppen, die Verbände

Entscheidende Bedeutung erlangen in der pluralistischen Massengesellschaft die Anspruchs- und Interessenverbände, die darauf abzielen, die wirtschaftliche Stellung ihrer Mitglieder dadurch zu verbessern, daß sie neben der internen Arbeit auch in die Öffentlichkeit und in den staatlichen Bereich eindringen. Diese Gruppen sind der weite Bereich der organisierten Interessen im Sinne *Kaisers* als eine zweckrationale Orientierung des Handels der einzelnen an gleichartigen Erwartungen im wirtschaftlichen Bereich[10].

In diesen Bereich gehören die organisierten gesellschaftlichen Interessen derer, die im Bauernverband, in den Organisationen von Industrie und Handel und in anderen Vereinigungen zusammengefaßt sind.

*Wurzbacher* bezeichnet diese Vereinigungen im Bereich der Wirtschaft und der Arbeit als die Vereinigungen, die ihre Mitglieder in einem wirtschaftlichen oder sozialen Interesse repräsentieren[11]. Oft vertreten sie nur einen bestimmten Anspruch gegen die öffentliche Hand[12].

Ihnen allen ist gemeinsam, daß sie Partikularinteressen vertreten und damit in der Begriffssprache *Hegels* einen echten Ausschnitt der Gesellschaft als einem System von Bedürfnissen darstellen[13]. Allerdings ist bei dieser organisierten Interessengruppierung nicht ausgeschlossen, daß Vereinigungen auch zu einzelnen Fragen Stellung nehmen, die nicht unmittelbar der Verbesserung der Stellung ihrer Mitglieder dienen

---
[9] Vgl. *Duverger*, Grundrechte in Frankreich, S. 609 für Frankreich mit typischen Unterscheidungen.
[10] *Kaiser*, Organisierte Interessen, S. 345, 322, ähnlich *Wittkämper*, Interessenverbände, S. 29 und Max Weber, Rechtssoziologie, S. 173.
[11] *Wurzbacher*, Freie Vereinigungen, S. 87 ff.
[12] Vgl. zum Beispiel der Verband der Heimkehrer, der Vertriebenen, Entrechteten, politisch Verfolgten oder auch Gruppen, die nur ein bestimmtes Ziel verfolgen, wie Ansiedlung bzw. Verhinderung eines Flugplatzes u. dgl. — eine wohl vollständige Aufzählung der Gruppen bringt *Breitling*, Verbände, S. 14 ff. und *Wittkämpfer*, a. a. O., S. 26 ff.
[13] So *Leibholz*, VVDStL Heft 24, (1966), S. 22; *Wittkämpfer*, Interessenverbände, S. 29; *Kaiser*, Organisierte Interessen, S. 179.

sollen, wie dies z. B. die Gewerkschaften in der Frage der Notstandsgesetzgebung tun.

dd) Die Vereinigungen mit egoistischen Zielen im staatspolitischen Bereich

Auch im politischen Bereich im engeren Sinn treten Gruppen mit egoistischen Zielen auf[14].

Sie wollen den Status ihrer Mitglieder ändern oder verbessern und verlangen z. B. Umgliederung bestimmter Gebiete, wie dies z. B. bei den Heimatvertriebenen der Fall ist[15].

Unmittelbare Beteiligung an den Verfassungsorganen streben sie nicht an; sie sind aber oft Sondergruppen einer Partei integriert, treten aber trotzdem mit eigener Organisation auf und wollen eigenes politisches Profil entwickeln. Auch sie bleiben Vereinigungen i. S. des Art. 9 Abs. 1 GG.

b) Vereinigungen mit altruistischer, gesamtverantwortlicher Zielsetzung oder gesamtpolitischer Konzeption

aa) Vereinigungen auf kulturell-religiösem Gebiet

Im kulturell-religiösen oder caritativen Bereich entfalten Gruppen eine in ihrer Wirkungsbreite oft unterschätzte Tätigkeit[16]. Neben freireligiösen Gruppen wie z. B. der Freimaurer oder kulturell oder philosophisch engagierten Vereinigungen wie z. B. den Anthroposophen oder der Humanistischen Union, vollbringen caritative Vereinigungen der Kirchen und Wohlfahrtsverbände Aufgaben für die Allgemeinheit.

Es treten aber auch reine organisierte Meinungsgruppen sogar im innerkirchlichen Bereich auf, die auf die kirchliche und theologische Ausrichtung Einfluß nehmen wollen kraft ihrer Gruppenstärke mit ihrer organisierten Willensbildung und der damit verbundenen Willenseinheit (z. B. Bekennende Kirche und die Bekenntnisbewegung „Kein anderes Evangelium" in der evangelischen Kirche)[17]. Im wissenschaftlichen Bereich sind Gruppen von Bürgern zu nennen, die in Stiftungen, Forschungsgemeinschaften zusammengefaßt sind[18].

---

[14] Die Unterscheidung in politische und nicht politische Gruppen ist bereits deshalb notwendig, weil bei Ausländervereinen die politischen Gruppen eine Sonderstellung nach dem VereinsG (§§ 15, 16 VereinsG) einnehmen. Vgl. Hans *Huber*, Festschrift für Jahrreiß, S. 104, 109 f.
[15] Südtiroler Gruppen in Österreich oder Italien, die Sudetendeutschen und sonstige Landsmannschaften, die Rückgliederung oder sonstige Lösungen ihrer politischen oder sonstigen Rechte (Heimatrecht) fordern.
[16] *Wacke*, VVDStL Heft 24, (1966) Diskussionsbeitrag, S. 106 ff.; *Wurzbacher*, Freie Vereinigungen, S. 85.
[17] *Haacke*, Meinungsbildung, S. 95 mit Nachweisen dieser soziologisch neuen Form der Meinungsbildung im kirchlichen Bereich.
[18] *Wacke*, a. a. O., S. 106—110; *Wurzbacher*, Freie Vereinigungen, S. 80 ff.

bb) Vereinigungen auf politischem Gebiet, die soziologische Unterscheidung von den Parteien

Daneben treten auch Vereinigungen auf, die nicht dem egoistischen politischen Ziel verhaftet sind[19], sondern entweder altruistische Ziele verfolgen oder doch eine gesamtpolitische Konzeption entwickeln, ohne deshalb nach parlamentarischer Vertretung streben zu wollen.

Die politisch fungierenden Gruppen[20] tragen vor allem die außerparlamentarische Opposition, neben der Einzelpersönlichkeiten mangels Apparat nur eine untergeordnete Rolle zu spielen vermögen[21].

Als organisierte Gruppen sind sie dank ihres Mitgliederstammes in der Lage, Versammlungen und Demonstrationen abzuhalten und, dank ihrer finanziellen Mittel durch die Mitglieder, politisch aktiv zu werden. Sie werden im politischen Prozeß bedeutende Faktoren, auch wenn sie nicht unmittelbar Entscheidungsorgane personell besetzen[22]. In der ständigen Fluktuation[23] und der proteischen Vielgestaltigkeit[24] der politischen Gruppen finden sich auch Vereinigungen mit politischer Konstanz, mit relativ kontinuierlicher, gleichförmiger Struktur und einer Führungsspitze mit koordinativen Fähigkeiten und integrierenden Wertvorstellungen, die ihnen eine echte politische Kraft verleihen[25].

*Soziologisch* unterscheiden sich diese Vereinigungen von den Parteien dadurch, daß sie noch politische Einzelgesichtspunkte herausstellen können und nicht zur Stellungnahme in jeder politischen Frage gezwungen sind, wie dies bei den politischen Parteien spätestens bei der parlamentarischen Abstimmung oder bei der Festlegung eines Parteiprogrammes der Fall ist[26]. Durch diese Möglichkeit besteht in den Vereinigungen nicht der unabweisbare Zwang zum dialektischen Konsensus, zum Kompromiß, der alle Parteien und besonders die Volksparteien in ihrer Aussageklarheit beeinträchtigen muß[27].

Dadurch können Vereinigungen beweglicher und dynamischer sein, da ihre Größe nicht, wie bei den Parteien, durch Sperrklauseln und sonstige institutionelle Zwangslagen vorbestimmt ist[27a].

---

[19] Oft werden diese Gruppen auch diese Zielsetzung nur für sich in Anspruch nehmen und in Wahrheit doch politische Interessengruppen bleiben.
[20] Vgl. *Ridder*, DöV 63, 324 zu diesem Ausdruck.
[21] *Wurzbacher*, Freie Vereinigungen, S. 69.
[22] *Kaiser*, Organisierte Interessen, S. 182, 338; *Ridder*, DöV 63, 324; *Habermas*, Strukturwandel, S. 88 ff.; *Scholler*, Person und Öffentlichkeit, S. 140 mit Fußnote 23 zur Gruppenstärke im Verhältnis zur Individualohnmacht.
[23] *Ridder*, DöV 63, 324.
[24] *Ridder*, a. a. O.
[25] So mit Recht *Wurzbacher*, Freie Vereinigungen, S. 69 mit Nachweisen.
[26] *Luhmann*: Institution, S. 91; *Wurzbacher*, Freie Vereinigungen, S. 107.
[27] *von Feldmann*, DöV 19 65, 29 mit Nachweisen; *Čopič*, GG und p. St. n. A., S. 48.
[27] Man denke an die vielen Beschränkungen, die den Parteien auferlegt sind, wie z. B. die besondere Publizitätspflicht usw.

In den nicht parteimäßig gebildeten Gruppen besteht deshalb eine viel größere Gesinnungsgleichheit, die Repräsentationschance des einer Vereinigung angeschlossenen Bürgers wird erhöht[28].

Das politische System kann von dieser besseren Repräsentation von Meinungen und Interessen „durch Verdichtung seiner Entscheidungssituation" profitieren[29].

Diesen wichtigen soziologischen Ansatzpunkt übersieht wohl *Leibholz*, wenn er dem Bürger allein in den Parteien politische Repräsentanz zugestehen will[30]. Die Einflußnahme auf die Parteien ist auch außerhalb der Parteien notwendig, wie dieser soziologische Ausgangspunkt zeigt. Der Hinweis auf die Chance des Wandels einer Partei von innen heraus kann nicht befriedigen, da hier der Wandel ohne festen organisatorischen Zusammenhalt einer unabhängigen Gruppe praktisch keinen Erfolg verspricht[31].

Die Vielgestaltigkeit, aber auch die *Verdichtung der Repräsentationschancen* wird dadurch noch vermehrt, daß die Gruppen nur zur geistig-agitatorischen Aussage gezwungen sind und nur zur Willensbildung beitragen wollen, ohne daß sie selbst unmittelbare politische Verantwortung übernehmen müssen. Sie können sich vielmehr auf die Heranschaffung von Material für den dialektischen Prozeß bei „Tuern" beschränken und selbst oft als „Merker" Tatsachen aussprechen, die die Träger unmittelbarer politischer Verantwortung oft nicht aussprechen können, da sie durch verschiedene Rücksichten gehemmt sind[32].

Zu diesen „Merkern", die auch einen gruppenmäßigen Rückhalt haben, können auch Gruppen gehören, die Parteien nahestehen, aber doch organisatorisch und in ihrer Willensbildung unabhängig sind[33].

Auch aus reinen Anspruchsverbänden entwickeln sich oft allgemeine politische Gruppen und werden zu dynamischen Faktoren des politischen Prozesses[34].

---

[28] *Piepenstock*: Bl. für dt. und intern. Politik 1965, S. 146 und S. 147; *Luhmann*, Institution, S. 91 und S. 98 mit Fußnote 32. Repräsentation wird dabei als verbindliches Handeln einer durch Wahl oder Auftrag aus der Gesamtheit bestellten Person oder Personengruppe verstanden: So *Scheuner*, DÖV 65, 579; a. A. *Birch*, Representative and Responsible Government, S. 13, 235.

[29] *Luhmann*, Institution, S. 91.

[30] *Leibholz*, Strukturprobleme, S. 117, 118 und S. 90 mit Fußnote 26; etwas einschränkend, a. a. O., S. 331, 336. *Leibholz* meint wohl, daß die politische Repräsentanz nur in den Parteien möglich sei, die Interessenrepräsentanz aber auch in den Verbänden. Er verkennt dann aber die gegenseitige Abhängigkeit und Verknüpfung dieser beiden Gruppenpaare. Wie *Leibholz* aber: *Henke* in BK, Art. 21 RdNr. 13 mit weiteren Nachweisen.

[31] *Habermas*, Strukturwandel, S. 231; *Ridder*, DÖV 63, 324; *Čopič*, GG und p. St. n. A., S. 48 mit Nachweisen.

[32] *Lohmar*, Innerparteiliche Demokratie, S. 34.

[33] Man denke nur an die Studenten- und Jugendorganisationen der Parteien.

[34] Vgl. *Willms*, JZ 63, 121 (123) und *Ridder*, DÖV 1963, S. 322 ff. für die Vereinigung der Verfolgten des Naziregimes.

### 3. Vereinigungen in ihrer Bestehensdauer

Vereinigungen können nicht nur nach ihrem Vereinsziel geordnet werden, sondern werden auch nach ihrer Bestehensdauer differenziert. So treten Vereinigungen teilweise nur kurze Zeit auf, um ein Ziel zu erreichen. Sie verschwinden von der politischen Bühne, wenn sie ihr Ziel erreicht haben oder die Erreichung des Zieles endgültig gescheitert ist. Diese kurzlebigen Vereinigungen haben vor allem in den Vereinigten Staaten als sog. single-purpose-movements eine große Bedeutung für das öffentliche Leben erlangt und sind z. B. bei der Nominierung der Präsidentschaftskandidaten nicht mehr wegzudenken[35].

Daneben haben in den kontinentalen Ländern die Dauerorganisationen ein größeres Gewicht. So sind z. B. die meisten Studentengruppen nicht auf Erreichung eines Zieles festgelegt, sondern „institutionalisiert".

### 4. Statistisches Vorkommen

In statistisch-soziologischer Hinsicht sind neben den absoluten Zahlen der Vereinsstruktur in der Bundesrepublik Vergleiche mit den Vereinigten Staaten von Amerika aufschlußreich.

Aus der Vereinigungszugehörigkeit lassen sich, wie schon *Tocqueville* nachgewiesen hat[36], bestimmte Schlüsse auf den Willen zur Mitgestaltung des Gemeinwesens ziehen.

Nach Repräsentativumfragen durch *Almond* und andere waren 1959/1960 in den Vereinigten Staaten 57 % der Bevölkerung Mitglieder einer Vereinigung gegenüber 47 % in England und 44 % in der Bundesrepublik, während Italien und Mexiko mit 30 % bzw. 24 % besonders stark abfallen[37].

Noch deutlicher wird das geringere deutsche Engagement bei der Bereitschaft, ehrenamtliche Funktionen innerhalb einer Vereinigung zu übernehmen. Sie wurde in den USA mit 26 % und in Großbritannien mit 13 % gegenüber 7 % in der Bundesrepublik und 8 % in Italien und Mexiko ermittelt[38]. Nach neueren Untersuchungen sind 4 von 10 Bundesbürgern in irgendeiner Form Mitglied freiwilliger Vereinigungen, die nicht Volkscharakter haben wie die Kirchen[39, 40].

---

[35] *v. Feldmann*, DÖV 65, 29; zum single-purpose-movement bereits mit klarem Blick: *Tocqueville*, Demokratie in Amerika, S. 190, 191.
[36] *Tocqueville*, Demoktraie in Amerika, S. 192.
[37] *Almond*, Gabriel A. und *Verba*, Sidney, The Civil Culture, Princeton University Press, 1963, S. 302, 303, zitiert aus *Wurzbacher*, Freie Vereinigungen, S. 58.
[38] *Almond*, a. a. O., S. 314; *Wurzbacher*, Freie Vereinigungen, S. 59.
[39] Divo-Pressedienst Frankfurt im August I 1964, S. 8; *Wurzbacher*, a. a. O., S. 76.
[40] Die Kirchen bleiben wegen ihrer 90 %igen Organisationsdichte außer Betracht. Sie sind stark institutionalisiert und neben dem Element der Freiwilligkeit sehr durch andere Gesichtspunkte besonders strukturiert.

*Wurzbacher* und *Almond* ziehen aus diesem Material übereinstimmend den Schluß, daß die Organisationszugehörigkeit dort zunimmt, wo der Prozeß der Liberalisierung mit dem Prozeß der Demokratisierung und Industrialisierung vorgeschrieben ist[41]. *Fränkel* erkennt deshalb, zusammen mit anderen[42], die freien Vereinigungen als ein Mittel an, *gesellschaftliche* in *politische* Energie umzuwandeln.

Mit *Tocqueville* werden freie Vereinigungen als ein wesentliches Mittel öffentlicher Aktivität und Kontrolle anerkannt[43].

### § 12 II. Die Vereinigungsfreiheit als verfassungsrechtliche Grundlage dieser Erscheinungsformen

*1. Die Neubesinnung auf die Freiheitsrechte*

a) Die klassische Funktion: die liberale Funktion

Die Freiheitsrechte werden, bedingt durch ihre Entstehungsgeschichte[1], zunächst in ihrer klassischen Funktion als Abwehrrecht gegen den staatlichen Zugriff angesehen. Ernst Ferdinand *Klein* meinte z. B. 1790, daß der in Rechtsgesetze verfaßte Staat eine Garantie gegen Eingriffe in „Freyheit und Eigentum des Bürgers" biete, und fährt dann fort, „daß dann kein Verlangen mehr bestehen könne", „Republicaner zu werden"[2]. Als subjektive öffentliche Rechte[3] garantieren die Freiheitsrechte dem Staatsmitglied[4] einen Raum, in dem der Staat auf regelnde oder beeinträchtigende Eingriffe verzichtet[5].

Der Staat gesteht dem Staatsmitglied zu, daß er nicht die totale Kompetenz zur Reglementierung aller Verhaltensweisen des Bürgers besitzt oder sich anmaßt[6].

---

[41] *Wurzbacher*, Freie Vereinigungen, S. 58; *Almond*, S. 302 (zitiert nach *Wurzbacher*); ähnlich *Ridder*, Bl. f. dt. und intern. Politik 1962, S. 517.
[42] *Fränkel*, Politische Mitarbeit, S. 12 mit Nachweisen.
[43] *Tocqueville*, Demokratie in Amerika, S. 141 und 193.
[1] *Planitz*, Ideengeschichte, S. 607; *v. Mangoldt-Klein*, Vorbem. A I 2, S. 57 und A III 1, S. 70; *Kübler*, Grundrechte, S. 38, 39 mit Nachweisen; *Maier*, Modernes Freiheitsverständnis, S. 11 ff. mit Nachweisen; *Bäumlin*, Rechtsstaat, Sp. 1742; *Smend*, Staatsrechtliche Abhandlungen, Bürger und Bourgeois, S. 312.
[2] Ernst Ferdinand *Klein*, Freyheit, S. 164.
[3] Vgl. *Hesse*, Grundzüge, S. 110; *Jellinek*, Georg, Allgemeine Staatslehre, S. 28 ff.; *Bäumlin*, Rechtsstaat, Sp. 1742 Ev. Staatslex.
[4] Das Wort Bürger wird hier bewußt vermieden, es soll dem Bürger i. S. eines bewußten Staatsbürgers vorbehalten bleiben. *Scholler*, Freiheit des Gewissens, S. 131: Freiheit des Gewissens als die nach außen gerichtete Freiheit des Gewissens, S. 131: Freiheit des Bekenntnisses; das forum internum ist kein Problem mehr, S. 91. Zur erweiternden Interpretation als Kompetenzregelung: *Luhmann*, Institution, S. 98; *Pongratz*, Diss. München, S. 52, 53.
[5] BVerfG E 7, 198 (204); 13 318 (325). *Hesse*, Grundzüge, S. 114; *Hamel*, Grundrechte, S. 40; *Häberle*, Wesensgehaltsgarantie, S. 18.

Dem Bürger wird damit ein staatsfreier Raum eröffnet, in dem er vom Staat nicht berührt werden kann und sich vor allem seinem wirtschaftlichen Dasein widmen kann[7]. Der Staat besitzt für den mit dieser klassischen Funktion zufriedenen Bürger vor allem in der Daseinsvorsorge seine Funktion[8]. In dieser notwendigen, klassischen Negativfunktion wird der Liberalismus historischer Prägung gegenwärtig[9]. In weiten Teilen der Grundrechte und Freiheitsrechte wird damit auch der wichtigste Bereich ihrer Funktion zutreffend umschrieben, so vor allem bei den Freiheitsrechten, wie dem Recht auf körperliche Unversehrtheit, auf Freiheit der Person, dem Recht der Freizügigkeit, der Unverletzlichkeit der Wohnung, des Brief-, Post- und Fernmeldegeheimnisses, der Religions- und Gewissensfreiheit sowie bei den prozessualen Grundrechten und der Eigentums- und Berufsordnung.

Im *polizeilichen Bereich* hat diese Deutung der Freiheitsrechte ihre unumgängliche und allein freiheitserhaltende Funktion[10]. Die Vertreter liberaler Rechtsstaatlichkeit, wie *Forsthoff*, sehen demnach den Staat als ein System rechtstechnischer Kunstgriffe, sprich Freiheitsrechte an, um die bürgerlichen Freiheiten gegen die Staatsgewalt zu gewährleisten[11]. Ebenso räumen Vertreter neukantischer „reiner" Rechtslehre, wie *Kelsen*[12], dieser Funktion im Staatsaufbau die überragende Bedeutung ein[13].

b) Die Funktionalisierung der Freiheitsrechte: die demokratische Funktion

aa) Die juristische Interpretation

Die vorher beschriebene Freiheitsfunktion als Mittel zur Abwendung des Bürgers vom Staat wurde jedoch schon frühzeitig in ihrer Einseitigkeit kritisiert. So wandte sich *Smend* gegen die einseitig staatsfreie Betrachtung der Freiheitsrechte in der Weimarer Republik, als er vom

---

[6] So *Hesse*, a. a. O., S. 114, der diese Negativkompetenz aber bereits aus dem Bereich der klassischen negativen Funktion der Freiheitsrechte herauslöst. a. A. dazu mit vielen Nachweisen: *Pongratz*, Diss. München 1968, S. 52, 53 mit Fußnote 100—105.
[7] *Smend*, Staatsrechtliche Abhandlungen, Bürger und Bourgeois, S. 314; Carl *Schmitt*, Verfassungslehre, S. 163 ff.; *v. Mangoldt-Klein*, Vorb. A II 3 a, S. 59; *Maier*, Modernes Freiheitsverständnis, S. 12.
[8] *Forsthoff*, VVDStL 12/1954, S. 18, 22.
[9] *Bäumlin*, Rechtsstaat, Sp. 1742 Ev. Staatslex.
[10] *Smend*, Staatsrechtliche Abhandlungen, Bürger und Bourgeois, S. 314 mit Fußnote 8 und vielen Nachweisen.
[11] *Forsthoff*, Umbildung, S. 61; ebenso interpretierend *Scholler*, Person und Öffentlichkeit, S. 180; *Ehmke*, Festschrift für Smend, S. 43.
[12] *Kelsen*, Allg. Staatslehre, S. 154.
[13] Vgl. *Mallmann*, JZ 64, S. 142; *Häberle*, Wesensgehaltsgarantie, S. 18, 20; *Forsthoff*, VVDStL 12 (1954), S. 9 ff., vor allem S. 18 und These VI.

Leberecht-Hühnchen-Dasein des Bürgers sprach, dem ein Verhältnis zum Staat fehlte[14].

Polemisch nennt er den Staat, der den „staatsfreien", apolitischen Bürger als Ideal ansieht, einen bourgeoisen Rechtsstaat[15].

Den Freiheitsrechten muß *daneben*[16], und *zwar gleichrangig*[17], noch ein spezifisch verfassungsrechtlicher Charakter beigemessen werden[18].

Um dem Sinn der Verfassung gerecht zu werden, nämlich „lebendige Menschen zu einem politischen Gemeinwesen zusammenzuordnen"[19], bedarf es einer demokratiebezogenen, demokratiegerechten Deutung der Funktionen der Freiheitsrechte, die unter dem Stichwort Funktionalisierung der Grundrechte bekannt ist[20].

In einem freiheitlich demokratischen Staate haben die Freiheitsrechte auch die Aufgabe, den zum Bürger aufgestiegenen Bourgeois an den Staat heranzuführen, ihn am Staat zu beteiligen, ihn im Sinne *Smends* zu integrieren[21]. Im Rahmen einer demokratiegerechten Interpretation der Freiheitsrechte[22] bedarf die Auslegung nicht nur liberaler Elemente im Sinne des durchaus möglichen formalen Rechtsstaates[23], sondern auch demokratischer Elemente, ohne damit einen unversöhnlichen Gegensatz zwischen diesen beiden Strukturprinzipien herstellen zu wollen[24].

Die nur einseitige, staatsfreie Interpretation der Freiheitsrechte wäre, wie *Leisner* und *Kübler* ausführen[25], letztlich ein Weg in den Anarchis-

---

[14] *Smend*, Verfassungsrechtliche Abhandlungen, Bürger und Bourgeoise, S. 314.
[15] *Smend*, a. a. O.; ähnlich Carl *Schmitt*, Verfassungslehre, S. 125, 158 f., 163.
[16] Auf dieses „daneben" wird schon jetzt Wert gelegt, um das Mißverständnis einer anders gearbeiteten Einseitigkeit zu vermeiden. Ein Denken in *Primaten* oder *Alternativen* ist bei dieser Gleichrangigkeit der Funktionen nicht möglich; so mit Recht *Häberle*, Wesensgehaltsgarantie, S. 20 mit Fußnote 111, mit vielen Nachweisen. Ebenso *Lerche*, DÖV 1965, S. 212; Peter *Schneider*, Pressefreiheit und Staatssicherheit, S. 40, 41 weist darauf ebenfalls hin.
[17] Siehe Fußnote 16.
[18] *Häberle*, Wesensgehaltsgarantie, S. 19.
[19] *Hamel*, Grundrechte, S. 20.
[20] Zu diesem Begriff: *Scholler*, Person und Öffentlichkeit, S. 213 mit Fußnoten 6 und 7. Den Begriff hat *Ridder*, Meinungsfreiheit, S. 255 ff., 1954 geprägt. *Scholler* spricht von Umfunktionierung.
[21] *Smend*, Staatsrechtliche Abhandlungen, Bürger und Bourgeois, S. 319; *Häberle*, S. 18; *Hamel*, Grundrechte, S. 23; *Radbruch*, Rechtsphilosophie, S. 160.
[22] Ausdruck von *Mallmann*, JZ 66, S. 625.
[23] *Ehmke*, Festschrift für Smend, S. 43.
[24] Zu diesem Gegensatz *Radbruch*, Rechtsphilosophie, S. 161 bis 164 in geschliffener Antithese; die Synthese sieht er zu Recht in einer demo-liberalen Mischung, S. 162; *Zippelius*, Wesen des Rechts, S. 122 ff., der den Konflikt beider Prinzipien mit einem der Verfassung immanenten Übermaßverbot löst, S. 123.
[25] *Leisner*, Grundrechte und Privatrecht, S. 36; *Kübler*, Grundrechte, S. 222, 223.

### § 12 Die Vereinigungsfreiheit als verfassungsrechtliche Grundlage

mus und würde zur Staatsfeindlichkeit des Bürgers führen, wie dies der Weg der Weimarer Republik deutlich gemacht hat[26].

Die Grundrechte garantieren nicht nur einen umzäunten Bereich des Privaten, in dem dem Bürger ein Inseldasein gewährt wird, wie es *Bäumlin*[27] ausführt. Die Freiheitsrechte besitzen und müssen deshalb besitzen eine demokratische Zielsetzung. Der Rechtsstaat einer absoluten Monarchie oder einer Diktatur genügt nicht.

Den Freiheitsrechten wohnt ein Element inne, das den Bürger kraft seiner Freiheit und dank seiner Freiheit befähigt, am Staat teilzunehmen. Die Freiheitsrechte sind mit einer staatsbürgerlichen Komponente ausgestattet, die ihnen noch die *Jelleneksche* Statuslehre vorenthalten hat[28]. Die Freiheitsrechte ragen aus der Sphäre garantierten staatsfreien Raumes mehr und mehr heraus und werden in die Nähe staatsbürgerlicher Wahl- und Stimmrechte im Sinne Georg *Jellineks* erhoben, wie *Scholler* in Darstellung der Rechtsentwicklung der Pressefreiheit bei *Smend* und *Ridder* ausführt[29]. Mit Recht jedoch mißt *Scholler* diesem Funktionswandel nicht nur eine Bedeutung im Presserecht zu, sondern erhebt diesen Wandel zum allgemein gültigen Funktionselement bei allen Freiheitsrechten[30].

Ein Großteil der Literatur verfolgt dieselbe Funktionsausweitung[31].

So werden Meinungsfreiheit, Versammlungsfreiheit, Vereinigungsfreiheit, Petitionsfreiheit, Pressefreiheit, Grundzüge des Beamtenrechts (Art. 33 I, II GG), aktives und passives Wahlrecht als citoyen-Rechte, aber auch der Gleichheitssatz und die Eigentums- und Berufsfreiheit zu Mitteln, die geeignet sind, den Bürger an der res publica zu beteiligen, auch wenn es nur finanzielle Mittel sind, die den Bürger befähigen, Meinung bei anderen zu bilden oder eine vorhandene Meinung zu bestärken[32]. Eine *bloße Instrumentierbarkeit*[33] der reinen Freiheitsrechte, die nicht citoyen-Rechte beinhalten, würde der Teilnahmerolle, die dem Bürger angeboten wird, nicht gerecht werden. Alle Freiheits-

---

[26] *Kübler*, a. a. O., S. 223.
[27] *Bäumlin*, Rechtsstaat, Sp. 1742, Ev. Staatslexikon.
[28] Georg *Jellinek*, Allg. Staatslehre, S. 421 ff.
[29] *Scholler*, Person und Öffentlichkeit, S. 180.
[30] *Scholler*, a. a. O., S. 180 und BVerfG 20, 85 (97 ff.), vgl. auch *Čopič*, GG und p. St. n. A., S. 57.
[31] Aus der fast unübersehbaren Literatur z. B *von Mangoldt-Klein*, Art. 20 V I S. 593 f.; *Maunz* in *Maunz-Dürig-Herzog*, Art. 20 RdNr. 35 und in *Maunz*, Dt. Staatsrecht, S. 62, aber etwas einschränkend; *Kübler*, Grundrechte, S. 276; *Leibholz*, Strukturprobleme, S. 130, These V, aber mißverständlich, da einseitige Betonung des status aktivus; *Hamann*, Einfl. I D 3, S. 34; vgl. auch *Dürig* in *Maunz-Dürig-Herzog*, Art. 1 RdNr. 25 mit Fußnote 1.
[32] *Čopič*, GG und p. St. n. A., S. 113 Fußnote 3, meint allerdings, daß nur die citoyen-Rechte funktionalisierbar seien, die anderen Freiheitsrechte dagegen nur instrumentierbar wären. Unter instrumentierbar versteht er offensichtlich dasselbe, wie *Scholler* in Person und Öffentlichkeit, S. 213, Fußnote 7.
[33] Vgl. Fußnote 32. Vgl. auch Altmann, Öffentliche Verbände, S. 226 u. 227.

rechte werden zum Recht des Bürgers, sich um die res publica zu kümmern, zum Recht auf politische Teilhabe im Staat[34]. Der Bürger wird berufen zum Mitgestalter und Mitträger öffentlicher Entscheidungen[35], er erhält eine Teilnehmerrolle im politischen Prozeß[36] und wird aus der passiven, nur durch Wahlen unterbrochenen Zuschauerrolle herausgebracht zur dauernden Mitgestaltung politischen Willens.

Mit dieser „Politisierung" des Bürgers soll aber kein Unwerturteil über den Bürger gesprochen werden, der diesen Staatsbezug für sich nicht in Anspruch nimmt. Die Teilnahme des Bürgers muß auch immer gesellschaftlich i. S. *Hegels* bleiben und darf nicht zu einer öffentlichen Aufgabe des Bürgers werden; denn sonst würde aus der Aufgabe des Bürgers eine Inpflichtnahme des staatsteilnehmenden Bürgers entstehen, und zwar der *Aufgabe* nach sowie der *Wahl der Mittel*. Diese Gefahr, aus der Möglichkeit eine Aufgabe werden zu lassen, mit der Konsequenz der Inpflichtnahme aus dem Gedanken der öffentlichen Aufgabe heraus, hat wohl *Smend* nicht genügend erkannt[37]. Wenn die Integration des Bürgers in den Staat diese extreme Dehnung erfährt, wird sie zu einer Gefahr; es kann ihr nicht mehr gefolgt werden[38]. Dies hat jüngst auch Peter *Schneider*[39] zum Ausdruck gebracht und davor gewarnt, die „Umfunktionierung" der Grundrechte im Sinne einer Auflösung des status negativus in den status aktivus bzw. in den status positivus zu verstehen. Es kann jeweils nur von einer *Funktionserweiterung* gesprochen werden. *Constant* und *Jellinek* haben dies jeweils um die Jahrhundertwende ebenfalls, wenn auch unter anderer Begrifflichkeit, getan[40].

---

[34] Das BVerfG E 8, 1054 (115) (Volksbefragungsurteil) meint zwar, daß der stimmabgebende Bürger sich nicht auf die Freiheitsrechte berufen kann, wenn er an der Staatswillensbildung im status aktivus teilnimmt, kommt aber doch zum selben Ergebnis, wenn dies auch dogmatisch anders unterbaut wird. Vgl. auch BVerfG E 20, 87 (97), in dem das BVerfG im Teilnahmebereich Bürger-Staat wie hier argumentiert.
[35] *Häberle*, JuS 67, S. 73.
[36] *Luhmann*, Institution, S. 154.
[37] *Smend*, Staatsrechtliche Abhandlungen, Verfassung und Verfassungsrecht, S. 125; richtig die Kritik von *Bartlsperger*, Integrationslehre, S. 46 mit weiteren Nachweisen.
[38] Vgl. *Forsthoff*, DÖV 1963, S. 635 f. an Hand der Pressefreiheit, die zu verstaatlichen drohe; in ähnlicher Richtung warnend *Scholler*, Person und Öffentlichkeit, S. 343.
[39] *Schneider*, Peter, Pressefreiheit und Staatssicherheit, S. 40, 41 oben mit Fußnote 72: Die Freiheit nur im Staate zu sehen, kann, ja muß zu einer Freiheit nach Maßgabe des Staates werden, und damit zu einer Freiheitsverkürzung.
[40] *Constant*, Cours de politique, S. 540; Georg *Jellinek*, Allg. Staatslehre, S. 295; die einseitige und alleinige Betonung des status positivus bzw. aktivus im antiken Freiheitsbegriff kann keine moderne Freiheit sein. *Constant*, a. a. O., stellt den modernen Freiheitsbegriff mit der doppelten Funktion dem einseitig staatsteilnehmenden Freiheitsbegriff der Antike gegenüber.

§ 12 Die Vereinigungsfreiheit als verfassungsrechtliche Grundlage 57

Schließlich würde die Heranführung des Bürgers an den Staat durch funktionalisierte Freiheitsrechte dann mißverstanden werden, wenn darin die Erfüllung des Lebens in der Staatsbezogenheit allein gesehen werden würde und damit eine Übergewichtigkeit des Staates und der Gemeinschaft entstünde. Schon gar nicht kann diese Möglichkeit zur Staatsteilnahme dem Bürger zwingend angeraten werden, der mit einem bestimmten Staatszustand nicht einverstanden ist und sich deshalb mangels einer Änderungschance dissident verhält[41].

Das Recht des Bürgers, seine Erfüllung im „staatsfreien Raum", in der Ausgrenzung, zu finden, bleibt unberührt.

Mit der Betonung der Funktionalisierung wird jedoch erreicht, daß nicht Unabhängigkeit und willkürliches Belieben, sondern Betonung der liberté du citoyen den lebendigen freiheitlichen demokratischen Rechtsstaat kennzeichnen[42].

Dieser Ansatzpunkt überwindet, wie *Scheuner* ausführt[43], die herkömmliche Vorstellung einer vorexistenten Staatsgewalt, die durch rechtliche Schranken „begrenzt" werden muß und gegenüber der dem einzelnen Bürger ein „staatsfreier" Raum konstruiert wird. An deren Stelle tritt nach dieser Funktionalisierung ein kontinuierlicher demokratischer Lebensprozeß[44] zwischen Regierung und Regierenden[45]. Eine dogmatische Voraussetzung für eine Abkehr vom Indifferentismus, der die lebendige Staatsgestaltung durch den Bürger hemmt, erscheint damit gegeben. Wie sehr Indifferentismus den Staat lähmen kann, ja lähmen muß, hat bereits *Solon* erkannt, als er jeden Bürger kraft Gesetzes verpflichtete, in einem Bürgerstreit für eine Partei Stellung zu ergreifen, wollte er nicht seiner Bürgerrechte verlustig gehen[46].

bb) Die geistesgeschichtlichen Grundlagen der Funktionalisierung

Schon der antik-griechische Freiheitsbegriff bezog die Freiheit, die eleutheria, in die Staatsgemeinschaft ein[47]. Als euleutheros galt nicht mehr der Geächtete oder Verbannte, da er „frei" vom Staate geworden war.

---
[41] Vgl. auch *Hesse*, Grundzüge, S. 64 und unten § 12, 3 a.
[42] Carl *Schmitt*, Verfassungslehre, S. 130 in Anschluß an *Montesquieus* Begriff der liberté politique; *Kübler*, Grundrechte, S. 137; *Maier*, Modernes Freiheitsverständnis, S. 13.
[43] *Scheuner*, DÖV 67, 283.
[44] *Hesse*, Grundzüge, S. 64 ff.
[45] An dieser Unterscheidung wird man zumindest als Denkmodell festhalten müssen, auch wenn man mit dieser aktiven Betrachtung den Bürger an den Staat heranführt. Es bleibt die temporäre Rollendifferenz. Vgl. auch *Ehmke*, S. 49 in Festschrift für Smend, im Ergebnis ebenso. Vgl. noch *Häberle*, JuS 67, S. 67; *Scheuner*, VVDStL 17, 111.
[46] Nach *Plutarch*, S. 231.
[47] Max *Müller*, Freiheit, Sp. 538.

Dort, wo der Bürger den Kontakt zum Staat verloren hatte, war der Untergang der Freiheit deutlich geworden. Die Tyrannis, die Fremdherrschaft, war entstanden; der Bürger war nicht mehr mit dem Staat identisch. Es fehlte an einer durch die Freiheit begründeten Integration durch den staatsbezogenen Bürger[48]. So stellt mit Recht der Philosoph Max *Müller* von diesem Freiheitsbegriff eine Parallele zur Integration im Sinne *Smends* her[49].

Der spät-antike, stoische Freiheitsbegriff verliert diesen „positiven" Ansatzpunkt. Die Freiheit wird „entpolitisiert" und drückt sich im Rückzug aus der sozialen Umwelt in ἀπάθια (Leidenschaftslosigkeit) und ἀταραξία (Unerschütterlichkeit) aus[50].

Ohne auf die Frage des Determinismus oder Indeterminismus, der libertas arbitrii, der autonomia im hellenistischen Sinn, der sog. existenziellen Freiheit einzugehen[51] und nach den Wurzeln der Freiheit zu fragen, zeigt sich aber auch vor allem in der christlichen Dogmatik ein nicht nur negativer Freiheitsbegriff.

So interpretiert Thomas von *Aquin*, auf dem Höhepunkt scholastischen Denkens, die Freiheit negativ als libertas a coactione[52], als Ungezwungenheit. Es wird die Ausgrenzung des einzelnen aus der Bindung als Möglichkeit anerkannt.

Die mit dem Willen[53] gesteuerte Freiheit erfährt ihre Erhöhung jedoch in einer Zweckgebundenheit, wenn er ausführt, daß eine „firma voluntas in bonum non diminuit libertatem", daß also ein fester Wille zum Guten die Freiheit nicht mindert[54].

Die Freiheit wird zur intuitiven Einsicht in das bonum commune[55]. Thomas von *Aquin* sieht wie kein anderer, daß die *Freiheit nicht allein in Willkür und Losgelöstheit* von der Gemeinschaft besteht, sondern daß sie auf einen bestimmten Punkt bezogen werden muß. Die Freiheit wird zu einem Mittler zur Erreichung eines Zieles. Daß Thomas der individuelle Bezug fehlt und ebenso die demokratische Zielrichtung fremd ist, und daß er schließlich die Freiheit zum bonum commune zur Pflicht

---

[48] Max *Müller*, a. a. O., Sp. 539.
[49] Max *Müller*, a. a. O., Sp. 539.
[50] *Siewerth*, Lexikon für Theologie und Kirche, Sp. 325, Max *Müller*, Staatslexikon, Freiheit, Sp. 541.
[51] Vgl. Streit zwischen *Luther* und Erasmus von *Rotterdam* 1524 bis 1526 und neue Ansätze bei Nicolai *Hartmann*, dazu *Zippelius*, Wesen des Rechts, S. 130 ff.
[52] Thomas von *Aquin*, Bd. I a Questio 83 Art. 2 ad 3 in Summa theologica; Max *Müller*, Staatslexikon, Freiheit, Sp. 528.
[53] Thomas *von Aquin*, a. a. O., Bd. I a Questio 17 Art. 1 ad 2: radix libertatis est voluntas, ratio.
[54] Thomas von *Aquin*, Summa theologica, Bd. II ae Questio 88 Art. 4 ad 13, Bd. I a Questio 62 Art. 8 ad 3.
[55] So richtig *Siewerth*, Lexikon für Theologie und Kirche, Sp. 328.

§ 12 Die Vereinigungsfreiheit als verfassungsrechtliche Grundlage 59

werden ließ, erklärt sich aus seiner theologischen Sicht. Insofern war er dem statischen Ordodenken der Scholastik verbunden.

Max *Müller* erkennt aber mit Recht trotzdem in diesem doppelten thomistischen Freiheitsbegriff eine Deutung, die in der *Integration bei Smend* wieder auftaucht[56]. Die spätere kirchengeschichtliche Freiheit als Gewissensfreiheit, später in der Ausformung der Kultusfreiheit und der Freiheit einer Hausandacht[57] als Freiheit gegen den Staat, war historisch bedingt durch den notwendigen Dualismus zwischen weltlichem und staatlichem Herrschaftsanspruch im Sinne einer Zwei-Reichslehre bzw. der Zwei-Schwerterlehre[58].

Eine Ergänzung des positiven Freiheitsbezuges in der Theologie wird aber auch in der Kirchengeschichte im dogmatischen Bereich z. B. durch die Enzyklika Leos XIII. „rerum novarum" deutlich[59]. Leo XIII. betont hier das Recht, nicht vom Staat in allen Bereichen erfaßt zu werden, das Recht, sich von der Gemeinschaft auszugrenzen und individuelle Rechte gegen den Staat zu verlangen, vor allem den Zusammenschluß in Gruppen[60], und zwar besonders im sozialen Bereich.

c) Die Institutionalisierung der Freiheitsrechte: ein Zeichen der Krise der Ausübung staatsbezogener Freiheitsauffassung

Und doch ist diese notwendige Funktion[61] der Freiheitsrechte in eine Krise geraten, die ihre Ursachen in einer verstärkten Egalisierung der Bürger in der modernen Großraumdemokratie[62] mit einem Verlust aristokratischer Elemente hat. Zudem kommt eine ständige Komplizierung der politischen Entscheidungen hinzu, deren Kompliziertheit infolge mangelnder Information durch die Regierung oft als technokratische Notwendigkeit ohne Handlungsalternativen dargestellt wird.

Ausgehend von empirischen Betrachtungsweisen[63] wird immer mehr anerkannt, daß die rein individualrechtliche Komponente der Freiheits-

---

[56] Max *Müller*, Festschrift für Erik Wolf, S. 307 mit Nachweisen, vor allem auf UTZ. Ob deshalb der Staatsbegriff von *Smend* im Rahmen einer Funktionalisierung der Grundrechte übernommen werden muß, kann dahingestellt bleiben. Vgl. *Bartlsperger*, S. 27, 32. Vgl. auch oben § 12, 1, b, aa.
[57] Ernst *Wolf*, Religion in Geschichte und Gegenwart, Sp. 1107; *Scholler*, Freiheit des Gewissens, S. 46, 64.
[58] So richtig *Hirschmann*, Freiheit, Sp. 546 Bd. 3.
[59] Vgl. *Marmy*, Mensch und Gemeinschaft, S. 558.
[60] Vgl. oben § 9, 2.
[61] Darauf verweisen neben den oben genannten § 12, 1 b besonders *Geiger*, Wandlung der Grundrechte, S. 33; *Jahrreiß*, Grundfragen, S. 88; *Marčič*, Richterstaat, S. 335; *Barzel*, Grundrechte, S. 96: Die Freiheit ist mehr aufgegeben als gegeben.
[62] So schon *Tocqueville*, Demokratie in Amerika, S. 190, S. 191: Der Verlust der Honoratiorendemokratie des 19. Jahrhunderts.
[63] *Maier*, Modernes Freiheitsverständnis, S. 20 mit Nachweisen.

rechte, vor allem bei den staatsbezogenen Freiheitsrechten, oft den Lebenserfordernissen nicht in ausreichendem Maße genügt[64].

Dem einzelnen ist es oft nicht mehr möglich, einen aktiven Beitrag zur res publica zu leisten[65]. Es fehlen ihm Sachverstand, finanzielle Mittel, Zeit und oft auch ein gewisser „Apparat". *Scholler* nennt z. B. die Freiheit zum Drucken von Zeitungen oder periodischen Schriften oder sonstigen Druckerzeugnissen ein nudum ius, da die hohen Investitionskosten die Ausübung des Rechtes vielfach unmöglich machen[66].

Die Soziologen *Schelsky*[67] und *Habermas*[68] sehen auch diese Ohnmacht des einzelnen, sobald es um einen Beitrag im Rahmen der demokratiefunktionalisierten Grundrechte geht.

Einen Ausweg scheint die Lehre der „*Verobjektivierung der Freiheitsrechte*"[69] zu versuchen.

Die Freiheitsrechte werden als Elemente freiheitlich-geordneter und ausgestalteter Lebensbereiche verstanden[70] und zu Institutionen erhoben, ohne daß damit allerdings der individualrechtliche Gehalt der Freiheitsrechte geschmälert werden würde, wie zu Unrecht oft behauptet wird[71].

Dieser institutionelle Aspekt wird dabei nicht auf die institutionellen Garantien im Sinne Carl *Schmitts* beschränkt[72].

Gemeinsam war diesen Garantien gerade, daß aus ihnen keine individuellen Freiheitsrechte oder subjektiven Ansprüche entstehen sollten, wie z. B. beim Selbstverwaltungsrecht der Gemeinden oder bei den Lebensbereichen der Familie, der Ehe usw.

Zur Stärkung der Ausübung individueller Rechte wird ein aus den Freiheitsrechten sich objektiv ergebender Raum auch gesetzlich geschaffen und institutionalisiert, um dem einzelnen einen Bereich ungestörter Freiheitsausübung vorzugeben[73].

---

[64] *Häberle*, Wesensgehaltsgarantie, S. 70, S. 71 mit Fußnote 9. *Dürig* in *Maunz-Dürig-Herzog*, Art. 1, Randnummer 98; *Maier*, a. a. O., S. 20; *Habermas*, Strukturwandel, S. 198, S. 252; *Schelsky*, Soziologie, S. 12 ff.; Peter *Schneider*, Pressefreiheit und Staatssicherheit, S. 53.
[65] *Müller*, Max, Freiheit, Spalte 539.
[66] *Scholler*, Person und Öffentlichkeit, S. 320, mit Fußn. 15.
[67] *Schelsky*, Soziologie der Sexualität, S. 12 ff.
[68] *Habermas*, Strukturwandel, S. 198, 252.
[69] Ausdruck von René *Marčič*, Richterstaat, S. 331.
[70] So *Häberle*, Wesensgehaltsgarantie, S. 70 mit Fußnote 4, in der auch auf Ansätze dieser Verobjektivierung in der Rspr. des BVerfG hingewiesen wird: BVerfGE 2, 266 (285); ähnlich *Hesse*, Grundzüge, S. 110. Kritisch: *Dürig* in *Maunz-Dürig-Herzog*, Art. 1 Abs. 3 RdNr. 98.
[71] Dazu *Häberle*, Wesensgehaltsgarantie, S. 70, 72 oben, der sich mit Recht gegen diese Unterstellung wehrt. *Luhmann*, Institution, S. 211; *Maier*, Modernes Freiheitsverständnis, S. 21.
[72] Carl *Schmitt*, Aufsätze, S. 140 ff., insbesondere S. 166.
[73] *Häberle*, a. a. O., S. 72 oben und S. 114 mit Nachweisen über die Herkunft dieses Denkens bei Erich *Kaufmann* und *Hauriou* mit Fußnoten. Die Bedenken, die sich daraus für das Schrankendenken ergeben, können hier dahin-

### § 12 Die Vereinigungsfreiheit als verfassungsrechtliche Grundlage

Daneben soll mit diesem institutionellen Denken verhindert werden, daß der einzelne den Freiheitsraum erst aktualisieren muß, wenn er sich gegen freiheitsbegrenzende Maßnahmen des Staates wehrt. Es besteht nämlich auch die Gefahr, daß es zu einer Aktualisierung überhaupt nicht mehr kommt, da sich oft keiner findet, dem die Ausübung der Freiheit möglich ist, oder der zur Freiheitsausübung bereit ist[74].

Dieser Freiheitsraum, auch und vor allem bei den bürgerlichen Aktivrechten, wird durch einen die Freiheitsrechte interpretierenden Gesetzgeber garantiert[75]. Der Gesetzgeber ist verpflichtet, den Raum der Freiheit so auszustatten, daß die Freiheit auch wirklich ausgeübt werden kann; der Freiheit soll also mehr als ein nudum ius gegeben werden[76]. Damit werden auch Konflikte vermieden, wenn der Gesetzgeber den Freiheitsraum richtig interpretiert und bei Auslegung z. B. der Gewissensfreiheit so viele Handlungsalternativen schafft, daß ein Gewissenskonflikt überhaupt nicht mehr möglich ist, wie dies z. B. bei der Schaffung des Art. 4 Abs. 3 GG erfolgt ist[77]. Die Freiheitsrechte werden damit nicht nur objektiviert, sie gehen auch als Anspruch an den Gesetzgeber in einen dem status positivus ähnlichen Anspruch über[78].

Auch aus den oben dargelegten Gründen beeinflußt diese institutionelle Denkweise immer mehr die Staatsrechtswissenschaft, wie die Äußerungen von *Lerche*[79], Hans *Huber*[80], *Scheuner*[81] und *Mallmann*[81], *Häberle*[82], *Dürig*[83] und *Klein*[84] sowie die des Politologen *Maier*[85] zeigen.

---

gestellt bleiben. Vgl. Peter *Schneider*, Pressefreiheit und Staatssicherheit, S. 52, 53 oben.

[74] Der Ausweg durch verstärkte Möglichkeiten der Popularklage kann hier nur angedeutet werden. Zur Objektivierung gehört auch, daß Gerichtsentscheidungen immer mehr die Gesamtkonzeption im Auge haben und weniger den individuellen Anknüpfungspunkt. Vgl. z. B. die Rspr. des BVerfG zum Umsatzsteuerrecht: BVerfG E 21, 12 ff.

[75] Ob damit die einfachen Gesetze in die Gesetze mit Verfassungsrang erhoben werden, wie oft behauptet wird, kann bei der Untersuchung des Phänomens „Institutionalisierung der Grundrechte" dahingestellt bleiben.

[76] So *Luhmann*, Institution, S. 209 im Ansatz noch richtig. Er geht allerdings fehl, da er die subjektiven Rechte durch eine „rollenspezifizierte" Sozialordnung zu verdrängen scheint, S. 210. Ebenso mit Recht die Kritik von *Scholler*, BayVerwBl. 1965, 434.

[77] *Luhmann*, AöR 90 (1965), S. 262, 284.

[78] Vgl. *Häberle*, Wesensgehaltsgarantie, S. 114 mit Fußnote 282. Vgl. auch Peter *Schneider*, Pressefreiheit und Staatssicherheit, S. 40 unten.

[79] Übermaß, S. 239, 240 oben: In jedem (!) Freiheitsrecht ein verborgener institutioneller Gehalt; ein Schatz, der erst noch geborgen werden müsse.

[80] Hans *Huber*, Zeitschrift für Schweizer Recht n. F. 74, S. 185, der von einer Verselbständigung der Freiheit als Instrument spricht.

[81] *Scheuner*, VVDStL Heft 22, (1965), S. 55, 56 mit Fußnoten 156, 157 und ebenso *Mallmann*, VVDStL 22, S. 180 Diskussionsbeitrag.

[82] *Häberle*, Wesensgehaltsgarantie, S. 70 ff.

[83] *Dürig* spricht von einer Förderungsfunktion der Grundrechte für objektive Ordnungen, *Dürig* in *Maunz-Dürig-Herzog*, Art. 1, RdNr. 99.

[84] v. *Mangoldt-Klein*, Vorbemerkung A VI 3 c, S. 85.

[85] *Maier*, Modernes Freiheitsverständnis, S. 21 mit vielen Nachweisen.

Negative Stimmen kommen von Vertretern liberaler Rechtsstaatlichkeit wie z. B. *Schnur*[86] und *v. Münch*[87]. Sie sind aber wohl in der Minderheit. Daß das institutionelle Denken vor allem im Bereich der Schrankensystematik Schwächen zeigt, kann in diesem Zusammenhang dahingestellt bleiben[88].

Konsequenz dieses Denkens ist aber, daß das Schema individuelle Freiheit — Schranke der individuellen Freiheit sich nicht mehr in die eindimensionale Relation Individuum — Staat zwingen läßt[89]. *Heller* spricht davon, daß eine „Entmystifizierung" des Individuums und Herstellung neuer Denkkategorien einer Wir-Bezogenheit das Gebot neuer Verfassungsinterpretation sei[90].

Ob der individuelle Bezug wirklich verloren ist, wird später vielleicht über eine Teilkollektivierung in Vereinigungen auf freiwilliger Basis zu klären sein[91].

## 2. Die Vereinigungsfreiheit als spezielles Freiheitsrecht: Die liberale Funktion

### a) Die sog. positive Vereinigungsfreiheit

Die Vereinigungsfreiheit als Grund- und Freiheitsrecht hat nach den oben dargestellten Grundzügen zunächst eine Abwehrfunktion gegen staatliche Eingriffe.

### aa) Die Gründungsfreiheit und Beitrittsfreiheit

Art. 9 Abs. I GG gewährt „allen Deutschen das Recht, Vereine und Gesellschaften zu bilden".

Damit ist zunächst einmal die Vereinsgründung expressis verbis nicht staatlich reglementiert und durch Maßnahmemöglichkeiten des Staates eingeengt. Der Staat verzichtet um der Freiheit willen auf präventive Akte gegen einen eventuell verbietbaren Verein. Das Vereinigungsrecht ist demnach so ausgestaltet, daß der Staat bereit ist, das Risiko eines

---

[86] *Schnurr*, VVDStL, Heft 22, (1965), S. 120.
[87] *v. Münch* in BK, Art. 8, RdNr. 14, wonach jeder Ausübung eines Freiheitsrechts ein gesellschaftlicher Sachverhalt zugrunde liegt. Freiheit sei deshalb nicht zu institutionalisieren. Ähnlich aber auch *Lerche*, DÖV 1958, S. 524, Anm. 51: Die Freiheit als solche kann keine Einrichtung sein.
[88] Vgl. *Dürig* in *Maunz-Dürig-Herzog*, Art. 1 Abs. 3, RdNr. 98; *Lerche*, DÖV 1965, S. 212.
[89] *Häberle*, Wesensgehaltsgarantie, S. 70; *Maier*, Modernes Freiheitsverständnis, S. 21 und 22.
[90] *Heller*, Allg. Staatslehre, S. 96.
[91] Ein weiterer Ausweg aus der Ohnmacht des Individuums ist die Verobjektierung der Rechte auch im formellen Bereich, nachdem das institutionelle Denken im materiellen Bereich stehen geblieben ist. Folge dieser Verobjektierung wäre dann die Anerkennung der objektiven Klge, d. h. die Anerkennung der Popularklage zur Durchsetzung der Freiheitsräume. Vgl. René *Marčič*, Richterstaat, S. 331, 335.

§ 12 Die Vereinigungsfreiheit als verfassungsrechtliche Grundlage 63

Mißbrauches bis zu einem Einschreiten zu tragen[92]. Er verzichtet auf *präventive Kontrolle*.

Die Gründungsfreiheit erstreckt sich aber weiter als nur auf den Akt der Erstbegründung. Auch das Recht, einem Verein *beizutreten*, wird davon umfaßt[93]. Erst mit dieser Auslegung kann das Recht auf Gruppenbildung inhaltlich Gestalt gewinnen. Jeden Bürger erst auf die Gründung eines eigenen Vereins zu verweisen, ist unzumutbar und würde keine dauerhaft gewachsenen Organisationen mit einem größeren Mitgliederbestand zulassen[94] Die Effektivität der Vereinigungen wäre auf ein geringes Maß reduziert, was nicht der Sinn der Verfassungsbestimmung sein kann.

Neben dem Beitritt zu einer Vereinigung muß aber auch der *Verbleib* in einer Vereinigung „staatsfrei" bleiben, wenn ein von fremdem Willen unabhängiges Vereinigungswesen entstehen soll[95]. Der Hess. Staatsgerichtshof meint mit Recht, „daß die Freiheit, Vereine zu bilden, auch die Freiheit umfaßt, in einem einmal gebildeten Verein zu bleiben"[96].

In diese Garantie fällt dann als Korrelatrecht auch die Freiheit, aus dem Verein auszutreten. Dabei kann der Bürger im Rahmen der Privatautonomie wohl auf das Recht des sofortigen Austritts verzichten; die statutenmäßige Festsetzung einer überlangen Bindung im Verein wird jedoch an Hand der Frage der Drittwirkung[97] der Grundrechte zu prüfen sein oder zumindest mit den Generalklauseln des bürgerlichen Rechtes, die mit dem Wertgehalt von Art. 9 GG auszufüllen sind, gelöst werden müssen. Eine überlange Bindung eines Mitgliedes an einen Verein wird jedoch keine Rechtsgültigkeit beanspruchen können[98].

---

[92] *Schnorr*, Vereinsgesetz, § 1 RdNr. 7, *Lengsfeld*, Vereinigungsfreiheit, S. 34, *v. Mangoldt-Klein*, Art. 9 III, S. 319 mit Nachweisen, *v. Münch* in BK, Art. 9, RdNr. 43, 44; vgl. aber unten § 16 2, b, aa.

[93] *Wernicke* in BK, Erstbearbeitung Art. 9 III 1 c und II 1 e, *Füsslein*, Vereins- und Versammlungsfreiheit, S. 443; *v. Mangoldt-Klein*, Art. 9 III, S. 321; *v. Münch* in BK, Art. 9, RdNr. 45.

[94] Inwieweit die Vereinigungen oder Gesellschaften verpflichtet sind, Mitglieder aufzunehmen, richtet sich nach der Frage der Drittwirkung der Grundrechte im allgemeinen und der Vereinigungsfreiheit im besonderen. Vgl. *Zippelius*, Sp. 730, 731 Evang. Staatslex.; *Leisner*, Grundrechte und Privatrecht, S. 15 ff.; zum Streitstand, S. 338 ff.; *Dürig* in *Maunz-Dürig-Herzog*, Art. 2, RdNr. 127 bis 132: Theorie der ausfüllungsbedürftigen Generalklauseln; *Waldecker*, Handbuch, S. 644 für den Rechtszustand in der Weimarer Zeit.
*Scholler*, Person und Öffentlichkeit, S. 323 ff., vor allem auf die Meinungsfreiheit bezogen; dagegen z. .B *Forsthoff*: Umbildung, S. 45. Die Frage wurde im Vereinsrecht bisher nicht behandelt. Anders bei der Frage des Vereinsbeitritts zu den öffentlich-rechtlichen Zusammenschlüssen. Ebenso wird unter diesen Gesichtspunkten die Möglichkeit eines Ausschlusses aus einem Verein zu prüfen sein. Vgl. *Wiedemann*, JZ 1968, S. 219 (220, 221).

[95] *v. Münch* in BK, Art. 9, RdNr. 46.

[96] Hess. Staatsgerichtshof Verw.Rspr. 2, 136 Urteil v. 7. 10. 1949.

[97] Vgl. oben S. 87 Fußnote 94.

[98] Diese Frage spricht nur *v. Münch* in BK, Art. 9, RdNr. 50 an, der zum selben Ergebnis kommt, aber keine Begründung bringt. Für die Parteien allerdings ebenfalls ohne Begründung, *Henke*, Art. 21, RdNr. 42 in BK.

2. Kapitel: Die Vereinigungsfreiheit im Verfassungsleben

bb) Die Bestandsgarantie

Neben der Freiheit der Gründung umfaßt die Vereinigungsfreiheit auch die Garantie des Bestandes jeder Vereinigung[99]. Diese Frage gehört zur inhaltlichen Ausgestaltung des Grundrechts und ist von der Frage der Inhaberschaft des Grundrechts zu trennen, auch wenn sich diese Fragen eventuell gleich beantworten lassen[100]. Das Bundesverfassungsgericht hat mit Recht einmal eine Koalition „als solche" für geschützt erklärt und damit auch die *Vereinigung ohne rechtlichen Umweg* über *die Mitgliedsrechte* in den Schutzbereich des Art. 9 Abs. 1 GG einbezogen[101].

cc) Die Betätigungsfreiheit

Staatsfrei ist auch, garantiert in Art. 9 Abs. I GG, die Vereinsbetätigung[102].

Bei den Betätigungen der Vereinigung sind nun, wie bisher meist völlig übersehen wird, verschiedene Tätigkeitsbereiche zu unterscheiden[103].

Es gibt die typisch vereinsbezogenen *internen* Handlungen, die der Vorbereitung der Außentätigkeit dienen. Dabei handelt es sich um Tätigkeiten unter dem Aspekt „Verein"[104].

Zu ihnen gehören solche wie das Zusammenkommen zur Gründungsversammlung, die Einberufung von Mitglieder- und Vorstandsversammlungen sowie die Beschlußfassung, das Einziehen der Mitgliederbeiträge und die Änderung von Satzungen; Rechte wie Eigentum an der Mitgliederkartei und den Mitgliederadressen usw. zählen ebenfalls dazu. Die Gründung wird hier zu einer echten Vorstufe, zu einem dilatorischen Durchgangsstadium. Ihre vereinsinterne Erfüllung folgt in den *vereinsinternen* Tätigkeiten[105].

Daneben wird aber der Verein *extern* tätig, er hält Versammlungen ab, verteilt Flugzettel, wirbt für seine Ansichten, veranstaltet Informationsgespräche[106], organisiert Demonstrationen und Umzüge, Kundgebungen und Massenversammlungen[107] und nimmt so Einfluß auf die Öffentlichkeit.

---
[99] *Wihlidal*, Eingriff, S. 2 u. 3; *Schnorr*, Vereinsgesetz § 1, RdNr. 10 mit vielen Nachweisen.
[100] So richtig *Lengsfeld*, Vereinigungsfreiheit, S. 35; *Hueck-Nipperdey*, Arbeitsrecht, S. 107, Fußnote 5 und 12.
[101] BVerfG E 4, S. 91 1. Leitsatz mit S. 98 ff. und weiteren Nachweisen; vgl. auch *Lengsfeld*, Vereinigungsfreiheit, S. 35 mit Nachweisen in Fußnoten 75 und 76.
[102] Z. B. *Fröhlich*, DÖV 1964, S. 799.
[103] In Ansätzen nur bei *von Feldmann*, DÖV 1965, S. 33 und Čopič, GG und p. St. n. A., S. 105 und S. 85.
[104] Vgl. dazu *Leisner*, Vereinigungsfreiheit, Sp. 2339, Ev. Staatslex.
[105] Vgl. *Dürig* in *Maunz-Dürig-Herzog*, Art. 19 Abs. 3, RdNr. 56.
[106] Ein Modewort spricht von einem Teach-in.
[107] Oft als sit-in, go-in und unter sonstigen modischen Schlagworten bekannt.

§ 12 Die Vereinigungsfreiheit als verfassungsrechtliche Grundlage

Für die *internen* Tätigkeiten ergibt sich die Betätigungsgarantie aus Art. 9 Abs. 1 GG und nur hilfsweise aus den allgemeinen Rechten. Die Ausübung der internen Tätigkeiten ist so eng mit dem Verein verbunden, daß nur aus der Vereinsfreiheit die Tätigkeit richtig erfaßt werden kann. Eine Freiheit, die nicht auch die speziellen Tätigkeiten mitumfassen würde, wäre eine leere Hülse, die erst in anderen Freiheiten ihre Bedeutung erhalten würde. Das institutionelle Denken gibt für diese Auslegung des Art. 9 Abs. 1 GG wertvolle Hinweise. Mit einer Beziehung auf die Vereinsfreiheit wird dem Sinn der Vereinsfreiheit als kollektivem Freiheitsrecht besser Rechnung getragen[108].

Die Ausübung *nicht speziell* auf den *Verein bezogener* Tätigkeiten wird durch die normalen Freiheitsrechte wie Meinungsfreiheit, Versammlungsfreiheit, Eigentumsgarantie usw. geschützt[109]. Es zeigt sich hier besonders, daß die Vereinigungsfreiheit ein Komplementärgrundrecht ist, daß die Vereinigungsfreiheit anderer Grundrechte bedarf, wenn sie lebenskräftig werden will.

Die Trennung in die *internen und externen* Tätigkeiten ermöglicht es zunächst, die vereinsbezogenen Grundtätigkeiten wertfrei aus Art. 9 Abs. 1 GG als aus den Normen der speziellen Freiheitsrechte und schließlich der Ersatz- und Auffangnorm des Art. 2 Abs. 1 GG zu interpretieren[110]. Entscheidend wird aber diese Trennung für das Schrankengefüge. Die typischen, *internen* Vereinstätigkeiten können nur *mit den dem Vereinsrecht eigenen Schranken eingeengt werden*. So kann die Vereinsfreiheit nicht durch Art. 5 Abs. 2 GG im internen Bereich beschnitten werden. Art. 14 Abs. 2, S. 1 GG und auch Art. 2 Abs. 1, 2. HS., GG können nicht sedes materiae einer Einschränkung sein, wenn es sich um die Vereinsbetätigung ohne Außenwirkung handelt[111]. Die interne

---
[108] In Ansätzen wie hier *v. Münch* in BK, Art. 9, RdNr. 47, der allerdings auf eine Institutsgarantie ausweicht; *von Mangoldt-Klein*, Art. 9 III, S. 321; *Hamann*, Art. 92, S. 129; besser F. *Müller*, Korporation, S. 16; *Fröhlich*, DVBl. 1964, S. 799, ohne allerdings irgendwelche Konsequenzen daraus zu ziehen; a. A. *Wernike*, Erstbearbeitung BK, Art. 9 II 1 f.; *Schnorr*, RdA 1955, S. 5 und *Schnorr*, VereinsG, S. 40 oben.
[109] So richtig *Hesse*, Grundzüge, S. 155, 156; *v. Mangoldt-Klein*, Art. 8 IV 2 b, wenn auch mit einer etwas anderen Begründung; *Schnorr*, VereinsG, § 1 RdNr. 21, S. 40, der allerdings die Beziehung des Art. 9, Abs. 1 und 2 auf vereinsinterne Tätigkeiten überhaupt verkennt und die Trennung in interne und externe Tätigkeit übersieht.
[110] Vgl. vor allem die leichteren Einschränkungsmöglichkeiten des einfachen Gesetzgebers bei Art. 2 Abs. 1 GG BVerfG E 6, 37; E 12, 251; 20, 150: Art. 2 gäbe nach dieser Auslegung durch das BVerfG nur die einfache Erlaubnis, alles das zu tun, was nicht gegen die Gesetze verstößt; so aus einer herben Kritik der Lit. gegen diese Rspr.: *Rupp*, NJW 1965, S. 993. Das BVerfG wehrt sich gegen diese Kritik, kann aber nur schwache Kriterien dafür aufstellen, wie die Berechtigung des Gesetzgebers eingeschränkt werden kann. Vgl. BVerfG E 20, 150 ff. und JuS 1966, S. 493 l. Sp.
[111] Allerdings nur in vager Andeutung: wie hier *v. Münch* in BK, Art. 9, RdNr. 94.

Tätigkeit betrifft noch allein den Vorgang und die Ausübung des Assoziierens. In der Literatur wird diese Trennung, wenn überhaupt, für das Schrankengefüge nicht erkannt und zu einer Frage der Rechtstechnik herabgemindert. Wie wichtig diese Trennung aber ist, wird ersichtlich, wenn die Rechtsprechung des Bundesverfassungsgerichts zu Art. 2 Abs.1, 2. HS., GG (Elfes-Urteil und die ständige Rspr.)[112] angewandt werden müßte.

Diese Trennung der internen und externen Tätigkeiten gebietet aber nicht nur die Praktikabilität, sondern neben dem Gedanken des richtigen Schrankenaufbaus auch die Intention des Art. 9 Abs. 1 GG. Die Freiheit des Vereinigens bezieht ihre Lebenskraft aus der damit verbundenen notwendigen Tätigkeit. Das kooperative Element bedarf eines echten Schutzes, es darf nicht zum nudum ius werden, das seine Betätigung nur aus anderen Rechten herleitet. Das dilatorische Stadium des Vereinigens mit allen Verhaltensformen, nicht jedoch die nach außen tretende Einflußnahme auf Dritte müssen dem Recht des Vereinigens Gestalt geben und fallen in den Schutzbereich der Vereinigungsfreiheit[113].

### b) Die negative Vereinigungsfreiheit

Die Frage, ob die Freiheit, einer Vereinigung beizutreten, auch die Freiheit in sich schließt, einer Vereinigung nicht beizutreten, dürfte für die allgemeine Vereinigungsfreiheit[114] im privaten Bereich[115] entschieden sein.

---

[112] Vgl. oben Fußnote 110.

[113] Im Ergebnis wohl auch *Füsslein*, Vereins- und Versammlungsfreiheit, S. 434; *Lengsfeld*, Vereinigungsfreiheit, S. 36 und *von Münch* in BK Art. 9, RdNr. 47; und *Hesse*, Grundzüge, S. 155, die allerdings alle keine Begründung geben und keine praktischen Konsequenzen, wie oben dargelegt, ziehen.

[114] Zum Streitstand: negative Koalitionsfreiheit: *v. Münch* in BK, Art. 9, RdNr. 140. Ein Sonderproblem liegt noch darin, ob bei Bejahung der negativen Koalitionsfreiheit (so die h. M.) nicht doch ein sog. Solidaritätsbeitrag von denen eingehoben werden darf, die nicht Mitglied der Arbeitnehmerorganisationen sind, aber doch in den Genuß der Vorteile aus der Arbeitnehmerorganisationstätigkeit kommen (sog. „Trittbrettfahrer"); dazu vgl. *Leibholz*, Strukturproble, S. 331; *Hesse*, Grundzüge, S. 157; *Gamillscheg*, Differenzierung, S. 16 ff.

[115] Daß die Vereinigungsfreiheit nicht durch Zusammenschlüsse des öffentlichen Rechts (Handwerkskammern, Rechtsanwaltskammern usw.) tangiert wird, soweit es sich um die Wahrnehmung legitimer öffentlicher Aufgaben durch diese Organisationen handelt (Korporationen i. S. der Definition § 6, 4) ist fast unbestritten: BVerfG E 10, 361; 15, 235 (239), BVerfG E 15, 354 (361) ff., 12, 319 (323 f.), 15, 235 (239); *Huber*, Wirtschaftsverwaltungsrecht, Bd. I, S. 198, *v. Mangoldt-Klein*, S. 322, *v. Münch* in BK, Art. 9, RdNr. 52. Neuerdings kritisch: *Hesse*, Grundzüge, S. 157: Im Ergebnis sei die absolut h. M. richtig, aber sedes materiae sei nicht Art. 2 I GG, sondern Art. 9 GG. Diese Ansicht dürfte zutreffen. Vgl. die Ausführungen, die zu der Frage gemacht wurden, wie die interne Tätigkeit der Vereinigung schrankentechnisch zu behandeln ist. Sedes materiae war hier Art. 9, Abs. 2 GG. Das Problem der Umgehung der speziellen Schranken durch andere Grundrechte taucht hier wieder auf. Vgl. oben § 12, a, cc.

§ 12 Die Vereinigungsfreiheit als verfassungsrechtliche Grundlage 67

Aus logischen wie normativen Gründen kann die Freiheit nur doppelseitig in dem Recht auf Beitritt und ebenso in dem Recht auf Fernbleiben von einem Verein bestehen[116].

In logischer Begründung kann man nur den als frei bezeichnen, der Handlungsalternativen besitzt, wie Nicolai *Hartmann* ausführt[117] und wie die moderne Philosophie zeigt, die immer mehr auf die Freiheit des Handlungsvollzuges und nicht mehr auf die Freiheit der Schaffung von Alternativen bezogen wird[118]. Ein Zwang zum *Beitritt* zu einem *Verein* würde die Handlungsfreiheit auf ein nullum reduzieren, d. h. die *Vollzugsalternative* aufheben. Die Freiheit wäre in einem Kernbereich getroffen, sie wäre beseitigt[119]. Aber auch eine normative Betrachtung muß zur Bejahung einer negativen Vereinigungsfreiheit führen.

Ein erzwungener Beitritt würde den gerade garantierten staatsfreien Raum einengen. Der Staat würde sich gerade in einen Bereich einmischen, der ihm durch seine Grundentscheidung für ein staatsfreies Vereinigungswesen verschlossen bleiben sollte[120]. Art. 9 Abs. 1 GG schafft eine Rechtswohltat. Mit dieser Rechtswohltat ist es nicht vereinbar, daß man unmittelbar oder mittelbar gezwungen werden könnte, einer Vereinigung beizutreten.

Zudem liegt kein echter normativer Unterschied zwischen dem Tun und dem Unterlassen vor[121], so daß auch das Unterlassen eines Beitritts dem Tun eines Beitritts gleichzustellen ist.

c) Die Institutionalisierung der Vereinigungsfreiheit

Aus der oben festgelegten allgemeinen Betrachtung der institutionellen Seite der Grundrechte ergibt sich die besondere Seite der Vereini-

---

[116] So die fast einmütige Haltung in Rspr. und Lehre: BVerfG 10, 89 (102) mit Nachweisen aus der Rspr. *Füsslein*, Vereins- und Versammlungsfreiheit, S. 435, *Hamann*, Art. 9, 4, S. 130 f.; *v. Münch* in BK, Art. 9, RdNr. 51; *Maunz*, Dt. Staatsrecht, S. 117; *Wittkämper*, Interessenverbände, S. 108; *v. Mangoldt-Klein*, S. 322 mit historischer Beweisführung: F. *Müller*, Korporation, S. 344 mit soziologischer Beweisführung: *Wurzbacher*, Freie Vereinigungen, S. 74. Für den Rechtszustand in Italien: *Calamandrei-Barile*, S. 761 mit Fußnote 58; für den Rechtszustand in Österreich *Ermacora*, Handbuch, S. 307; alle für negative Vereinigungsfreiheit. a. A. nur noch *Wernicke*, Erstbearbeitung in BK II 1 d zu Art. 9.
[117] Nicolai *Hartmann*, Wirklichkeit und Möglichkeit, Kap 33 c und d, zitiert nach *Zippelius*, Wesen des Rechts, S. 131: vor allem, wenn man mit der modernen Philosophie die Freiheit mehr und mehr im Vollzugsakt und nicht so sehr in der Schaffung der Alternative selbst sieht. Hier wäre der Vollzugsakt die Annahme bzw. Nichtannahme eines Angebotes auf Beitritt.
[118] Vgl. zum theoretischen: *Zippelius*, Wesen des Rechts, S. 137, 138.
[119] Gleiches Ergebnis: *Calamandrei-Barile*, S. 761; gegen eine formallogische Begründung: *Knauss*, Die negative Vereinigungsfreiheit, S. 109.
[120] So *Pfeifer*, Verfassungsbeschwerde, S. 97 im Ergebnis; ebenso im Ergebnis *Wihlidal*, Der Eingriff der Verwaltung in die freien Vereinigungen, Dissertation Köln 1963, S. 5; *Hesse*, Grundzüge, S. 156.
[121] Vgl. *Maurach*, Dt. Strafrecht Allgemeiner Teil, § 45 I.

gungsfreiheit. Art. 9 Abs. 1 GG enthält in einer ausdehnenden Auslegung des Grundrechts neben dem negativen individuellrechtlichen Bezug auch eine institutionelle Garantie.

Durch das Vereinsgesetz und andere vereinsrechtliche Bestimmungen des öffentlichen und mittelbar auch des privaten Rechts ist ein Normenkomplex[122] entstanden, bzw. mußte ein solcher vom Gesetzgeber geschaffen werden, der immer wieder an den Intentionen des Grundrechts gemessen werden muß.

Es wird der gesellschaftliche Sachverhalt „Vereine und Gesellschaften"[123] auch als Ausdruck einer objektiven Wertordnung[124] garantiert, der Sachverhalt „liberaler Kollektivismus". Das Recht auf soziale und politische Gruppenbildung im weitesten Sinne[125] konstituiert sich. Für die individuelle Vereinigungsfreiheit wird ein bereits vorgefundener Freiraum geschaffen, in dem der einzelne Bürger das Recht der Vereinigungsfreiheit leichter und besser ausüben kann. Die nicht erst zu erkämpfende Vereinigungsfreiheit kommt der Vereinsbetätigungsmöglichkeit zugute und zeigt die sinnvolle Verknüpfung zwischen objektiver Ordnung und subjektiven Rechten. Auch der materiell Schwache, aber oft gerade ideenreiche Nonkonformist kann gruppenmäßig einen ihm gerecht werdenden Raum finden, wie *Geiger* aufzeigt[126].

Die Polemik von *v. Münch*[127] geht deshalb am Kern der Institutionalisierung der Vereinigungsfreiheit vorbei, da die Möglichkeit, aber auch die Notwendigkeit der Verstärkung individualrechtlicher und damit auch negativer Ausübung der Freiheit nicht erkannt wird. *Von Münch* ist aber zuzugeben, daß bei der Institutionalisierung der Vereinigungsfreiheit und ihrer Aktualisierung im besonderen deutlich wird, daß eine Subjektunsicherheit zutage tritt, so daß die Frage nach dem Subjekt der Grundrechte, nach dem effektiven Träger von Freiheitsrechten im egalitären Massenstaat zu einem Kernproblem wird; die Vereinigungsfreiheit wird dazu einen Beitrag leisten können.

Das institutionelle Denken insgesamt zeigt ebenfalls diese Subjektunsicherheit und **geht den** Weg der materiellen Verobjektivierung des Rechtes in Institutionen[128].

---

[122] *Häberle*, Wesensgehaltsgarantie, S. 123.
[123] So *v. Mangoldt-Klein*, Art. 9 III 2, S. 318; im Ergebnis: *Schnorr*, VereinsG, § 1, RdNr. 9, 10, S. 40, 41.
[124] *Marčič*, Richterstaat, S. 330.
[125] *Scheuner*, VVDStL Heft 22, (1965), S. 56; *Hesse*, Grundzüge, S. 155, 156 oben; *Füsslein*, Vereins- und Versammlungsfreiheit, S. 434; kritisch wohl *Leisner*, JZ 1965, S. 205.
[126] *Geiger*, Gewissen, Ideologie, Widerstand und Nonkonformismus, S. 128.
[127] *v. Münch* in BK, Art. 9, RdNr. 18 und Art. 18, RdNr. 14 wie *von Münch* allerdings auch *Abel*, Einrichtungsgarantien, S. 33 f.; vgl. auch Widerlegung der Thesen *v. Münchs* bei *Schnorr* VereinsG § 1, RdNr. 10, S. 41.
[128] Vgl. auch § 12, 1 c.

### 3. Die Vereinigungsfreiheit: die demokratische Funktion und die strukturelle Sicht

#### a) Der offene, kontinuierliche, politische Prozeß als Folge der Funktionalisierung der Grundrechte

In Art. 20 Abs. 2 S. 2 wird alle Staatsgewalt dem Volk übertragen als dem originären Träger der Macht im Gemeinwesen[129]. Die Staatsgewalt wird gebildet durch die aus den Wahlen hervorgegangenen Funktionsträger der Macht, die rechtsverbindliche Normen und Entscheidungen treffen können[130]. Daneben bestehen noch rechtsverbindliche Entscheidungsinstanzen in den Gerichten.

Diese Macht wird legitimiert durch die Bezogenheit auf das Volk[131].

Trotzdem hat das Bundesverfassungsgericht in einer in diesem Punkt geradlinigen Rechtsprechung[132] den einmal gebildeten Staatsorganen eine eigene Willensbildungsstruktur zuerkannt[133]. Wie sich aus Art. 20 Abs. 3 GG, Art. 38 Abs. 1 S. 2 GG und Art. 97 Abs. 1 GG ergibt, wird damit ein Kompetenzsystem zwischen Staatsorganen und Staatsvolk abschließend geregelt[134].

Eine Identität zwischen den aus den Wahlen hervorgegangenen Staatsorganen und dem Volkswillen muß nicht bestehen[135].

Theoretisch davon abgeschichtet ist die Willensbildung, die sich im Volke im politischen Bereich vollzieht[136].

Auch wenn diese strikte Trennung von einem Großteil der Stimmen nicht gebilligt wird[137], besteht doch kein Zweifel, daß eine enge Verknüpfung zwischen den beiden Bereichen der Willensbildung besteht und in einem „durchdemokratisierten" Staat bestehen muß[138].

---
[129] Statt vieler, *Maunz* in *Maunz-Dürig-Herzog*, Art. 20, RdNr. 43 ff.
[130] *Ridder*, Festschrift für Böhm, S. 35, *Ehmke*, Festschrift für *Smend*, S. 49.
[131] *Hesse*, VVDStL Heft 17, (1959), S. 20; *Scheuner*, VVDStL Heft 16, (1958), S. 124; *Häberle*, JuS 1967, S. 67.
[132] Vgl. *Scholler*, Person und Öffentlichkeit, S. 270, 271 mit Rspr.-Nachweisen bis ausschließlich BVerfG E 20, 56.
[133] So vor allem im Parteifinanzierungsurteil: BVerfG E 20, 85, (S. 99, 101) kritisch dazu in einer Zusammenstellung aller Kritiken: *Häberle*, JuS 1967, S. 66 mit Fußnoten 15, 16.
[134] *Maunz* in *Maunz-Dürig-Herzog*, Art. 20, RdNr. 54, S. 20; *Gallwas*, Mißbrauch, S. 97.
[135] *Gallwas*, Mißbrauch, S. 97 mit vielen Nachweisen Fußnote 282—284; vgl. *v. Mangoldt-Klein*, Art. 20, Anm. V, 5 S. 596 ff.
[136] BVerfG E 20, 1956 (S. 97, 99).
[137] Z. B. *Hennis*, Festschrift für Smend, S. 65; *Ridder*, Festschrift für Böhm, S. 35; *Friesenhahn*, Gutachten, S. 93; *Häberle*, JuS 1967, S. 66 mit einem ausführlichen Nachweis über alle kritischen Stimmen vor dem Urteil und nach dem Urteil.
[138] BVerfG E 20 1956 (97 ff.).

2. Kapitel: Die Vereinigungsfreiheit im Verfassungsleben

Exemplarisch zählt das BVerfG das Recht des Bürgers auf politische Teilhabe an der politischen Willensbildung[139], den Einfluß der öffentlichen Meinung und der Parteien auf die Staatsorgane und die staatliche Willensbildung[140] sowie die Parteien, über die das Volk Einfluß nehmen kann[141], auf.

Vor allem wird der Prozeß der Volkswillensbildung, der dann zu Präzisierung der Staatsorgane in den Wahlen führt, von ausschlaggebender Bedeutung[142]. Jedoch sind die Wahlen nur ein Höhepunkt in der Außenwirkung des Volkswillens.

Ein demokratischer Staat steht in ständigem, kontinuierlichem Prozeß des Austausches von Meinungen und Willensfaktoren und beschränkt sich nicht auf den einmaligen Akt der Wahlen[143].

Der demokratische Staat darf sich auch nicht nur auf den einmaligen Akt stützen, er bedarf des „ständigen Rapportes"[144].

Dieser politische Willensbildungsprozeß wird entscheidend durch die funktionalisierten Grundrechte bedingt und gefördert. Die Offenheit des politischen Prozesses wird dabei im gesteigerten Maß durch die besonderen politischen Freiheiten, die die ständige geistige Auseinandersetzung mit einander sich begegnenden sozialen Kräften und politischen Ideen fördern[145], bewirkt. Zu nennen sind dabei besonders die Äußerungsfreiheit mit einer für den freiheitlich-demokratischen Staat geradezu konstituierenden Bedeutung[146]. In dieser Freiheit liegt dann zugleich das Recht auf freie politische Betätigung[147].

Diese freie politische Aktivität macht den Rechtsstaat erst zum demokratischen Staat[148]; erst dann wird der Staat zu dem Staat, der von den Bürgern getragen wird und der aus den Bürgern lebt, ein Staat, in dem der Etatismus abgebaut wird zugunsten eines demokratischen Gemeinwesens[149].

---

[139] BVerfG, a. a. O., S. 98.
[140] BVerfG, a. a. O., S. 99, 101.
[141] BVerfG, a. a. O., S. 99.
[142] BVerfG, a. a. O., S. 98.
[143] *Hesse*, Grundzüge, S. 64, 65 mit Nachweisen. Statt vieler: *Geiger*, Ideologie, Widerstand, Nonkonformismus, S. 133.
[144] Vgl. schon 1867 *Biedermann*, Staatslexikon, S. 369.
[145] BVerfG 3, 133; ähnlich *Hesse*, Grundzüge, S. 65; schon Carl *Schmitt*, Verfassungslehre, S. 168/169; Karl *Loewenstein*, Verfassungsrecht und Verfassungspraxis, S. 335.
[146] BVerfG E 20 1956 (97 unten) mit BVerfG E 5, 85 (S. 134 f., 205); 7, 198 (208); 12, 113 (125).
[147] BVerfG E 20, 1956 (98 oben), *Ridder*, Meinungsfreiheit, S. 243 ff., 249; *Ridder*, Öffentliche Aufgabe der Presse, S. 12 ff. mit Nachweisen; vgl. auch *Scholler*, Person und Öffentlichkeit, S. 179 ff.
[148] Ähnlich *Willms*, Staatsschutz, **S. 23.**
[149] *Ridder*, Festschrift für Böhm, S. 33; Otto *von Gablentz*, Staat und Gesellschaft, PVS 1961, S. 23; *Hesse*, Festschrift Smend, S. 79; *Häberle*, JuS 1967, S. 72 ff.: *Maste*, Staat und Gesellschaft, S. 11. Daß eine demokratische Funktionalisierung den Staat zum Alleinwert aufbauen könnte, da die freiwillige Aus-

Die Verformung politischen Willens im Sinne *Scheuners* und *Hesses*[150] wird zum entscheidenden Faktor demokratischen Lebens.

Dieses Mittragen des Staates, nach *Barzel* mehr Aufgabe als Gabe[151], nach *Scholler* „Verfassungsauftrag Grundrechtsverwirklichung"[152], ist die eigentliche Kurzfassung demokratischer Zielsetzung.

Wie dieses Mittragen systemgerecht, aber doch effektiv ausgeübt werden kann, hängt davon ab, wer in der Großraumdemokratie noch effektiver Träger der Grundrechtsverwirklichung sein kann[153].

b) Die Subjektsfrage bei der Grundrechtsverwirklichung im politischen Prozeß: Der Ausweg in den Vereinigungen

aa) Die Problemlage

*Ridder* hat an Hand der Meinungsäußerungsfreiheit als politischem Teilnahmerecht aufgezeigt, daß durch die notwendige Heraushebung der Grundrechte aus dem einseitigen status negativus[154] die Frage nach der Person, die diese aktiven Rechte ausüben kann, neu gestellt werden muß[155].

Im negativen Bereich der Staatsabwehr kann das Individuum ein geeigneter und wirkungskräftiger Rechtsträger der Abwehransprüche gegen den Staat sein und die Möglichkeit besitzen, seine bürgerliche Freiheit zu wahren und Übergriffe der Staatsmacht mittels der rechtstechnischen Kunstgriffe „zu meistern"[156]. Aber auch hier zeigte sich schon oft, daß der einzelne nicht in der Lage ist, einen eventuell langwierigen und rechtlich schwierigen Prozeß gegen den mit dem gesamten Behördenapparat ausgestatteten Staat durchzuführen[157].

---

grenzung des Bürgers aus dem Staat für unwertig erklärt wird, ist nicht ersichtlich. Die Möglichkeit, sich „staatsfrei" zu verhalten, bleibt; es fehlt dann eben ein demokratisches Mitglied der Gesellschaft.
[150] *Hesse*, Grundzüge, S. 65 mit Nachweisen; BVerfG E 8, 122 (138: Volksbefragungsurteil *Maunz* in *Maunz-Dürig-Herzog*, Art. 21, RdNr. 5; Herbert *Krüger*, VVDStL Heft 17 [1959], S. 110 [Diskussionsbeitrag]).
[151] *Barzel*, Grundrechte, S. 36.
[152] *Scholler*, Person und Öffentlichkeit, S. 438.
[153] Dieses Problem hat schon *Kelsen* erkannt, Allg. Staatslehre, S. 325.
[154] *Ridder*, Meinungsfreiheit, S. 257; *Forsthoff* beeindruckt der Schluß von Art. 21 auf Art. 5 Abs. 1 GG „allenfalls durch intellektuelle Verwegenheit, überzeugt aber nicht in der Sache" , DÖV 1963, S. 633; *Ridder* ist auch von dem dedizierten Schluß von Art. 21 auf Art. 5 GG abgegangen und fordert die Stellung des Art. 5 jetzt mehr aus dem Demokratiegebot und dem Sozialstaatsgedanken und bewegt sich auf ähnlichen Bahnen wie der Text; vgl. zur Begründungsverschiebung bei *Ridder*: *Mallmann*, JZ 1964, S. 143.
[155] *Ridder*, Meinungsfreiheit, S. 267; *Mallmann*, VVDStL Heft 22 (1965), Diskussionsbeitrag, S. 180; ebenso *Scholler*, Person und Öffentlichkeit, S. 320.
[156] *Forsthoff*, Umbildung, S. 61.
[157] Vgl. *Marčič*, Richterstaat, S. 330, der den Ausweg in einer verstärkten Popularklagemöglichkeit erblickt. Doch liegt hier u. U. der etwas bittere Beigeschmack, daß andere vorgeschickt werden, um die Rechte, die man selbst wahren soll, zu wahren.

Bei den *Staatsteilnahmerechten* aber wird diese Subjektunsicherheit evident. Bei allen aktiven Grundrechten, insbesondere den citoyen-Rechten (Art. 5, 8, 9, 17 GG) und sogar beim Wahlrecht, soweit es die Vorbereitung der Stimmentscheidung angeht, zeigt sich die weniger dogmatische als technische Notwendigkeit, einen Träger für die Ausübung der Freiheit zu finden, der sinnvoll am Staatswillensbildungsweg teilnehmen kann.

*Kelsen*[158] spricht von einer im Grund unrettbar verlorenen Freiheit des Individuums. An seine Stelle trete die Freiheit im Staat, die Gemeinschaft wird zum Freiheitsträger, der Staat wird zum Freistaat; eine Subjektsverschiebung auf den Staat trete ein. Auch *Smend*, der thomistische und Hegelianische Ansätze vereint, greift schließlich auf den Staat als den Garant der Freiheit zurück[159].

Auch *Scholler*[160] greift diese Frage wieder im Rahmen der Pressefreiheit auf. Er bezeichnet die Pressefreiheit im herkömmlichen Sinn (Herstellung und Verbreitung von Druckerzeugnissen) als ein nudum ius für das Individuum, da die Investitionskosten für den einzelnen viel zu hoch sind, als daß er sie heute noch ausüben könnte, vor allem in Anbetracht eines sich immer mehr steigernden wirtschaftlichen Risikos im Pressewesen.

Hans *Huber*[161] erkennt zu Recht in den Freiheitsrechten den individuellen Bezug, sieht aber die industrielle Zivilisation als einen Feind der Grundrechtsausübung an, vor allem im aktiven, politischen Bereich.

Schließlich wird diese Subjektsfrage auch von nichtjuristischer, nämlich philosophischer Seite erkannt. Max *Müller*[162] sieht die Verwirklichung des staatsteilnehmenden Bürgers in der Lehre *Smends* in den „Großstaaten, Reichen und modernen Staatsapparaturen" gefährdet.

bb) Der Lösungsversuch: die Vereinigungen

Die *Vereinigungsfreiheit* kann *grundrechtssystematisch* und auch technisch einen *neuen Ausweg* bringen, der *neben die Institutionalisierung tritt*.

---

[158] *Kelsen*, Allg. Staatslehre, S. 325; vgl. ebenso interpretierend *Scholler*, Person und Öffentlichkeit, S. 319, 320 mit Fußnote 15.
[159] *Smend*, Staatsrechtliche Abhandlungen, Verfassung und Verfassungsrecht, S. 138: Strukturelle Verschränkung der persönlichen und sozialen Beziehungen. Ebenso über *Smend* zu diesem Punkt: *Bartlsperger*, Integrationslehre, S. 46 mit Fußnote 198, 201, 202.
[160] *Scholler*, Person und Öffentlichkeit, S. 319, 320 mit Fußnote 15; ähnlich: Čopič, GG und p. St. n. A., S. 44, 80.
[161] Hans *Huber*, S. 229, 230 oben, in *Bettermann-Neumann-Nipperdey*, 1966: Grundrechte in der Schweiz mit vielen Nachweisen auf seine früheren Stellungnahmen, vor allem in der Festschrift für Giacometti.
[162] Max *Müller*, Freiheit, Sp. 539 oben und Max *Müller*, Festschrift für Erik Wolf, S. 312.

§ 12 Die Vereinigungsfreiheit als verfassungsrechtliche Grundlage 73

Die *Egalisierung* ist in alle Lebensbereiche, nicht nur in den des allgemeinen Wahlrechts, vorgedrungen[163]. Daran knüpft sich aber die Gefahr der *Paralysierung des einzelnen* durch Vermassung, die Entwertung individueller Freiheit[164].

Wenn sich nun der „vermasste einzelne" in Vereinigungen zusammenschließt, kann er gemeinsam Grundrechte ausüben. Die Vereinigungsfreiheit wird damit nichts anderes als organisierte Grundrechtsausübung[165] in einer Form sinnvoller Grundrechtsaktivität[166].

In der Staatsanteilnahme treten dann die Grundrechte in den Prozeß der Vorformung politischen Willens ein[167].

Mit der Gruppe erhält das Gemeinwesen einen in den funktionalisierten Grundrechten und in ihrer Ausübung effektiven Partner. Er verfügt über Finanzkraft dank seiner Mitglieder, über Sachverstand, Erkenntnis- und Arbeitsteilungsmöglichkeiten und Möglichkeiten der Meinungsbeeinflussung[168].

Durch seine Einigkeit und Willensgemeinschaft wird er dabei stärker als nur die Summe der Einzelglieder. Aus der Gemeinschaft entsteht ein Machtkörper i. S. der *Aristotelischen* Erkenntnis, daß Einheit ein „Mehr" als die Summe der Einzelteile ist, ein neu entstehendes „aliud"[169].

Dieser, so festgelegte, Partner und Grundrechtsträger vermag auch gerechter als alle anderen Institutionen den Willen der Mitglieder zu repräsentieren, da die Mitgliedschaft frei bleibt und eine relativ große Breite an Gruppenangebot besteht[170].

Die drohende Verobjektivierung des Rechts findet eine Alternative.

Auch Herbert *Krüger*, der die radikal-demokratische[171] Funktionalisierung der Grundrechte nicht mitvollzieht, erkennt in den Vereinigungen eine dem Staat unentbehrliche Voraussetzung für ein gefestigtes Staatsbürgertum[172]. Falsch ist es dagegen, wenn man aus dieser Repräsentationschance das Individuum als Grundrechtsträger zum „Schnittpunkt zwischen Verbänden und Staat verkümmern" läßt[173].

---

[163] *Leibholz*, VVDStL Heft 24 (1966), S. 123.
[164] Vgl. dazu *Mackenzie*, Grundfreiheit in Großbritannien, für englische Verhältnisse, S. 851.
[165] *Čopič*, GG n. p. St. n. A., S. 80, Fußn. 152 am Ende deutet dies an.
[166] *Čopič*, a. a. O., S. 98.
[167] Viel zu eng *Leibholz*, Strukturprobleme, S. 90 mit Fußnote 26, da zu eng auf die politischen Parteien bezogen.
[168] Vgl. *Ramm*, Freiheit der Willensbildung, S. 31.
[169] Vgl. *Heller*, Allg. Staatslehre, S. 96; Theodor *Litt*, Individuum und Gemeinschaft, S. 226.
[170] Vgl. oben § 11 2 b; *Ehmke*, Festschrift für Smend, S. 43; *Kaiser*, Organisierte Interessen, S. 182, 272, 338; *Geiger*, Gewissen, Ideologie, Wiederstand, Nonkonformismus, S. 148; *Badura*, JZ 1965, S. 331.
[171] *Leibholz*, Strukturprobleme, S. 89.
[172] Herbert *Krüger*, Allg. Staatslehre, S. 394 Mitte.
[173] So warnend Peter *Schneider*, Pressefreiheit und Staatssicherheit, S. 35; vgl. *Kaiser*, Organisierte Interessen, S. 225, 227.

Der einzelne wird in den Vereinigungen zusätzlich mediatisiert im Sinne echter Repräsentation, nicht im Sinne einer Entmachtung[174].

Im Rahmen einer Subjektserweiterung wird damit nicht nur der einzelne zum Teilnehmer an der res publica. Die Organisation, die *Gruppe*, auf die der einzelne Einfluß nehmen kann, läßt *auch* mittelbar *den einzelnen* am Staate teilnehmen[175]. Die unmittelbare Teilnahme am Staat, vor allem in den Wahlen, bleibt daneben unberührt. In den politischen Vereinigungen im weitesten Sinn (oben § 11 2) verwandelt sich die Vereinigungsfreiheit in ein konnexpolitisches Teilnahmerecht, wie Hans *Huber* ausführt[176].

In dieser neuen strukturellen Sicht speist die Vereinigungsfreiheit den kontinuierlichen, offenen, demokratischen Lebensprozeß[177]. *Die Demokratie zieht somit aus der Vereinigungsfreiheit selbst durch das Wirken der mediatisierenden Gruppen besondere Lebenskraft*[178]. Der Staat erhält wieder einen Partner, der zum Fortschritt in einem gewissen dialektischen Spannungsverhältnis, auch oder gerade durch eine Opposition, beitragen kann[179]. Der Nutzen *aristokratischer* Elemente, der darin besteht, daß potente Kräfte im Staat vorhanden sind, wird neu belebt, aber mit demokratischer Legitimation, da die Mitglieder einer Vereinigung dem Kurs der Vereinigung zustimmen müssen und jedes Mitglied zumindest die Möglichkeit hat, aus der Gruppe auszuscheiden[180].

Diese Bündelung der Kräfte wirkt auch im anderen Sinne aristokratisierend, da der ungestüme Volkswille in den mediatisierenden Gruppen besser und reifer dargeboten werden kann. Der Wille der Mitglieder kann dank des besseren Überblicks und der Intelligenz der Führungskräfte rationaler und weniger emotional zur Mitwirkung am Staat führen[181].

---

[174] Zu den Begriffen *Maunz-Dürig-Herzog*, Art. 21, RdNr. 5, Fußnote 4.
[175] *Ramm*, Freiheit der Vereinsbildung, S. 31 mit Fußnote 20, 21 der diesen Mediatisierungseffekt auch geschichtlich begründet.
[176] Hans *Huber*, Festschrift für Jahrreiß, S. 109.
[177] Vgl. oben § 12, 3, a.
[178] *Ridder*, DÖV 1963, S. 324; *Füsslein*, Vereins- und Versammlungsfreiheit, S. 439, der allerdings nicht die strukturelle Seite herausstellt. Ähnliche Gedankengänge mögen bereits 1850 in Bayern jenen Regierungsassessor bewegt haben, der die Bildung von freien Vereinigungen vorschlug. Er hatte mit diesem Vorschlag einen Wettbewerb gewonnen, den Max II. in Bayern ausschrieb über das Problem: „Wie der Noth der unteren Bevölkerungsschichten in Deutschland und insbesondere in Bayern abzuhelfen sei." Entnommen aus *Zorn*, Staat und Gesellschaft in Bayern, S. 125, 132.
[179] Vgl. BVerfG E 5, 85 (199), KPD-Urteil: Die Vereinigungsfreiheit in Verbindung mit der Meinungsfreiheit als Recht auf organisierte politische Opposition.
[180] Diese Gedanken stellte vor allem *Tocqueville* in Demokratie in Amerika heraus, S. 191, 192: er sieht die Vereinigungen als Nachfolgeorganisationen der Aristokratie im amerikanischen Verfassungsleben an.
[181] Ähnlich *Marčič*, Richterstaat, S. 191. Das Mißtrauen gegen die egalitären Volksdemokratien erhält hier eine neue Gestalt durch diese aristokratisierenden Tendenzen.

§ 12 Die Vereinigungsfreiheit als verfassungsrechtliche Grundlage 75

Ebenfalls mit demokratischer Legitimation werden Vorteile eines Staates ausgenützt, in dem die Stände ihre Mitglieder repräsentiert haben[182]; oder die Vorteile eines Staates erhalten eine neue Form, indem der Sippenführer seine Sippe an der Staatsgestaltung durch seine Person beteiligt[183].

Mit dieser strukturellen Sicht der Vereinigungsfreiheit, die Čopič die einzige effektive Grundrechtsbetätigung im staatsbürgerlichen Bereich nennt[184], erscheint die Behauptung Mallmanns mehr denn je berechtigt, daß die Vereinigungsfreiheit für den demokratischen Staat wie die Meinungsfreiheit schlechthin konstituierend sei[185].

c) Die Vereinigungsfreiheit im Verfassungsgefüge

aa) Die Abgrenzung zu den Parteien

In dieser so gedeuteten Funktion werden die Vereinigungen zu aktiven Faktoren politischer Willensbildung, da sie besonders effektiv Grundrechte im politischen Bereich ausüben können[186].

In dieser Funktion sind die politischen Vereinigungen von den politischen Parteien verfassungsstrukturell abzugrenzen.

Sobald die Vereinigungen aktive, funktionalisierte Grundrechte ausüben, nehmen sie am öffentlichen Leben teil und bilden öffentliche Meinung und politischen Willen mit; sie formen mit am politischen Willen[187].

In dieser Funktion stehen sie auf gleicher Ebene wie die politischen Parteien, die ebenfalls Aktivrechten ihrer Mitglieder organisiert Ausdruck verleihen und die Mitglieder, mediatisiert durch ihre Organisation, an der Gesamtwillensbildung beteiligen.

Insoweit kann man auch materiell nicht von einem Parteienprivileg sprechen[188] und den politischen Parteien schon gar nicht die Stellung einer neuen Obrigkeit anvertrauen[189].

Wollte man die politische Aktivität auf die Parteien beschränken, so würde man den Parteien von Staats wegen das Monopol der politischen Meinungsbildung zuerkennen. Der Weg zu einem totalitären Staat, für den das Monopol einer Partei charakteristisch ist, auch wenn sie ver-

---
[182] *Kaiser*, Organisation organisierter Interessen, S. 322, deutet dies allerdings nur an.
[183] Vgl. oben § 6, 3.
[184] *Čopič*, GG und p. St. n. A., S. 58.
[185] *Mallmann*, Vereinigungsfreiheit, Sp. 108 in Übertragung von BVerfG 7, 202; ebenso *v. Münch* in BK, Art. 9, RdNr. 17.
[186] *Čopič*, GG und p. St. n. A., S. 58, 59.
[187] Vgl. *Maunz* in *Maunz-Dürig-Herzog*, Art. 21, RdNr. 5; *Hesse*, VVDStL 17, 23; *Hesse*, S. 65.
[188] *Willms*, Staatschutz, S. 23; *Maunz* in *Maunz-Dürig-Herzog*, Art. 21, RdNr. 36; *Čopič*, a. a. O., S. 41 ff.; S. 81; *Henke* in BK, Art. 21, RdNr. 12 und vor allem RdNr. 26; *v. Feldmann*, DÖV 1965, S. 29; BVerfG E 1, 225; *Wittkämper*, Interessenverbände, S. 196; *v. Mangoldt-Klein*, A III, 4 b, S. 622.
[189] Vgl. mit Recht *Ehmke*, VVDStL Heft 24 (1966), S. 97 (Diskussionsbeitrag); *Čopič*, GG und p. St. n. A., S. 48.

schiedene Namen tragen, wäre aufgezeigt[190]. Viel zu eng in ihrer Meinung, nur noch in den Parteien sei eine Mediatisierung der politischen Bürger möglich, sind deshalb Autoren wie *Leibholz*[191], Werner *Weber*[192] und *Henke*[193]. Vielleicht vorhandene tatsächliche Erscheinungen des gegenwärtigen Verfassunglebens deuten darauf hin, können aber nicht strukturtypisch sein, da sich auch im deutschen Verfassungleben eine Belebung der politischen Aktivität außerhalb der Parteien zeigt.

So ist die außerparlamentarische Opposition[193a] ein Beispiel dafür, wie außerhalb der Parteien politischer Wille in Erscheinung tritt. Besonders wichtig wird diese Möglichkeit für die Minderheiten politischer Ansichten, die mangels parlamentarischer Chance durch die 5 %-Klausel der Wahlgesetze nur als außerparlamentarische Gruppe existieren können.

Zudem wäre eine Monopolisierung der Mediatisierung des politischen Bürgers in den Parteien ungerecht und auch nicht staatsförderlich, da die oft kleineren Vereinigungen bessere Repräsentationschancen bieten. Dies gilt besonders bei der gegenwärtigen Parteienstruktur. Der Trend zu großen entideologisierten Volksparteien ist nicht zu verkennen[194]. Die Diskriminierung vereinsmäßiger, verbandskonnexer, politischer Aktivität entspringt historischer Fehldeutung und beruht darauf, daß dieses Feld noch nicht genügend soziologisch erforscht war, als die Verfasser des GG den Art. 21 GG schufen und dabei Vereinigungen mit politischer Zielsetzung nicht besonders angesprochen haben[195].

---

[190] So *Willms*, Staatsschutz, S. 23; ähnlich *Ridder*, Föderalistische Mißverständnisse, Bl. für dt. und intern. Politik 1962, S. 522.
[191] *Leibholz*, Strukturprobleme, S. 76.
[192] Werner *Weber*, Spannungen und Kräfte im deutschen Verfassungsleben, S. 22.
[193] *Henke* in BK, Art. 21, RdNr. 12.
[193a] Ob die gegenwärtige außerparlamentarische Opposition in ihrer Zielsetzung oder Methode der Durchsetzung der Ziele dem Schutzgut des Art. 9, Abs. 2 GG zuwiderhandelt, kann hier dahingestellt bleiben.
[194] *Von Feldmann*, DÖV 1965, S. 29; *Čopič*, GG und p. St. n. A., S. 47, 48, der allerdings zu polemisch von dem integrationsideologischen Konzept der Volksparteien im Sinne von Gleichmacherei, von dem Widersinn der 5 %-Klausel und einer kritikimmunen Parteistruktur spricht und damit wohl weit über das Ziel hinausschießt.
Ebenso im Ergebnis: *Ridder*, Föderalistische Mißverständnisse, Bl. für dt. und internationale Politik, 1962, S. 522. Er meint, daß ein Stück Demokratie vertan wäre, wenn die politischen Vereinigungen als Repräsentationschance des Bürgers verschwinden würden, da in der heutigen Parteinstruktur politische Vereinigungen die demokratische Vielfalt ergeben, „da allein diese Vereinigungen sich oft nicht veranlaßt sähen, ständig die antikommunistischen Gebetsmühlen rotieren zu lassen und sich nicht damit begnügen wollten, den von Ulbrichts Küche servierten Eintopf durch das wesentlich nahrhaftere deutsche Kommißbrot (je nach Wahlausgang mit Kunsthonig oder Steppenkäse) auszubieten". (Zitat)
52, S. 59 und 60; a. A. *Gallwas*, Mißbrauch, S. 128, der den parteipolitischen 52, S. 59 und 60; a. A. *Gallwas*, Mißbrauch, S. 128, der der parteiplitischen Aktivität einen materiell anderen, besseren Rang einräumen will.

§ 12 Die Vereinigungsfreiheit als verfassungsrechtliche Grundlage 77

Richtig wird statt dessen die rechtliche Struktur politischer Mediatisierung dann erkannt, wenn die Parteien als Unterart der Vereinigungen angesehen werden[196] und man sich zu der Konsequenz durchringt, eine materielle Diskriminierung der Nichtparteien zu vermeiden[197]. Die Parteien wie die Vereinigungen stehen in ihrer extrovertierten Tätigkeit im öffentlichen Bereich. Sie haben sich aus dem Bereich des Privaten gelöst[198], ohne deshalb zu staatlichen Einrichtungen im Sinne einer Staatsverhaftung zu werden.

Eine materielle *Privilegierung parteipolitischer Aktivität kann nicht anerkannt werden*. Art. 21 Abs. 2 und Art. 18 GG sind Normen, durch die politische Aktivität verhindert werden kann. Dazu kommt noch die Verhinderung verbandsbezogener Aktivität in Art. 9 Abs. 2 GG. Ein materielles Privileg ist nicht grundrechtlich vorgeschrieben, da auch Art. 18 ein Aktivierungsprivileg enthält, wie *Baumann-Brauneck* u. a. es formuliert haben[199].

Vereinigungen und Parteien stehen in dieser Mediatisierungsfunktion politischer Einzelmeinungen in einem weiten Raum, den *Ridder* als den weiten, der Demokratie Leben spendenden Raum eines status politicus bezeichnet[200], wobei er bewußt an *Aristoteles* und seinem Begriff des „zoon politicon", des Menschen in der Gemeinschaft anknüpft.

Auch die Rechtsprechung stellt die Parteien hier den Vereinigungen gleich und siedelt sie mit Recht im Sinne Hegelianischer Terminologie im Bereich des Gesellschaftlichen an[201]. Die Literatur folgt ihr weitgehend[202, 203].

---

[196] BVerfG E 20, 56 (108) mit weiteren Nachweisen; Schnorr, VereinsG, § 2 RdNr. 28, S. 83; vgl. auch Begründung der Bundesregierung zum Vereinsgesetz BT-Drucksache IV/430, S. 10 r. Sp. unten; Bericht der Parteienkommission, S. 159; Čopič, GG und p. St. n. A., S. 79 mit weiteren Literaturnachweisen.

[197] Vgl. dazu unten unter diesem Kapitel.

[198] Vgl. *Scholler*, Person und Öffentlichkeit, S. 72 ff.

[199] Alternativentwurf zu einem Strafgesetzbuch Besonderer Teil: Politischer Strafsatz, S. 24; vgl. dazu unten § 16, 2, b. Der Beschluß des BVerfG vom 14. 1. 1969 (BVerfG E 25, 44) steht dem nicht entgegen. Art. 18 kann keine Deckung individueller Grundrechtsaktivität sein, wenn es sich um eine Aktivität handelt, die eine verbotene Partei unterstützt.
Zu den Fragen der Zuständigkeit, die nicht oder nur mittelbar materielle Probleme berühren: *Schmitt-Gläser*, Mißbrauch und Verwirkung, S. 266; *Schnur*, VVDStL 22, 145 f.; *Dürig* in Maunz-Dürig-Herzog, Art. 18, RdNr. 94; BGH St. 17, 38 ff.; *Willms*, Staatsschutz, S. 22; Čopič, GG u. p. St. n. A., S. 38 ff.

[200] *Ridder*, Öffentliche Aufgabe der Presse, S. 12; den Ausdruck hat *Mallmann*, JZ 1964, S. 121 übernommen und er wird für Vereinigungen und Parteien auch bei *Häberle*, JuS 1967, S. 73 mit Fußnote 83 verwendet.

[201] BVerfG E 20, 1956 (S. 97, 107); ebenso interpretierend *Häberle*, JuS 1967, S. 73.

[202] *Ehmke*, VVDStL Heft 24 (1966), S. 97; *Ridder*, Festschrift für Böhm, S. 26.

[203] Damit darf nicht eine Gegnerschaft zwischen Staat und Gesellschaft hineinkonstruiert werden, wie dies *Häberle* in JuS 1967, S. 74 unternimmt, um das Parteifinanzierungsurteil abzulehnen.

2. Kapitel: Die Vereinigungsfreiheit im Verfassungsleben

Trotzdem bestehen aber auch Unterschiede zwischen Vereinigungen, auch zwischen politischen Vereinigungen und den politischen Parteien.

Der Unterschied hat seine Wurzel im parlamentarischen System und der Gesetzgebung durch das Parlament. Er hat verfassungsgesetzlichen Ausdruck in einer Hervorhebung der Parteien in Art. 21 GG gefunden.

Strukturell liegt der Unterschied darin, daß nur die Parteien in der Lage sind, die Repräsentativorgane, die rechtsverbindliche Normen setzen und rechtsverbindliche Entscheidungen treffen können[204], personell zu besetzen.

Teilweise bleibt es nicht nur bei einem durch die Wahl legitimierten Vorschlagsakt, sondern die aus den Parteien hervorgegangenen Abgeordneten haben die Möglichkeit, die Exekutive zu kontrollieren und eventuell durch eine mehrheitliche Entscheidung auszuwechseln. Mittelbar kann die Parteiführung auf die Staatsorgane dadurch Druck ausüben, daß sie den Personen, die die Staatsorgane repräsentieren, eine Nichtaufstellung für die nächsten Wahlen androht. In dieser personellen Verzahnung zwischen Staatsamt und Parteiamt liegt die faktische Macht der Parteien[205].

Es würde aber totalitärer Gleichschaltung entsprechen, Staatsorgan und Parteiorgan konstruktiv eins werden zu lassen. Mit Recht lehnt es deshalb die h. L. ab, den Parteien Staatlichkeit zu verleihen, ihnen hoheitliche Macht zuzugestehen[206]. Die Parteien üben trotz der personellen Verzahnung keine hoheitliche Funktion aus[207].

*Leibholz*[208] und von entgegengesetztem Standpunkt auch *Forsthoff*[209] gehen mit ihrer Zuerkennung von Staatlichkeit deshalb wohl fehl; sie verkennen die freiheitsverbürgende Funktion einer Trennung von Partei und Staat[210].

Entgegen Leibholz u. a. (vgl. oben) hat auch das BVerfG in seinem Parteifinanzierungsurteil klargestellt, daß die Parteien in den Bereich des Gesellschaftlichen gehören[211].

---

[204] Ausdruck von *Ridder*, Festschrift für Böhm, S. 35; ähnlich *Heller*, Allg. Staatslehre, S. 238.

[205] *Maunz* in *Maunz-Dürig-Herzog*, Art. 21, RdNr. 6; *v. Mangoldt-Klein*, Art. 21 II S, S. 616; *Kaiser*, Organisierte Interessen, S. 242 mit Fußnote 30; *Geiger*, BVerfGG Art. 21, 2; *Scheuner*, DÖV 1965, S. 580.

[206] *Maunz* in *Maunz-Dürig-Herzog*, Art. 21, RdNr. 2 bis 4; *Hesse*, VVDStL Heft 17 (1959), S. 33; *Henke* in BK, Art. 21, RdNr. 11; *Scheuner*, DÖV 1958, S. 641 f.; *Čopič*, a. a. O., S. 49 mit weiteren Nachweisen in Fußnote 33, vor allem zum Bericht der Parteienkommission, hier vor allem S. 69 ff.

[207] *Čopič*, GG und p. St. n. A., S. 49.

[208] *Leibholz*, Strukturprobleme, S. 76 ff.

[209] *Forsthoff*, Leistende Verwaltung, S. 18 ff.

[210] Ähnlich *Ridder*, Verfassungsrechtliche Stellung der Gewerkschaften, S. 15.

[211] BVerfG E 20, S. 56 (S. 101 ff.), S. 108, 114.

§ 12 Die Vereinigungsfreiheit als verfassungsrechtliche Grundlage 79

Als Fehler hat sich erwiesen, aus der *verfassungsprozessualen* Stellung, die das BVerfG den Parteien eingeräumt hat[212], zu extensive materielle Schlüsse zu ziehen, und zwar auch dann, wenn das BVerfG in diesen Entscheidungen oft materiell argumentiert hat[213]. Damit verschiebt sich der Unterschied zwischen den Parteien und den sonstigen Vereinigungen vom *dogmatischen* mehr auf das *tatsächliche* Gebiet[214].

Eine besondere materielle Vorzugsstellung der Parteien kann nur dann überzeugend begründet werden, wenn man dem Parteienprivileg ein Parlamentsprivileg beimißt. Dann müßte aber das Privileg im materiellen Bereich auf die im Parlament vertretenen Parteien beschränkt werden, oder es müßten alle Gruppen umfaßt werden, die nach Parteieneigenschaft streben könnten. Dieser Bedeutungswandel vom Parteien- zum Parlamentsprivileg wurde bisher nicht deutlich vollzogen.

Dieser Wandel wäre auch nicht innerlich gerechtfertigt, da es jeder Gruppe zusteht, sich als Partei zu erklären, ohne ins Parlament einziehen zu können oder berechtigte Aussichten auf einen Einzug ins Parlament zu besitzen. Allein aus einer solchen Absichtsäußerung materielle Schlüsse zu ziehen, wirkt formalistisch, vor allem, wenn man den Strukturwandel in der Politik verfolgt[215], der die außerparlamentarische Opposition genauso in das politische Leben einbezieht wie andere Gruppen, die Parlamentsbeteiligung anstreben.

Damit soll und kann aber nicht die Notwendigkeit der Existenz und Funktionsfähigkeit der Parteien für das parlamentarische System geleugnet werden. So sind eine Reihe von anderen Einrichtungen für das Funktionieren der parlamentarischen Demokratie notwendig, ohne daß ihnen deshalb eine materielle Vorzugsstellung eingeräumt werden würde oder daß sie den hoheitlichen Rang staatlicher Funktionsträgerschaft einnehmen würden.

Verfassungspolitisch und verfassungsrechtlich werden die Parteien zum staatsnächsten Integrationsverband[216]. Die Staatsnähe ergibt sich aus dem besonderen Zugangsrecht zu hoheitlichen Stellen; Integrationsverband werden die Parteien deshalb, da sie, wie in Art. 21 Abs. 1 GG zum Audruck kommt, Repräsentationsaufgaben wahrnehmen. Sie sind jedoch nicht mehr unmittelbar verantwortlich, da, wie in Art. 38 GG zum

---
[212] BVerfG E 1, 208 (225); 4, 27 (29 f.); 7, 99 (103); 13, 1 (9 f.).
[213] BVerfG 11 (155), (S. 166 ff.): Parteien als integrierender Bestandteil des Verfassungsaufbaues und des verfassungsrechtlich geordneten Lebens. Dies kann den Parteien aber wohl keine Exklusivität geben.
a. A. *Gallwas*, Mißbrauch, S. 128.
[214] Ähnlich *Willms*, Staatsrecht, S. 42, 43 Mitte; Čopič, GG und p. St. n. A., S. 81 mit Nachweisen.
[215] Vgl. *Ridder*, DÖV 1963, S. 324.
[216] Ähnlich wie hier: Čopič, GG und p. St. n. A., S. 59 und zur Berechtigung eines Parteienprivilegs, a. a. O., S. 41 ff.: Er lehnt ein solches materielles Privileg ab, S. 79.

Ausdruck kommt, die Abgeordneten nur ihrem Gewissen unterworfen sind und sich damit von der Partei lösen können.

Nur soweit sie echte staatliche Aufgaben wahrnehmen, wird strukturell ein materieller Unterschied zu den übrigen politischen Vereinigungen sichtbar. So werden die Parteien bei der Vorbereitung der Wahlen in einem Bereich tätig, in dem sie eigentlich „beliehene Unternehmer" sind. Bei der staatlichen Aufgabenerfüllung durch die Parteien wird ein echter struktureller Gegensatz zu den sonstigen politischen Vereinigungen sichtbar[217].

bb) Die Chancen für das Zusammenwachsen von Staat und Gesellschaft durch die freien Vereinigungen

In dieser durch die Vereinigungen aktivierten Struktur des demokratischen Lebensprozesses kann die verhängnisvolle Antinomie im Sinne einer Gegnerschaft zwischen Staat und Gesellschaft, die das kontinentale Denken beherrschte[218], überwunden werden. Beide Begriffe werden noch bestehen bleiben, um damit Funktionsverschiedenheiten ausdrücken zu können[219].

Wenn der Staat es zuläßt, daß für den Bürger der status aktivus generalisiert und weiter interpretiert wird, und wenn er es zuläßt, daß dieser status aktivus auch in der heutigen Zeit effektiv gemacht wird, nicht zuletzt durch die Form organisierter Grundrechtsausübung, dann wird die *scharfe Trennung* zwischen dem *Staat* und der *Gesellschaft als gegenseitige Konkurrenten verwischt*[220].

*Krüger* meint mit Recht, daß die Gesellschaft immer von neuem den sie repräsentierenden Staat hervorbringe[221].

Durch die Einwirkungsmöglichkeiten des Bürgers, die besonders durch die Vereinigungen bestehen, erhält der Staat seine Funktion durch die Gesellschaft, wie *Leibholz* ausführt[222].

---

[217] So richtig, was das Ergebnis betrifft: Parteienfinanzierungsurteil BVerfG E 20, 56 (114); dagegen vor allem *Leibholz*, Vorwort, S. VIII, 3. Auflage: Strukturprobleme. Er sieht die Wahrnehmung staatlicher Aufgaben durch die Parteien weiter. Hier wird wieder deutlich, daß es notwendig ist, wichtige Aufgaben nicht allein wegen ihres öffentlichen Ranges in den Rang von staatlichen Aufgaben zu erheben, da ein Freiheitsraum durch die öffentliche Aufgabe mit der dann folgenden öffentlichen Inpflichtnahme gefährdet wäre. Vgl. auch *Peters*, Festschrift für Nipperdey, S. 877 (880). Wie *Leibholz*: *Friesenhahn*, Gutachten, S. 93 mit Nachweisen und *Häberle*, JuS 1967, S. 69 ff.
[218] Vgl. *Leibholz*, VVDStL Heft 24 (1966), S. 10 und 11.
[219] *Maste*, Staat und Gesellschaft, S. 8; ähnlich *Ehmke*, Festschrift für Smend, S. 49 mit historischer Begründung und *Winckler*, VVDStL Heft 24 (1966), S. 59 und *Leibholz*, a. a. O., S. 26.
[220] Ähnlich, wenn auch von anderem Standpunkt aus: *Krüger*, Allg. Staatslehre, S. 396; *Maste*, Staat und Gesellschaft, S. 8; *Luhmann*, Institution, S. 29 und 30.
[221] *Krüger*, Allg. Staatslehre, S. 396.
[222] *Leibholz*, VVDStL Heft 24 (1966), S. 10 und 14.

§ 12 Die Vereinigungsfreiheit als verfassungsrechtliche Grundlage 81

Die Gesellschaft durchstaatlicht sich und der Staat vergesellschaftet[223]. In der Literatur hat sich diese Funktionsverknüpfung von Staat und Gesellschaft durchgesetzt[224].

Durch diese Verbindung zwischen Staat und Gesellschaft, von Staat und Bürger, soll damit nicht eine Interessen- und Funktionsvermengung gefördert werden, sondern nur die Gegnerschaft zugunsten einer gegenseitigen Abhängigkeit aufgelöst werden. Die Bedenken von *Ridder* u. a.[225] gegen diese Heranführung der Gesellschaft an das Gemeinwesen, die er damit begründet, daß eine freiheitsverbürgende Trennung aufgehoben würde, erscheinen in diesem Punkte nicht ganz überzeugend. Die *freiheitsverbürgende* Trennung liegt auch dann vor, wenn eine fruchtbare Zusammenarbeit gefördert wird[226].

Allein ein gewisses Spannungsverhältnis zwischen Staat und Gesellschaft, hervorgerufen durch eine Funktionsdifferenz, wird ein vernünftiges und brauchbares Element staatsbürgerlicher Freiheitsverbürgung[227]. Institutionalisiert wird diese Verbindung, die die Gegnerschaft überwindet, durch den Bereich des Öffentlichen i. S. *Schollers*[228], in dem sich die rechtsverbindliche Entscheidungsmacht des Staates und die Träger politischen Gestaltungswillens begegnen und gegenseitig befruchten[229].

Die Vereinigungen nehmen in diesem Raum einen hervorragenden Platz ein. Der Anknüpfungspunkt an Ideen im deutschen Vormärz[230] wird neu belebt und dogmatisch wie strukturell neu beleuchtet.

*4. Konsequenzen dieser Struktur für den Vereinigungsbegriff und die Träger der Vereinigungsfreiheit*

a) Der Vereinsbegriff

In dieser Sicht der personal-organisierten Grundrechtsausübung, die auch amerikanische Denkweisen berücksichtigt[231], wird *der Vereins-*

---
[223] Otto *von Gablentz*, Der Kampf um die rechte Ordnung, S. 90.
[224] Aus der umfangreichen Literatur z. B. *Hesse*, Festschrift für Smend, S. 79 mit Nachweisen; *Hennis*, Festschrift für Smend, S. 65; *Herzog*, Evang. Staatslexikon Vorbemerkung, S. XXXVI; *Leibholz*, Strukturprobleme, S. 331 ff.; schon G. *Jellinek*, Allg. Staatslehre hat darauf aufmerksam gemacht, S. 96 und 98 und diese Verbindung als „modern" bezeichnet.
[225] *Ridder*, Verfassungsrechtliche Stellung der Gewerkschaften, S. 19 und Öffentliche Aufgabe der Presse, S. 18: Er meint, daß diese Verbindung einer nicht zu verwirklichenden volldemokratischen Utopie entstammen würde und in Totalitarismus enden müsse.
[226] Ähnlich wie *Ridder*, *Čopič*, GG und p. St. n. A., S. 50.
[227] *Kaiser*, Organisierte Interessen, S. 338 mit Nachweisen.
[228] *Scholler*, Person und Öffentlichkeit, S. 74, 75 und 92 f.
[229] *Scheuner*, DÖV 1958, S. 642, der aber den Kreis der Partner nicht auf die Parteien, Verbände und den Staat beschränkt.
[230] Vgl. oben § 8, 2.
[231] Vgl. oben § 7, 1: Die Kollektivausübung von Grundrechten war hier nur ein Annex zur individuellen Grundrechtsausübung.

*begriff* des Art. 9 GG zu einem *wesentlichen Bestandteil des Freiheitsrechts*[232]. Aus der oben dargelegten Struktur des Rechts auf Gruppenbildung kann der Begriff der Vereinigung, der unter die Rechtsgarantie des Art. 9 Abs. 1 fällt, nicht nach formalen Rechtsbegriffen, wie z. B. dem Verein i. S. des BGB, bestimmt werden[233].

Nur die tatsächlichen Verhältnisse können die Entscheidung über das Vorhandensein eines Vereins i. S. des Art. 9 GG bringen[234]; der Begriff muß, wie *Altmann* ausführt, der *politischen Soziologie* entnommen werden[235]. Schon *Tocqueville* geht von dieser soziologischen Betrachtungsweise aus, wenn er meint, daß „ein Verein ganz einfach in der öffentlichen Zustimmung einer Anzahl von Leuten zu dieser oder jener Anschauung und in der Verpflichtung besteht, sie in einer bestimmten Art zur Geltung zu bringen"[236].

So besteht in der Rspr.[237] und in der Lehre[238] Einigkeit über den Begriff „Vereinigung"[239]: „Eine Vereinigung ist ohne Rücksicht auf eine bestimmte Rechtsform ein auf Dauer geplanter, freiwilliger Zusammenschluß natürlicher oder juristischer Personen zu einem bestimmten Zweck unter einer organisierten Willensbildung"[240].

Mit Recht hat deshalb z. B. der Bayerische Verwaltungsgerichtshof auch einen Verlag als Einzelfirma als eine Vereinigung angesehen, da sich eine Personenmehrheit einer organisierten Willensbildung unterworfen hatte und eine Einzelfirma oft geradezu das Muster vereinsrechtlicher Tarnung sein kann[241].

Bestimmte Vereinsorgane sind dabei ebensowenig erforderlich wie besondere Formen der Organisation[242]. Entscheidend war hier allein

---

[232] So mit Recht *Ermacora*, Handbuch, S. 296 und 286 für den Rechtszustand in Österreich, der hier ohne weiteres zu übernehmen ist.

[233] Vgl. Begründung zu § 1 des Regierungsentwurfes zu einem VereinsG BT-Drucksache IV/430, S. 10; *v. Münch* in BK, Art. 9, RdNr. 27, *Delius*, VereinsG, S. 128; *Füsslein*, Vereins- und Versammlungsfreiheit, S. 431.

[234] *Seifert*, DÖV 1962, S. 408.

[235] *Altmann*, Öffentliche Verbände, S. 211.

[236] *Tocqueville*, Demokratie in Amerika, S. 142.

[237] Z. .B BGH St. 7, 222 (223); 9, 101 (102); 10, 16 (17); 14, 194 (195); 15, 167 (173); BVerwG 1, 185 mit Nachweisen aus der früheren Rspr.

[238] *Füsslein*, Vereins- und Versammlungsfreiheit, S. 429, 431; *Wittkämper*, Interessenverbände, S. 72; *von Mangoldt-Klein*, Art. 9 III, 6 a, S. 320; *Seifert*, DÖV 1954, S. 353; *Delius*, VereinsG, S. 374; *Schnorr*, VereinsG § 2, RdNr. 6, S. 67 mit weiteren Nachweisen.

[239] Inhaltsgleich dem Begriff „Vereinigung" ist der Begriff „Verein" oder „Gesellschaft".

[240] Zu einzelnen Subsumtionsfragen vgl. *Schnorr*, VereinsG, § 2, RdNr. 6 bis 27, S. 67 bis S. 83.

[241] BayVHG BayVerwBl. 1965, S. 170 (171) für den Verlag „Hohe Warte" in Pähl, Landkreis Weilheim als Ideenträger der „Ludendorff-Bewegung".

[242] BayVGH, a. a. O., S. 171. Ebenso *Füsslein*, Vereins- und Versammlungsfreiheit, S. 432; *v. Münch* in BK, Art. 9, RdNr. 34; *v. Mangoldt-Klein*, Art. 9 III, 6 a, S. 320; nicht zutreffend *Lengsfeld*, Vereinigungsfreiheit, S. 24, der den Begriff Willensorganisation mit der äußeren Organisation verwechselt und *Füsslein*, a. a. O., S. 431 falsch interpretiert.

§ 12 Die Vereinigungsfreiheit als verfassungsrechtliche Grundlage 83

die interne Regelung, die darin bestand, daß ständige oder nichtständige Autoren der Verlagszeitschrift nach den Weisungen des Verlagsinhabers Gedankengut verbreiteten. Die Autoren leisteten Öffentlichkeitsarbeit und stellten sich einer bestimmten Idee zur Verfügung. Mit diesem weiten Begriff der Vereinigung soll mit Recht verhindert werden, daß sich eine Organisation einen Vorteil verschafft, der ihr nach der tatsächlichen Struktur nicht zusteht, da der Schutz der Verfassung nicht durch rechtliche Konstruktionen gefährdet werden darf. Auf der anderen Seite sollen aber auch organisierte Gruppen, die sich rechtlich nicht besonders zusammenschließen, in den Genuß der korporativen Garantien kommen.

In Übereinstimmung mit dieser Rechtsentwicklung[243] hat deshalb das VereinsG in § 2 Abs. 1 den Verein zutreffend definiert: „Ein Verein im Sinne dieses Gesetzes ist ohne Rücksicht auf die Rechtsform jede Vereinigung, zu der sich eine Mehrheit natürlicher oder juristischer Personen für längere Zeit zu einem gemeinsamen Zweck freiwillig zusammengeschlossen und einer organisierten Willensbildung unterworfen hat."

b) Die Träger der Vereinigungsfreiheit

Das Recht auf Vereinsgründung, Vereinsbestehen und Vereinstätigkeit und damit auf Teilnahme am Staat mittels der Vereinigungen steht zunächst einmal dem einzelnen Bürger zu.

Es handelt sich um ein subjektives, öffentliches Recht in der Form eines individuellen Freiheitsrechtes[244]. Der einzelne als das klassische Grundrechtssubjekt steht deshalb unstreitig *an erster Stelle* in der *Grundrechtsausübung*, auch bei der Vereinsfreiheit[245]. Er ist Träger des Rechtes, in einen Verein einzutreten, dort unter Nutzung korporativer Elemente zu wirken und auch aus einem Verein auszutreten oder einem Verein nicht beizutreten[246].

Der kollektive Bezug der Vereinigungsfreiheit wird aber bereits daran ersichtlich, daß die Vereinigungsfreiheit nur dann Sinn hat, wenn mehrere „individuelle" Grundrechtssituationen zusammentreffen.

Der notwendige kollektive Bezug führt aber weiterhin zu einer Subjektserweiterung des Grundrechts auf Vereinigungsfreiheit im oben genannten doppelten Sinne.

Kollektiven Gedankengängen entsprechend[247] wurde bereits in Art. 19 Abs. 3 allen inländischen juristischen Personen Grundrechts-

---
[243] Vgl. mit Recht die Begründung des Regierungsentwurfes zu § 1 des Entwurfes BT-Drucksache VI/430, S. 10.
[244] *v. Münch* in BK, Art. 9, RdNr. 16; *von Mangoldt-Klein*, Art. 9 III 1, S. 318; Walter *Schmidt*, NJW 1965, S. 425.
[245] *Kübler*, Grundrechte, S. 161; *Maunz*, Dt. Staatsrecht, S. 116.
[246] Vgl. Walter *Schmidt*, NJW 1965, S. 425, S. 426 oben.
[247] So *Dürig* in *Maunz-Dürig-Herzog*, Art. 19 III, RdNr. 1 und 2.

fähigkeit im Sinne einer Fiktion zugestanden[248]. Diese Grundrechtsträgerschaft knüpft aber, wie *Dürig*[249] und *Serik*[250] nachweisen, an ein personales Substrat an[251]. Der Widerspruch von *Ramm* gegen diese Deutung erscheint nicht gerechtfertigt, wenn er meint, daß gerade durch Art. 19 Abs. 3 GG auf ein personales Substrat verzichtet worden ist, da dies dem individuellen und menschlichen Bezug der Freiheit an sich nicht gerecht wird[252]. Außerdem übersieht *Ramm* den Sinn der Fiktion. Doch diese Fiktion muß aber eng ausgelegt werden und kann nicht mit Hilfe eines „Erst-recht-Schlusses" auch auf die nicht rechtsfähigen Vereinigungen oder Vereinigungen allgemein ausgedehnt werden[253]. *Ramm* nimmt mit anderen diese extensive Interpretation vor und erhebt die Bestimmung des Art. 19 Abs. 3 zur eigentlichen Grundlage des kollektiven Liberalismus[254].

Sedes materiae einer sachgerechten und auch logisch überzeugenden Lösung kann aber nur Art. 9 GG sein. Wenn das Grundgesetz das assoziative Element als solches anerkennt und die Vereinigungen nicht nur als Summe von Individuen ansieht, sondern der Gruppe als einem aliud ein „mehr" mit eigenem Wert zugesteht, wie bereits *Aristoteles* aufgezeigt hat[255], dann muß *es diesem Produkt als solchem grundrechtliche Subjektsqualitäten zuerkennen*[256]. Dies gilt um so mehr, als die Vereinigungen einen „personalen Hintergrund" besitzen und nicht nur eine Vermögensmasse darstellen.

Ein bloßes Annexrecht aus dem Recht der Mitglieder kann der Garantie des Bestandes der Assoziation als solcher nicht gerecht werden[257].

---

[248] *von Mangoldt-Klein*, Art. 19 IV 1 und 2: Juristische Personen als Nutznießer der Grundrechte. Damit soll die Fiktion herausgearbeitet werden, wie sie in der Formulierung „gelten" zum Ausdruck kommt.
[249] *Dürig* in *Maunz-Dürig-Herzog*, Art. 19, Abs. 3, RdNr. 5.
[250] *Serik*, Juristische Person, S. 170 u. S. 171 mit Fußn. 5, in der er ausführlich mit rechtsvergleichenden Studien (Amerika) diese Behauptung unterstützen kann, Vgl. auch noch Fußnote 2 (Rspr.) und FN 3, (Lehre).
[251] *Geiger*, BVerfGG S. 276; *Dürig* in *Maunz-Dürig-Herzog*, Art. 19, Abs. 3, RdNr. 4, 5.
[252] *Ramm*, Freiheit der Willensbildung, S. 32: die Bindung zum Individuum sei gerade durch Art. 19 Abs. 3 gelöst worden.
[253] So aber *Nipperdey* in *Hueck-Nipperdey*, Arbeitsrecht, S. 109; ähnlich auch BVerfG E 4, 7 (12); ebenso *Ramm*, Freiheit der Willensbildung, S. 28 vor 2.; *Gallwas*, Mißbrauch, S. 162; mit Recht ablehnend *Dürig* in *Maunz-Dürig-Herzog*, Art. 19, Abs. 3, RdNr. 55 und *Forsthoff*, AÖR 76, 373 und auch *Schnorr*, VereinsG, § 1, RdNr. 12 allerdings viel zu pauschal.
[254] *Ramm*, Freiheit der Willensbildung, S. 32.
[255] *Heller*, Staatslehre, S. 96; ebenso Theodor *Litt*, Individuum und Gemeinschaft, S. 226 der auf *Aristoteles* zurückgreift.
[256] Im Ergebnis ebenso *von Mangoldt-Klein*, Art. 9 III 1, 4, S. 318 und 320; *von Münch* in BK, Art. 9, RdNr. 16; *Maunz*, Dt. Staatsrecht, S. 116; *Waldecker*, Handbuch, S. 636; *Lengsfeld*, Vereinigungsfreiheit, S. 33, auch BVerfG E 4, 96 (101).
[257] So aber *Schnorr*, VereinsG § 1, RdNr. 10, S. 41; ebenso: *Füsslein*, Vereins- und Versammlungsfreiheit, S. 429 mit weiteren Nachweisen, die allerdings auf Literatur der Weimarer Zeit verweisen, in der diese Frage stark

Wenn die Gründung, der Bestand und die Betätigung der Gruppe nicht an Rechtsformen gebunden wird, kann auch die Subjektsfrage nicht an eine Rechtsform gebunden werden[258].

Zu weit dürfte allerdings *Ermacora* gehen, wenn er nur noch die Gruppe zum Grundrechtsträger erhebt und das Recht des einzelnen nur noch von der Gruppe herleitet[259]. *Eine doppelte Rechtsträgerschaft allein* kann dem notwendigen *individuellen* Bezug der Vereinigungsfreiheit und dem neu entstandenen „aliud" Rechnung tragen.

---

umstritten war. Diese Ansicht widerspricht überdies § 13 Abs. 3, S. 3 Vereinsgesetz. Die einzelnen Mitglieder sowie die Vereinigung sind zur Klage gegen ein Verbot legitimiert.

[258] *Dürig* in *Maunz-Dürig-Herzog*, Art. 19, Abs. 3, RdNr. 55, 56 mit weiteren Nachweisen über diese Funktion aus Art. 9 GG.

[259] *Ermacaro*, Handbuch, S. 296 für den hier übertragbaren Rechtszustand in Österreich.

# 3. Kapitel

## Die Schranken der Vereinigungsfreiheit

### § 13 I. Die wertgebundene Demokratie: verfassungssystematischer Stellenwert der Verfassungsschutzbestimmungen

#### 1. Der geschichtliche Hintergrund

Das Grundgesetz entstand, wie vor allem *Dürig* betont und wie er es für dessen Auslegung fruchtbar machen will, mit einem Blick „zurück" und einem Blick nach „drüben"[1]. Damit möchte er die Erfahrungen mit der Bestandkraft der demokratischen Verfassung der jüngsten deutschen Vergangenheit in die Interpretation der heutigen Verfassung einbeziehen.

Der Grund für das Scheitern der Verfassung von Weimar ist vielfältig und strukturell nicht eindeutig. Als Ausgangslage für einen realistischen Verfassungsschutz hat bereits Carl *Schmitt*, wie oft übersehen wurde, mit Klarheit erkannt, daß der Staat nicht nur eine „positive", funktionierende Seite hat, sondern auch ein „pathognomisches Element", nämlich den Ausnahmezustand, das exakte Spiegelbild der Verfassungsstruktur, besitzen muß[2].

Er sieht bereits 1931 einen Unterschied zwischen Legalität und Legitimität politischer Wandlungen[3] und warnt vor einer Legalität eines *„gegen Wert und Wahrheit neutralen Mehrheitsfunktionalismus"*[4]. In Übereinstimmung mit Hans *Nawiasky*[5] verstand er dabei die Legalität als Übereinstimmung mit der äußeren, positiven Gesetzlichkeit, dem „ius", die Legitimität als die Übereinstimmung mit gewissen Grundwerten ethischer, sittlicher und sozialer Ordnung, die man als unerläßlich betrachtet und deren Ursprung in einem anderen System als dem

---

[1] *Dürig* in *Maunz-Dürig-Herzog*, Art. 18, RdNr. 50.
[2] Carl *Schmitt*, Verfassungsrechtliche Aufsätze, S. 260, Anm. V zu „Die staatsrechtliche Bedeutung der Notverordnung (1931)."
[3] Carl *Schmitt*, Verfassungsrechtliche Aufsätze Probleme der Legalität, S. 442 und Verfassungslehre, S. 23.
[4] Carl *Schmitt*, Verfassungsrechtliche Aufsätze, Probleme der Legalität, S. 442 und Verfassungslehre, S. 23.
[5] Hans *Nawiasky*, Allg. Staatslehre, S. 118: Legalität, S. 119: Legitimität.

positiven begründet ist. Diese ethische Gesetzlichkeit könnte mit „fas" bezeichnet werden. Trotz dieser Warnung vor einem illegitimen, wenn auch äußerlich legalen Machtwechsel war der Machtverfall der Weimarer Demokratie nicht aufzuhalten, und auch pauschale Notstandsermächtigungen wie Art. 48 Abs. 2 WRV konnten dem Machtwechsel keine Legitimität verleihen[6].

Die Beherrschung der Kräfte, die im Schutz der Freiheit die Unfreiheit anstreben wollen, kann nur dann erreicht werden, wenn der Freiheit auch die Beherrschung des Notstandes gelingt, da Notstandssituationen, wie Carl *Schmitt* darlegt, nicht vermeidbar sind[7].

Neben vielen anderen Umständen lag das Versagen von Weimar in den mangelnden *Beherrschungseinrichtungen* und *Beherrschungsinstanzen* eines präventiven und repressiven Notstandes[8].

Es war dem Weimarer Staat nicht beschieden, seinen Bestand, seine Existenz[9], die Wahrung des Gesetzes, nach dem er angetreten war, sowie die Essenz[10] und seine Handlungsfähigkeit, seine Effizienz[11], zu bewahren.

### 2. Die Konsequenzen im Grundgesetz

#### a) Organisatorische Maßnahmen

Das GG versucht, aus historischer Erfahrung, dem Machtverfall der Demokratie zu wehren.

Als staatserhaltende politische Stabilisierungsmaßnahmen wurden das sog. konstruktive Mißtrauensvotum (Art. 67 ff. GG), die Stärkung der Stellung des Kanzlers und die Kürzung der Befugnisse des Staatsoberhauptes (Art. 62 ff., Art. 54 ff. GG), die Mediatisierung organschaftlicher Willensbildung mit Ausschluß rein plebiszitärer Sach- oder Personalentscheidungen und die Verewigung der Fundamentalentscheidungen der Verfassung (Art. 79 III GG), sowie eine starke, politisch unabhängige Verfassungsgerichtsbarkeit geschaffen.

#### b) Der Verfassungsschutz. Die Entscheidung für die Illegitimität bestimmter Erscheinungsformen im Verfassungsleben

Neben diesen organisatorischen, politischen Funktionsveränderungen versucht das GG dem Machtverfall der Demokratie durch das Institut des Verfassungsschutzes zu wehren. Es gehört schon zum Allgemeingut

---

[6] Vgl. Carl *Schmitt*, Verfassungsrechtliche Aufsätze, Probleme der Legalität, S. 442; vgl. vor allem den sog. Legalitätseid Hitlers im Schering-Prozeß 1930.
[7] Vgl. oben S. 117, Fußnote 2, S. 117 Fußnote 3.
[8] *Seifert*, DÖV 1961, S. 81 meint allerdings, daß die Beherrschungsinstitute vorhanden gewesen wären (Republikschutzgesetz und Art. 48, Abs. 2 WRV), es habe aber vor allem an einer loyalen Richterschaft gefehlt habe.
[9] Vgl. dazu Herbert *Krüger*, Allg. Staatslehre, S. 514.
[10] Herbert *Krüger*, NJW 1955, S. 201 (S. 204).
[11] *Gallwas*, Mißbrauch, S. 88 und S. 94 ff.

verfassungsrechtlicher Erwägungen, wenn man sagt, die Demokratie habe sich von der Konsequenz bis zum Selbstmord gelöst (Hans *Nawiasky*)[12], sie sei streitbarer (BVerfG)[13], abwehrbereit (*Dürig*)[14] oder militant (*Thoma*)[15] geworden. Das GG entschied sich für *präventive* Notstandsmaßnahmen[16].

Geistig vorbereitet[17] z. B. durch Theoretiker wie *Smend*, der die Grundrechte als politische Fundamentalentscheidungen zu einem Kultur- und Wertsystem ansieht und deshalb zwangsläufig zu einem Schutz kommen muß[18], und Carl *Schmitt* mit seiner Trennung zwischen Legitimität und Legalität[19], versucht das GG, die Bürgerkriegssituation zu verhindern oder eine aktuelle zu meistern.

In einem funktionalen Zusammenhang stehen deshalb die Schutzvorkehrungen der Grundrechtsverwirkung (Art. 18 GG), des Vereinsverbots (Art. 9 Abs. 2) und des Parteiverbots (Art. 21 Abs. 2 GG)[20]. Dieser Zusammenhang wird allgemein anerkannt, doch werden aus dieser Systematik oft nicht genügend die notwendigen Konsequenzen gezogen[21]. Art. 5 III 2 GG, in dem der wissenschaftlichen verfassungsfeindlichen Agitation der Kampf angesagt wird[22], steht daneben, da er ohne größere praktische Bedeutung ist.

Daneben sollen noch die Ahndungsmaßnahmen des politischen Strafrechts die Verfassung schützen.

Diese scheinen außerhalb des verfassungsschützenden Funktionalsystems zu stehen. Die systemgerechte Einordnung des politischen Straf-

---

[12] Zitiert nach *Dürig* in *Maunz-Dürig-Herzog*, Art. 18, RdNr. 5; Čopič, GG und p. St. n. A., S. 122, Fußnote 47.
[13] BVerfG E 5, 85 (139), KPD-Urteil.
[14] *Dürig* in *Maunz-Dürig-Herzog*, Art. 18, RdNr. 6, Art. 79, RdNr. 29, S. 13.
[15] *Thoma*, Lehrfreiheit der Hochschullehrer, S. 24, zitiert nach *Gallwas*, S. 91, Fußnote 225, in Mißbrauch der Grundrechte.
[16] Dieser Ausdruck ist allerdings wohl umstritten, da er zu sehr mit der gegenwärtigen Diskussion um den repressiven Notstand belastet ist; er stammt von *Maunz* in *Maunz-Dürig-Herzog*, Art. 21, RdNr. 101, ihm folgend Čopič, GG und p. St. n. A., S. 91.
[17] Dazu Marčič, Richterstaat, S. 384 mit weiteren Nachweisen. *Smend* und Carl *Schmitt* werden exemplarisch herausgegriffen.
[18] *Smend*, Staatsrechtliche Abhandlungen, S. 365 und S. 92 u. 90.
[19] Carl *Schmitt*, Verfassungslehre, S. 164; ebenso Carl *Schmitt* auslegend: *Bäumen*, Verein- und Versammlungsfreiheit, S. 58, 59.
[20] Dieser funktionale Zusammenhang wird allgemein anerkannt: *Kölble*, AÖR 87 (1962), S. 53 und 66; Čopič, GG und p. St. n. A., S. 2, 90 und 110; *Dürig* in *Maunz-Dürig-Herzog*, Art. 18, RdNr. 7; *von Mangoldt-Klein*, Art. 18, Anm. II 2, S. 518; *von Münch* in BK, Art. 9, RdNr. 68; *Ridder*, DÖV 1963, S. 325, Fußnote 21; *von Weber*, JZ 1953, S. 294; *von Feldmann*, DÖV 1965, S. 29; BVerfG E 13, 46.
[21] Vgl. unten bei Auslegung des Verbotstatbestands des Art. 9 Abs. 2 und die Zuständigkeitsregelung für ein Vereinsverbot.
[22] Vgl. dazu Carlo *Schmid*, Stenographischer Verhandlungsbericht des Plenums des Parlamentarischen Rates, S. 176, zum historischen Motiv für die Treueklausel; dazu im einzelnen noch *Dürig* in *Maunz-Dürig-Herzog*, Art. 18, RdNr. 7.

## § 13 Die wertgebundene Demokratie

rechts wird beim Vereinigungsverbot aber notwendig, sie wird sogar zu einer entscheidenden Frage des Vereinsverbots, aber auch zur Gefahr der Aushöhlung.

Allen verfassungsschützenden Maßnahmen ist gemeinsam, daß der Staat sich entschlossen hat, nicht jede politisch-geistige Agitation, nicht jedes politische Gedankengut zu dulden, daß er sich entschlossen hat, bestimmtes Gedankengut zu illegitimieren, ohne daß ein von den allgemeinen Strafgesetzen her strafbarer Inhalt vorliegen müßte.

Damit setzt er sich ab von den Gedanken eines Thomas *Jefferson* und von dem angelsächsischen Rechtsdenken. *Jefferson* äußerte schon in seiner Inaugurationsrede 1801, daß jeder alles frei reden und auch zu revolutionären Taten aufrufen könne, ja sogar zum Umsturz des Staates[23]. Spätere Rechtsentwicklungen bestätigten diese radikalliberale Einstellung[24]. Auch zu früh-liberalen Denkern wie Thomas *Paine* wird ein Grenzstrich gezogen. *Paines* Formel, daß derjenige, der seine Freiheit sichern will, selbst seine Feinde vor Unterdrückung schützen muß, wird aufgegeben[25].

Jeglicher Entscheidung für die streitbare Demokratie ist der *Ausschluß eines bestimmten Gedankengutes aus der Gesellschaft eigen*. Der Ausschluß sich politisch gebärdender Gewalttätigkeit wäre auch ohne diese Entscheidung gegeben, da hier die allgemeinen Gesetze und besonders die allgemeinen Strafgesetze mit ihren repressiv-präventiven Strafahndungsmaßnahmen genügen würden und strafrechtswidrige Vereinigungen und Parteien nach den allgemeinen Gesetzen des Strafrechts aufgelöst werden könnten. Es soll vielmehr versucht werden, den Staat in den drei Kernbereichen, dem Bereich der Existenz, der Essenz und der Effizienz zu erhalten und ihn vor *geistiger Zersetzung* zu bewahren.

In diesem System des Verfassungsschutzes und des Staatsschutzes werden aber nicht nur die unmittelbaren Interessen des Staates an seiner Erhaltung gewahrt; auch der einzelne Bürger wird unmittelbar Träger dieses Interesses. In der oben angedeuteten Verschränkung zwischen Staat und Gesellschaft werden die einzelnen Verfassungsfeinde auch zu Feinden der Freiheitsausübung des verfassungstreuen Bürgers. *Der Staat* wird darin, wie im amerikanischen Verfassungsrecht herausgestellt wird, *zum Garant der Entfaltung des Bürgers*, und zwar nicht

---
[23] *Jefferson*, Thomas, Inaugurationsrede, zitiert nach Robert K. *Carr*, Grundrechte in den Vereinigten Staaten, S. 929.
[24] Robert K. *Carr*, a. a. O., S. 928, vor allem dort die Ausführungen in justice of judge Holmes.
[25] Thomas *Paine*, zitiert nach *Ridder* und *Grünwald* in Čopič, GG und p. St. n. A., Vorwort S. III.

nur *im privaten Bereich, sondern auch im politischen Bereich*[26]. Die verfassungsfeindlichen Gruppen, die aus politischen[27] und wirtschaftlichen Eigeninteressen heraus handeln, bezeichnet *Carr* als die Machtfaktoren, die den Bürger unmittelbar angreifen, ihn sogar tyrannisieren, ohne daß der Staat selbst unmittelbar angegriffen wird[28]. Der Staat wird auch zum Hüter und ausgleichenden Faktor der verfassungsmäßigen Rechtsabgrenzung zwischen verfassungstreuen und verfassungsfeindlichen Kräften. Vor diesem Hintergrund zeigt sich das Grundrechtsverhältnis, exemplifiziert im Mißbrauchsfall, als „Dreiecksverhältnis". Der einzelne, ohnmächtig gegenüber der Gesellschaft, der Allgemeinheit, ist auf den Schutz des Staates angewiesen.

Der Staat wird zum *Hüter der Allgemeinheit und nicht nur zum eigenen Interessenwahrer,* wie es Herbert *Krüger* formuliert hat[29]; dies wird im deutschen Verfassungsleben zu wenig in die Betrachtung einbezogen, da hier noch der obrigkeitliche Staat mit dem alleinigen Interessengegensatz zwischen Staat und Bürger nachwirkt. Diese Bedrohung des einzelnen durch den einzelnen läßt sich auch nicht auf die Kategorien der Drittwirkung der Grundrechte zurückführen, sondern wird zu einer Staatsaufgabe mit einem gewissen Anspruch des Bürgers gegen den Staat auf Schutz vor potentiellen oder erwiesenen Verfassungsfeinden, die unter Umgehung eines Angriffs auf den Staat den Bürger in seiner politischen Freiheit angreifen[30].

Diese Entscheidung für die Illegitimität gewisser politischer Überzeugungen bedingt auch eine *gewisse Positivierung der Freiheit*; die Freiheit wird um der Freiheit willen eingeschränkt[31], da die Entscheidung für die Illegitimität zur Illegalisierung einzelner Persönlichkeiten oder Gruppen umschlägt[32]. Der Verfassungsschutz kann sich politisch meßbar auf Kosten der Freiheit konkretisieren. Diese Abstriche an der Freiheit des politischen Lebens sind als „Gift" der Freiheit behutsam einzusetzen, wie *Ridder* ausführt[33]. Eine Roßkur mit verfassungsschüt-

---

[26] Robert .K *Carr*, Grundrechte in den Vereinigten Staaten, S. 906; vgl. auch *Commager*, der als Historiker in „Rechte der Minderheit" diesen Zusammenhang empirisch nachweist, S. 49 der Übersetzung v. G. v. Poser.
[27] Zu denken ist z. B. an den berüchtigten Ku-Klux-Klan.
[28] Robert .K *Carr*, a. a. O., S. 907 und 896.
[29] Herbert *Krüger*, Allg. Staatslehre, S. 545; ähnlich auch *Kaiser*, Organisierte Interessen, S. 338; ähnlich BVerfG E 6, 389 (434), Homosexualitätsentscheidung; richtig auch *Gallwas*, Mißbrauch, S. 68.
[30] Robert K. *Carr*, Grundrechte in den Vereinigten Staaten, S. 908; Aufstellung der Problemfälle der amerikanischen Rechtsprechung im Supreme Court bei *Commager*, Rechte der Minderheit, S. 44—48 der G. v. *Poser*-Übersetzung.
[31] *Ridder*, DÖV 1963, S. 323 mit Fußnote 20 und *Čopič*, GG und p. St. n. A., S. 87; *Dürig* in *Maunz-Dürig-Herzog*, Art. 18, RdNr. 10; Leibholz, Strukturprobleme, S. 338 und S. 138, 139.
[32] *Čopič*, a. a. O., S. 96 klärt allerdings diese Begriffe nicht und widerspricht sich deshalb etwas.
[33] *Ridder*, DÖV 1963, S. 323.

zenden Maßnahmen kann die Gebrechen des Patienten nicht heilen, sondern den Patienten töten[34].

Schließlich wird die Entscheidung für die wertgebundene Demokratie aber auch zu einer Garantie des Staates, daß er den Notstand nur mit diesen in der Verfassung angegebenen Mitteln meistern will.

Er verhindert damit, daß sich der Notstand ein eigenes Recht erzwingt und unkontrollierbar wird. Somit wird diese Entscheidung zu einer Garantie faktischer und rechtlicher Polizeifestigkeit der Freiheit vor weiteren verfassungsschützenden Maßnahmen, zu einer Garantie begrenzter, aber nicht mehr weiter begrenzbarer Freiheit[35].

Die Entscheidungen für die Freiheitsbegrenzungen werden endgültig und abschließend geregelt durch das Grundgesetz; der Gesetzgeber transformiert nur noch die Freiheitsbeschränkungen[36].

Diese Begrenzung kann aber, wenn man Demokratie und Freiheit richtig interpretiert, nur als toxisches Heilmittel angesehen werden. Das Gift muß, um dem Bilde *Ridders* zu folgen, so sparsam wie möglich, aber auch so viel wie nötig angewandt werden, wenn ein therapeutischer Erfolg erzielt werden soll.

Dosierung und Dauer der Medikamentierung festzulegen wird der konkreten Schrankendarstellung vorbehalten sein.

### § 14 II. Die Verbotsschranken für die Vereinigungen als Ausdruck der wertgebundenen Demokratie

*1. Allgemeine Grundsätze einer Illegitimisierung von Vereinigungen*

a) Die Gefahren der Gruppen für den Staat:
das historische Beispiel

Oben wurde dargelegt, wie sehr die Gruppen im demokratischen Staatsleben zu unentbehrlichen Funktionsträgern geworden sind, wie sehr die Gruppen und Vereinigungen in einem labil-dynamischen Gleichgewicht einer insgesamt stabilisierten Ordnung Macht und Einfluß ausüben[1].

---
[34] *Ridder*, a. a. O., S. 323 Fußnote 16: er überspannt aber diesen richtigen Gedanken, wenn er davon spricht, daß sich im kontinentalen Denken eine fixe Notstandsidee festgesetzt hätte, da der historische Bezug außer acht gelassen wird.
[35] Zur Polizeifestigkeit: *Füsslein* in Vereins- und Versammlungsfreiheit, S. 435; *von Feldmann*, DÖV 1965, S. 30; *Kaub*, Vereinsfreiheit, S. 94; *von Mangoldt-Klein*, S. 318 Art. 9 III 3; *Drews-Wacke*, § 8 Nr. 10; auch schon Anschütz, Verfassung, S. 519.
[36] *Hesse*, Grundzüge, S. 137; *Schnorr*, VereinsG, S. 33 und § 3, RdNr. 4, S. 105; *Wittkämpfer*, Interessenverbände, S. 74.
[1] Vgl. dazu *Francis*, Interessengruppen, S. 12.

3. Kapitel: Die Schranken der Vereinigungsfreiheit

Aus dieser starken Stellung heraus ergeben sich aber auch Gefahren für das Gemeinwesen, Gefahren für den Staat als Zusammenfassung aller Bürger. Der offene politische Prozeß lehnt zwar eine homogene Gesellschaft Rousseauschen volonté-générale-Denkens ab und läßt bewußt Kollektive zu[2].

Diese Macht der Gruppe darf aber nicht die Grenzen einer recht verstandenen Legitimität überschreiten und muß sich auf jeden Fall im Rahmen der allgemeinen Legalität bewegen.

Die Gefahren der Vereinigungen liegen für den Staat in ihrer Machtfülle, im Mißbrauch einer ihnen zugestandenen erhöhten Handlungseffizienz.

In dieser Machtfülle liegt ein Element, das in einer durch gegenseitige Machthemmung gekennzeichneten Demokratie nicht ohne weiteres immanent ist. In der Konzeption der Vereinigungsfreiheit sah man deshalb bereits in der Geschichte, z. B. in Frankreich, den Keim zur Evolution, aber auch zur Revolution[3].

Welche Gefahren für Existenz, Essenz und Effizienz des Staates durch die Gruppen drohen, hat die Geschichte der Machtergreifung durch den Nationalsozialismus in Deutschland gezeigt. *Jasper*[4] führt die ganze Breite der Vereinigungen und Verbände an, die von den gemeinen Mörderorganisatonen[5], die Anschläge auf führende Politiker als Ziel ihrer Tätigkeit ansahen, über Schlägerhorden der extremen politischen Gruppierungen[6] bis zu extrem politisch gesinnten Gruppierungen[7] reichten, die den Staat durch geistige Agitation unterhöhlen wollten und auch unterhöhlten, die schmutzige „Arbeit" aber auf andere Gruppen übertrugen[8].

So wird die dauernde und durchsetzbare Ausschaltung bestimmter Vereinigungen nicht nur eine Aufgabe der Staatsraison, des Staatsinteresses, sondern zu einer Frage des Überlebens demokratischer Lebensformen. Der *Staat* würde sich als *Ordnungsfaktor* in Frage stellen, würde er nicht hier eingreifen. Dies gilt auch dann, wenn damit Grund-

---

[2] *Francis*, a. a. O., S. 4, 5.
[3] *Duverger*, Die Grundrechte in Frankreich, S. 608; a. A. für den geschichtlichen Bereich im amerikanischen Verfassungsleben *Tocqueville*, Demokratie in Amerika, S. 193. Er meint, daß die Vereinsfreiheit nicht so gefährlich für die öffentliche Ruhe ist, wie man annimmt, und daß es geschehen kann, daß diese den Staat festigt, nachdem sie ihn eine Zeitlang erschüttert hat.
[4] *Jasper*, Der Schutz der Republik, Studien zur staatlichen Sicherung der Demokratie in der Weimarer Republik 1922 bis 1930. Tübingen 1963.
[5] *Jasper*, a. a. O., S. 106 ff., mit der Aufstellung von dieser berüchtigten Organisationen vor allem der Organisation Consul, S. 100 ff.
[6] *Jasper*, a. a. O., S. 128 ff.
[7] *Jasper*, S. 176 ff., Reichsbund Schwarz-weiß-rot, Deutscher Orden, Lesergemeinschaft des völkischen Beobachters als Ersatzorganisation der in Preußen verbotenen NSDAP.
[8] *Jasper*, a. a. O., S. 144.

§ 14 Die Verbotsschranken

rechtssubjekte, wie oben dargestellt, von der politischen Bildfläche verschwinden und eine Gruppe einer Meinungsrichtung aus dem Verfassungsleben getilgt wird.

Man muß sich aber aus der Subjekteigenschaft der Vereinigung[8a] heraus auch bei einer Illegitimisierung klarwerden, daß das Verbot einer Vereinigung den Effekt einer kollektiven Aberkennung politischer Teilhaberechte der Masse der Funktionäre, Mitglieder, Anhänger und Förderer einer Vereinigung in sich birgt[9]. Wie die bestimmte Gruppe ihre Mitglieder politisch handlungsfähig *mediatisieren* kann, so kann der Verlust des organisierten Zusammenhangs die Mitglieder „entmediatisieren", d. h. politisch „kaltstellen". Dies gilt um so mehr, da neue Organisationen als Ersatzorganisationen in ähnlicher Weise politisch belastet sind wie die verbotenen Vereinigungen, sobald sich nur mehrere Mitglieder einer verbotenen Gruppe in einem neuen Verein zusammenschließen. Dies entspricht auch dem Sinn des Verbotes, da eine bestimmte *geistig-politische* Richtung mit dem Vereinsverbot *untersagt* wird. Doch neigt die Rspr. dazu, die ehemalige Zugehörigkeit zu einer verbotenen und aufgelösten Vereinigung als verläßlichen oder gar zwingenden Indikator für die verfassungsfeindlichen Absichten radikal oppositionell eingestellter Staatsbürger zu werten und sie *unbesehen wieder* in ihrem gruppenmäßigen Zusammenhalt zu verbieten[10].

b) Das Verbot als echte Freiheitsbeschränkung

Das Verdikt der Illegitimität politischer Vereinigungen, konkretisiert in der Illegalisierung kraft der Verfassungsentscheidung des Art. 9 Abs. 2 GG, muß aber auch berücksichtigen, daß dieses Verdikt dogmatisch einen echten Einbruch in die Freiheitsrechte bringt und nicht nur immanente Schranken der Vereinigungsfreiheit setzt. Gleich welcher Schrankensystematik man sich anschließt[11], wird doch in allen Lehren

---

[8a] Vgl. oben § 12, 3, b, bb.
[9] Čopič, GG und p. St. n. A., S. 105, dies gilt um so mehr, da über das leichtere Einschreiten gegen Ersatzorganisationen ein Wiederaufleben politischer Teilhabe schwer wird; vgl. BVerwG E 6, 333 und WürttVGH Stuttgart WürttVerwBl. 58, 10. Vgl. auch die Diskussion um eine Neugründung einer Kommunistischen Partei.
[10] Vgl. dazu z. B. BGHSt. 7, 104 = NJW 1955, S. 428; BGHSt. 16, 264; BVerwG 6, 333 (335) OVG Lüneburg E 7, 300 (311).
[11] Vgl. die Darstellung der Meinungen bei *Scholler*, Person und Öffentlichkeit, S. 359 bis 368: er unterscheidet:
 a) die Lehre von *Maunz* und *Dürig* (Immanenztheorie: Nichtstörungsschranken
  aus Art. 2 Abs. 1 Halbsatz 2 GG S. 360.
 b) die Lehre von *Klein* mit der Unterscheidung von Gewährleistungsschranken und Vorbehaltsschranken, S. 362.
 c) die Lehre von *Lerche* mit den grundrechtsprägenden, verdeutlichenden, eingreifenden, mißbrauchabwehrenden und kollisionslösenden Normen, S. 363 ff.,

deutlich, daß bei den immanenten Schranken der Grundrechte jeweils nur eine gewisse Inhaltsbeschränkung, nicht aber ein genereller Ausschluß der Freiheit vorgenommen wird. Des weiteren tritt keine echte Beschränkung als Freiheitssubstanzverlust ein[12].

Ein Verbot einer Vereinigung wirkt sich jedoch als echte Grundrechtssuspension, nicht nur als Ausgestaltung oder Inhaltsbeschränkung aus, es liegt nicht nur eine Freiheitseingrenzung vor[13].

Für Art. 18 GG hat *Lerche* diese Konfliktsituation zum einfachen Schrankendenken erkannt und im Bereich der individuellen politischen Aktivität die Aberkennung der Grundrechtsfähigkeit mit Recht als echte Freiheitsbeschränkung dargestellt[14].

Ebenso sieht *Dürig*[15] die Aberkennung nach Art. 18 GG nicht als eine *Beschränkung des Rechtes ipso iure* an, wie es dem zivilrechtlichen Rechtsmißbrauchsdenken eigen ist, sondern als *echten konstitutiven Akt der Freiheitsaufhebung*.

Für die Aberkennung kollektiver Aktivitätsfreiheit in einer bestimmten Gruppe kann nichts anderes gelten.

Eine bestimmte Organisation verliert nicht nur ihren Mitgliederstamm, sondern wird aller Vermögensgegenstände beraubt (§§ 10 ff. Vereinsgesetz) und damit nicht nur in ihrer Tätigkeit eingegrenzt, sondern total vernichtet; die Freiheit wird aufgehoben, Eigentum und Vermögen verfällt.

So muß Art. 9 Abs. 2 GG eine abschließende Regelung der Fälle, die zu einem Verbot einer Vereinigung berechtigen, enthalten. Nur die Verfassung kann die Freiheit eingrenzen. Die Vereinigung ist in ihrem Bestand deshalb polizeifest[16]; der einfache Gesetzgeber kann die abschließende Regelung nur noch transformieren; die Verbotsnormen des Vereinsgesetzes müssen streng akzessorisch sein[17].

---

d) die Grundrechtsgrenzen bei Peter *Häberle* mit der Auflösung des insgesamt traditionellen Eingriffs- und Schrankendenkens zugunsten einer allgemeinen Wesensgehaltsgarantie im institutionellen Denken, S. 366 ff.

[12] Dies wird vor allem bei Peter *Lerche* deutlich: *Lerche*, Übermaß und Verfassungsrecht, S. 106 ff. Ähnlich auch *Hesse*, Grundzüge, S. 124. Für Art. 9 Abs. 2 GG: *von Münch* in BK, Art. 9, RdNr. 54; *Geiger*, Kommentar § 42 Anm. 6 BVerfGG.

[13] Ähnlich *Čopič*, GG und p. St. n. A., S. 95; *Gallwas*, Mißbrauch: Art. 18 GG, stellt nichts anderes dar als die Suspension individueller politischer Aktivität. Von einem generellen Verwirkungsverständnis aus weist er auf die Schwierigkeiten der Lösung des Konfliktes z Art. 19, Abs. 2 hin und spricht von einer echten Freiheitsverkürzung, S. 134.

[14] *Lerche*, Übermaß, S. 246.

[15] *Dürig* in *Maunz-Dürig-Herzog*, Art. 18, RdNr. 15—17.

[16] *Seifert*, DÖV 54, S. 353 (357); *Füsslein*, Vereins- und Versammlungsfreiheit, S. 435; *Drews-Wacke*, Polizeirecht, § 8 Nr. 10; *v. Feldmann*, DÖV 1965, S. 30.

[17] *Schnorr*, VereinsG § 3, RdNr. 4; *Hesse*, Grundzüge, S. 157.

## § 14 Die Verbotsschranken

### c) Die Durchbrechung der Freiheit als Gegensatz zum „in dubio pro libertate"

Ohne dem Streit über die Verfassungsinterpretation nach dem Grundsatz des „in dubio pro libertate"[18] nachzugehen[19], geht doch das GG zweifelsfrei materiell von einer Präponderanz der Freiheit aus. Der Eingriff in die Freiheit wird zu einer Ausnahmeregelung.

So wird auch die Vernichtung eines Vereins eine Ausnahme bleiben müssen und steht als solche in einem dialektischen Spannungsverhältnis zur freiheitlichen Grundregelung[20]. Als autoritäre Maßnahme muß ein Verbot in der Demokratie systemfeindlich wirken und systemfeindlich bleiben, da der normale Weg der Ausschaltung verfassungsfeindlicher Strömungen aus dem Verfassungsleben der Stimmzettel sein muß, die politische Vernunft der Bürger[21].

*Lerche*[22] und *v. Mangoldt-Klein*[23] haben mit Recht auf den Gedanken eines Übermaßes bei echten freiheitsbeschränkenden Maßnahmen im Zusammenhang mit Art. 18 GG hingewiesen. Dieser Gedanke wird die Anwendung der Verbotsschranken ebenfalls beeinflussen müssen.

Schließlich kann eine Freiheitsbeschränkung, die sich auf die Ausschaltung politischer Meinungen bezieht, nicht oft genug verdeutlichen, daß sich auch die demokratisch bestens legitimierte Mehrheit als Tyrannei der Mehrheit über eine andersdenkende Minderheit darstellen kann, wie *Tocqueville* bereits geschildert hat[24].

Obwohl im Verfassungsschutz bewußt Intoleranz gegen Intoleranz gesetzt wird, muß die Vernichtung einer Vereinigung an das verfas-

---

[18] Peter *Schneider*, in dubio pro libertate, S. 263 ff., mit Nachweisen über die Entstehung.
[19] Dagegen z. B. *Ehmke*, VVDStL Heft 20 (1963), S. 86, 87: im Zweifel weder die freiheitlichere noch die unfreiheitlichere Regelung, sondern die richtige Regelung; so *Keller*, S. 269, zitiert bei *Ehmke*, a. a. O., S. 87, Fußnote 143. Für diesen Grundsatz auch *Scholler*, Person und Öffentlichkeit, S. 41, der sich allerdings etwas einschränkend für die Anwendung eines gewissen topoi-Denkens entscheidet.
[20] Vgl. Peter *Schneider*, Verfassungsinterpretation, VVDStL Heft 20 (1963), S. 46: die objektiv-logische Methode als Teil des Regel-Ausnahmedenkens. *Esser*, Grundsatz und Norm, S. 112; Peter *Schneider*, Pressefreiheit und Staatssicherheit, S. 111; vgl. auch *Heller* zum Verhältnis von Normativität zu Normalität, *Heller*, Allg. Staatslehre, S. 249 ff.
[21] Das BVerfG spricht von einem natürlichen Ausgleich: BVerfG E 5, 85 (206) = KPD-Urteil (ähnlich Čopič, GG und p. St. n. A., S. 91); *Maunz* in *Maunz-Dürig-Herzog*, Art. 21, RdNr. 21, 136 meint, daß einem Parteiverbot im Zweifel von vornherein ein undemokratischer Charakter anhaften muß. *von Münch* spricht in BK, Art. 9, RdNr. 81 davon, daß allgemein ein Verbot restriktiv gehandhabt werden muß.
[22] *Lerche*, Übermaß, S. 135 und S. 35, hier besonders Verbindung zu Art. 19 Abs. 2 GG.
[23] *von Mangoldt-Klein*, Art. 18 III 3; *Ridder*, Meinungsfreiheit, S. 290 für die Einschränkung der Freiheit der Meinungsäußerung.
[24] *Tocqueville*, Demokratie in Amerika, S. 156 ff.; *Zippelius*, Ev. Staatlex., Sp. 560 Freiheit.

sungsrechtliche Strukturprinzip der Toleranz bis zum äußerst erträglichen Rahmen gebunden sein, wie *von Hippel* ausführt[25].

Sie bedingt sich laut *Scholler*[26] aus dem Gedanken der Menschenwürde bzw. aus den Gedanken der Freiheit und Gleichheit, wie *Grundmann* meint[27].

Dieses aus dem Eigenwert der Person entstammende Prinzip kann auf die Vereinigungen schon wegen des „personalen Substrates" der Vereinigungen angewandt werden[28].

Diese Toleranz läßt die Staatsführung ein kritisches Einsichtsvermögen in ihr eigenes Tun gewinnen[29]. Sie macht der Staatsführung und der Mehrheit, die oft in der Gefahr ist, zur Tyrannis zu erstarren, wie Alexis *de Tocqueville* warnend hervorhebt[30], klar, daß es keine einzig gültige Wertvorstellung außer der Unabänderlichkeit des demokratischen Systems gibt und daß gerade im politischen Bereich ein irrendes Gewissen[31] zu einem Recht erstarkt.

So, wie es eine Intoleranz gegen staatliches, rechtswidriges Handeln gibt und um der Freiheit willen geben muß, so ist eine differenzierte Folgewirkung gegen potentielle verfassungsfeindliche Grundrechtsausübung um eben derselben Freiheit willen geboten[32].

### d) Die Konsequenzen für das Verbot aus den allgemeinen Grundsätzen

Die Grundrechtsausübung in Gruppen wird durch Art. 9 Abs. 1 GG auch und gerade im politischen Bereich demokratie- und verfassungskonform garantiert. Gruppentätigkeit wird per definitionem legal und kraft der Grundentscheidung der Verfassung und ihres Kultur- und Wertsystems in jeder Erscheinungsform legitim. Die Illegitimisierung einzelner Gruppen muß daher die oben dargelegte Bedeutung der Vereinigungen in der Verfassungsstruktur beachten, wenn die Illegitimität festgestellt und zur Illegalität konkretisiert werden soll.

---

[25] *von Hippel*, Allg. Staatslehre, S. 258, der mit Recht den Gedanken der Toleranz auf das politische Gebiet überträgt. Gegen den Gedanken der Toleranz als spezifischen Rechtssatz: *Ridder*, DÖV 1963, S. 326, der allerdings die freiheitlich-demokratische Grundordnung mit dem Gedanken der Toleranz unmittelbar verbindet.
[26] *Scholler*, Person und Öffentlichkeit, S. 159, 160.
[27] *Grundmann*, Toleranz, Sp. 2302 f. Ev. Staatslex. Zum Begriff Toleranz: vgl. auch KPD-Urteil, BVerfG E 5, 85 (137), das diese Gedanken zu Recht beim Parteiverbot heranzieht. Vgl. auch *Eisenhardt*: JZ 1968, S. 214 ff.
[28] Vgl. oben § 12, 4, b.
[29] *Mitscherlich, Alexander*, Proklamierte und praktizierte Toleranz, S. 151.
[30] Demokratie in Amerika, S. 161.
[31] Vgl. diesen Gedanken bei *Dürig* in *Maunz-Dürig-Herzog*, Art. 18, Rd-Nr. 28; dort allerdings nur angedeutet und nicht zu einem Recht erstarkt.
[32] *Čopič*, GG und p. St. n. A., S. 98.

§ 14 Die Verbotsschranken

Die Beachtung dieser Prinzipien führt zu einer dreifachen Konsequenz.

Die Prinzipien müssen bei der *Interpretation und Subsumtion* bestimmter Lebenssachverhalte unter die Verbotstatbestände gewahrt werden; sie sind bei der Ausübung des Ermessens, bei *der Einleitung von Verbotsmaßnahmen* sowie *bei der Durchführung des Verbotes* zu berücksichtigen[33]. Konkreter Ausfluß dieser dreifachen Konsequenz ist zunächst, daß nur gefährliche Gruppierungen unter dieses Verdikt der Verfassungswidrigkeit fallen können. Die souveräne und gelassene Toleranz als Wertprinzip der Verfassung im Zusammenhang mit einem gewissen Vertrauen auf die politische Einsicht der Bürger bei den Wahlen und bei der Unterstützung verfassungsfeindlicher Kräfte gebietet es, nur dann verfassungsschützend einzugreifen, wenn eine Gruppe dem Staat oder dem die Öffentlichkeit repräsentierenden Bürger gefährlich wird. Das Vereinigungsverbot wird damit in den Rahmen der sicherheitsrechtlichen Gefahrenabwehr gestellt[34]. Es muß die im Polizeirecht bewährten Grundsätze beachten. Der Verfassungsschutz kann nur dann eingeschaltet werden, wenn eine konkrete Gefahr vorliegt, wenn die Gruppe der Rechtsordnung gefährlich wird oder zumindest gefährlich werden kann im Sinne des rechtverstandenen Grundsatzes „principiis obsta"[35].

Im Sicherheitsrecht wurde diese präventive Aufgabe der Polizei durch eine gewissenhafte Rechtsprechung und Lehre präzisiert und zu praktikablen Ergebnissen ausgebaut[36].

Dieses *Erfordernis der konkreten Gefahr* wurde beim Vereinsverbot bisher zu wenig herausgestellt.

Beim Parteiverbot allerdings hat sich das Bundesverfassungsgericht über das Erfordernis der Gefährlichkeit der Partei für die Verfassungsordnung hinweggesetzt[37].

Im Rahmen des Art. 18 GG nahm es mit Recht an, daß nur dann ein Ausspruch einer Grundrechtsverwirkung möglich ist, wenn der Miß-

---

[33] Čopič, GG und p. St. n. A., S. 59 ff., insoweit inkonsequent, wenn er von den Vernichtungsformen auf die Vernichtungsbefugnis schließt. Dies ähnelt dem unzulässigen Schluß von den Aufgaben auf die Mittel, der im Polizeirecht überwunden ist; zudem übersieht er das Problem verfassungswidrigen einfachen Gesetzes, wenn er aus dem gesetzlichen Verbotsverfahren materielle verfassungsrechtliche Schlüsse zieht.
[34] *Ridder*, DÖV 1963, S. 323; Čopič, GG und p. St. n. A., S. 91; *Ziegler*, BayVerwBl. 68, 334.
[35] *Ermacora*, Handbuch, S. 307, für den Rechtszustand in Österreich, der hier übertragbar ist. Andeutungsweise auch Čopič, a. a. O., S. 137 mit Fußnote 137 und S. 85 mit Fußnote 13 u. 17.
[36] *Drews-Wacke*, Polizeirecht, S. 56 mit Nachweisen.
[37] BVerfG E 5, 85 (141 ff.), KPD-Urteil, wie hier aber nur *Ballerstaedt*, Vereinigungsfreiheit, Der öffentliche Dienst, 1952, S. 163 ff.; falsch interpretierend: *Lengsfeld*, Vereinigungsfreiheit, S. 83.

7 Gastroph

braucher noch aktiv und für die Grundordnung des Staates gefährlich ist[38].

Bei den verfassungsfeindlichen Vereinigungen wurde dieser Gedanke der Gefahrenabwehr dadurch *tatbestandlich* erfaßt, daß nicht passive Ablehnung der Grundordnung zum Verbot genügt, sondern daß nur eine *kämpferische, aggressive* Haltung der Vereinigung ein Verbot indiziert[39]. Hervorzuheben ist aber, daß es nicht nur auf die Haltung allein ankommen kann, sondern daß diese Haltung nur dann als wirklich aggressiv bewertet werden kann, wenn sie Resonanz im politischen Publikum gefunden hat, wenn sie dem Verfassungsbestand gefährlich zu werden droht. Der für Art. 18 GG herausgearbeitete Gedanke muß auch für die organisierte kollektive Grundrechtsaberkennung im politischen Bereich gelten.

Dies ist auch dogmatisch zu erklären, da grundrechtssystematisch, wie das amerikanische Recht gezeigt hat, kein Unterschied zwischen individueller und kollektiver politischer Aktivität besteht[40]. Wenn bei den Parteien eine Gefährlichkeit für ein Verbot nicht gefordert wird, mag dies mit der besonderen Stellung der Parteien als staatsnächstem Integrationsverband zusammenhängen und zulässig sein, ohne daß damit den Parteien ein Privileg eingeräumt werden könnte[41]. Der überwiegende Teil der Lehre lehnt es aber — grundrechtssystemwidrig — ab, eine besondere Gefährlichkeit zu verlangen[43], oder erwähnt dieses Erfordernis bewußt nicht[44].

Die Gefährlichkeit wird zu einem Tatbestandsmerkmal nicht nur zu einer Frage des Verbotsverfahrens[45].

Weiter muß durch diese Grundsituation die Frage geklärt werden, ob die Exekutive verpflichtet ist, verbietbare Vereinigungen zu verbieten bzw. das Verbotsverfahren einzuleiten. So ist es zu Recht anerkannt, daß

---

[38] BVerfG E 11, 282; *Dürig* in *Maunz-Dürig-Herzog*, Art. 18, RdNr. 41 bis 43; *von Mangoldt-Klein*, Art. 18 II, 4 a.
[39] VGH München Urteil v. 22. 5. 1955 BayVerwBl. 1955, S. 63; *v. Münch* in BK, Art. 9, RdNr. 69.
[40] Im Ergebnis ähnlich Čopič, GG und p. St. n. A., S. 110; zur Systematik von Art. 9, Abs. 2, **Art.** 18 und Art. 21, Abs. 21, Abs. 2 GG; Vgl. oben § 7, 1 und § 13, 2 b.
[41] Für das Erfordernis der Gefährlichkeit bei Parteiverbot mit Recht *Ridder*, DÖV, 1963, S. 324; *Gallwas*, Mißbrauch, S. 128.
[42] Čopič, a. a. O., S. 85.
[43] *Füsslein*, Vereinigungs- u. Versammlungsfreiheit, S. 439; *v. Mangoldt-Klein*, Art. 9, Anm. IV 6; *Seifert*, DÖV 1961, S. 83; *Schnorr*, VereinsG § 3, RdNr. 18.
[44] Z. .B *Lengsfeld*, Vereinigungsfreiheit, S. 83 spricht jedoch auch von der Gefährlichkeit und den sicherheitsrechtlichen Komponenten, ohne allerdings einen systematischen Zusammenhang herzustellen. Außerdem interpretiert er das BVerfG in BVerfG E 5, 85 (141, 143) falsch, das keine Gefährlichkeit der verbotenen Partei fordert.
[45] A. A. *Schnorr*, VereinsG, § 1, RdNr. 18, S. 46 unten.

§ 14 Die Verbotsschranken 99

ein politischer Ermessensspielraum dafür besteht, ob verfassungsschützende Verbotsmaßnahmen eingeleitet werden sollen[46].

Dieses vor allem für das Parteiverbot entwickelte Opportunitätsprinzip gilt erst recht für das Verbot echter gesellschaftlicher Kräfte, die sich in Vereinigungen politisch betätigen[47].

Aus diesem sicherheitsrechtlichen Denken muß schließlich noch eine weitere Konsequenz für das Verbot gezogen werden. Da die Gruppen nicht staatsnächste Verbände sind, keine Integrationsfunktionen wahrnehmen und unbestritten nur dem gesellschaftlichen Bereich eines status politicus angehören, muß die Verfassungsgrundordnung diesen Gruppen größere Bewegungsfreiheit einräumen als den Parteien, die den Staatsorganen unmittelbar folgen. Aus einer gewissen Rollendifferenz muß auch eine gewisse Rechtsfolgedifferenzierung bei der Anwendung der Verbotsnormen folgen.

Diese Betrachtung entspricht nicht nur soziologischen Anschauungen, sondern wird dogmatisch unterbaut durch die allgemeine Struktur der Grundrechtsausübung im politischen Bereich und durch die Möglichkeiten der öffentlich-rechtlichen Inpflichtnahme bei solchen Organen, die öffentliche Aufgaben wahrnehmen. Schon vorher wurde vor einer Verstaatlichung der funktionalisierten Grundrechtsausübung unter dem Gesichtspunkt „öffentliche Aufgabe" gewarnt. Dem klaren gesellschaftlichen Bereich der verbandskonnexen Aktivität muß eine größere Freiheit eingeräumt werden als bei politischen Parteien. Eine Inpflichtnahme, auch in Form von Verboten, muß vermieden oder eingeschränkt werden. *Smend* hat diese Gefahr bei seinen funktionalisierten Grundrechten im allgemeinen wohl übersehen[48].

## 2. Die Verbotstatbestände

### a) Vereinigungen, deren Zweck oder Tätigkeit den Strafgesetzen zuwiderläuft

aa) Zweck oder Tätigkeit einer Vereinigung

Ob ein Verein den Strafgesetzen zuwiderläuft, kann sich, wenn man den Staatsschutz richtig versteht, nur danach richten, ob die Vereinigung tatsächlich eine gegen die Strafgesetze gerichtete Tätigkeit hat oder diese

---

[46] Für das Parteiverbotsverfahren ist dies anerkannt; vgl. BVerfG E 12, 296; *Maunz* in *Maunz-Dürig-Herzog*, Art. 21, RdNr. 118; *Lechner*, BVerfGG § 43 zu Abs. 1; a. A. *Seifert*, DÖV 1961, S. 81 (85) mit Fußnote 37; *Willms*, NJW 1957, S. 567.
[47] Wie hier: *Benda*, Regierungserklärung der Bundesregierung, Dokumentation Süddeutsche Zeitung vom 2. 5. 1968, S. 37. Ob man dabei von einem Opportunitätsprinzip oder einem Legalitätsprinzip mit politischem Ermessensspielraum spricht, dürfte mehr ein terminologisches Problem sein.
[48] Vgl. oben § 12, 1 b, aa.

Ziele verfolgt. Tarnmaßnahmen durch Satzung, äußeres Auftreten oder Rechtsformen können nicht vom Zweck oder der Tätigkeit der Vereinigung ablenken[49].

So besteht die alternative Fassung des Art. 9 Abs. 2 GG zu Recht, wenn diese Fassung so interpretiert wird, daß allein auf die tatsächlich geltenden Ziele und Tätigkeiten abgestellt wird[50]. So werden sich Tätigkeiten aus dem programmierten oder dem tatsächlichen Ziel ergeben oder bereits ausgeübte Tätigkeiten auf ein Ziel schließen lassen. Aus Beweisgründen genügt aber das Vorliegen eines Merkmales. Entscheidend kann jedoch nur die tatsächliche Tätigkeit sein. Der Schluß vom Ziel auf die Tätigkeit kann, wenn man den Verfassungsschutz als Gefahrenabwehr sieht, nicht zwingend sein und wird in die reine Prozeßsphäre zu verweisen sein, auch wenn materielle Auswirkungen entstehen[51].

Tätigkeit oder Zielsetzung müssen dabei — im konsequenten Abstellen auf die tatsächlichen Verhältnisse — dann dem Verein als ganzen zugerechnet werden, wenn die Tätigkeit im Zusammenhang mit dem Verein, in Nutzung korporativer Vorteile erfolgt ist[52]. Ein solcher Zusammenhang besteht aber nicht, wenn verschiedene Mitglieder eines Vereins nur gelegentlich und rein privat in einer Gruppe mit strafbarer Zielsetzung oder Tätigkeit zusammentreffen[53]. Der Hauptverein kann davon nicht getroffen werden.

Schließlich wird die Besetzung leitender Ämter in der Vereinigung mit ehemaligen Mitgliedern bereits verbotener Vereinigungen einen gewissen Hinweis ergeben, daß wieder eine strafgesetzwidrige Tätigkeit vorliegt. Daß hier allerdings größte Vorsicht am Platze ist, macht der Württembergische VGH zu Recht deutlich[54]. Wenn unbesehen jede Vereinigung verboten werden könnte, in deren Reihen sich auch ehemalige Mitglieder verbotener Vereine befinden, so wird diesen Mitgliedern jede Möglichkeit neuer „geläuterter Betätigung" angenommen. Eine echte Prüfung einer neuen Denkweise als Chance einer geistig-politischen Änderung muß jedem Bürger als *Rehabilitationschance* zugedacht werden. Der Effekt einer lebenslangen Aberkennung der Organisationsfähigkeit muß verhindert werden; es muß vielmehr eine individuelle Prüfung erfolgen, um dem Bürger und der Vereinigung die Vereinsfrei-

---

[49] Vgl. dazu *Seifert*, DÖV 1962, S. 408 ff.; *Füsslein*, Vereins- und Versammlungsfreiheit, S. 432; *Ziegler*, BayVerwBl. 68, 335.
[50] So ähnlich auch *von Münch* in BK, Art. 9, RdNr. 57.
[51] Vgl. den Streit, ob Beweisregeln dem formellen oder materiellen Recht angehören.
[52] *Schnorr*, VereinsG § 3, RdNr. 7, S. 106, spricht viel zu undeutlich von einem „Zusammenhang mit dem Verein".
[53] So *Wihlidal*, Eingriff, Diss. Köln 1963, S. 63.
[54] Bad.-Württ. VGH in württemberg. VerwBl. 1958, S. 10; *Čopič*, GG und p. St. n. A., S. 105. Vgl. auch oben § 14, 2 a (vor b).

heit zu garantieren und nicht ein Verbot zur generellen Aberkennung der Vereinigungsfreiheit zu erweitern.

Eine strafbare Tätigkeit oder Zielsetzung des Vereins liegt endlich nicht vor, wenn einmalige oder gelegentliche strafbare Handlungen im Zusammenhang mit dem Verein, in Ausnützung korporativer Vorteile, begangen werden. Nur mehrere einzelne Handlungen, die auf generelle Tätigkeit schließen lassen, machen einen Verein zu einem Verein mit strafbarem Gesamtcharakter[55].

Abzulehnen ist es schließlich, einer Gruppe deswegen eine strafbare Tätigkeit zuzurechnen, weil sie sich mit einer Gruppe, die diese Tätigkeit ausübt, *nur solidarisch* erklärt, aber selbst nicht strafrechtswidrig handelt. Dies ergibt sich schon aus dem strafrechtlichen Täterbegriff und stimmt mit der verfassungsschützenden Grundidee überein, die nur gefährliche, unmittelbare Tätigkeiten unterbinden will.

Im politischen Bereich werden strafbare Handlungen, vor allem fahrlässige Handlungen, gelegentlich nicht zu vermeiden sein, können aber dennoch den Gesamtcharakter der Vereinigung nicht berühren.

Wenn einer Gruppe allerdings ständig Straftaten zuzurechnen sind, wird die Toleranzgrenze überschritten. Eine Trennung der gelegentlichen von der dauernden strafbaren Tätigkeit muß dabei die Art und Schwere der strafbaren Handlungen und die proklamierten und tatsächlich angestrebten Ziele der Vereinigung berücksichtigen. Eine Gruppe, die Gewalttätigkeiten (strafbare Handlungen) zu einem Programmpunkt erhebt und diesen Programmpunkt auch ernstlich realisieren will[55a], ist als strafgesetzwidrige Gruppe auch dann zu behandeln, wenn sie dahinterstehende legale politische Ziele verfolgt. Mit dieser Abgrenzung der Tätigkeit soll gerade auch dem Mittelmißbrauch in der Politik gewehrt werden. Die historische Erfahrung lehrt, daß der Staat dem Terror der Straße nicht mehr gewachsen war[56].

Zu beachten wird hier aber auch sein, aus welcher Motivation die strafbaren Handlungen begangen werden. Wenn eine Gruppe durch einen einmaligen Sitzstreik, der den Verkehr behindert, auf sich aufmerksam machen will, wird dadurch noch nicht die Tätigkeit an sich strafrechtswidrig.

bb) Die Strafgesetze

α) Allgemein

Was unter einem Strafgesetz zu verstehen ist, wird deutlich, wenn man Art. 9 Abs. 1 und 2 mit der individualrechtlichen Befugnis des Bür-

---

[55] Wie hier *Schnorr*, VereinsG § 3, RdNr. 10, S. 107; *von Münch* in BK, Art. 9, RdNr. 60 mit Nachweisen; vgl. auch unten: die Praeponderanz der Einzelmaßnahmen gegen Einzeltätigkeiten vor dem generellen Verbot: § 15, 2.

[55a] Hier ist das Schlagwort von der (angeblich) zulässigen „Gewalt gegen Sachen" zu nennen. Diese Vereinigungen sind schlicht kriminell.

[56] *Schönke-Schröder*, § 129, RdNr. 7: Komm. zum StGB.

gers und Art. 18 GG vergleicht. Es kann nicht erlaubt sein, was dem einzelnen bei Strafe verboten ist[57].

Als Strafgesetze kommen deshalb alle die Normen in Betracht, die sich nicht im politischen Bereich bewegen und den Schutz von Eigentum, Freiheit der Person, Ehre, Sittlichkeit und anderer unpolitischer Rechtsgüter bezwecken. Damit sollen zunächst einmal Gruppen und Vereine, die unpolitisch, aber strafbar tätig werden, verboten werden können.

Darunter fallen Gangstervereine, sog. Ringvereine oder Sparvereine, die hiermit ausgeschaltet werden können. Hierher gehören auch die unpolitischen Gruppen, wie etwa ein Kegelklub, der nur eine Verbindung zur leichteren, getarnten Ausübung der strafbaren Homosexualität sein will. Ein Verbot solcher Gruppen nicht politisch funktionierender Öffentlichkeit ist eine schlichte Selbstverständlichkeit und eine echte Maßnahme der dazu unstreitig berufenen Exekutive[58]. Insoweit ist das Vereinsrecht staatsrechtlich „harmlos"[59].

Nachdem die strafbaren Tätigkeiten ihre Hauptfunktion und ihre staatsrechtliche Stellung im politischen Bereich finden, erhält die Frage, ob auch Übertretungen zu den Strafnormen zählen[60] oder nicht[61] eine besondere Bedeutung und ist nach den Gegebenheiten der Angemessenheit im Einzelfalle zu entscheiden. Es kann aber sich durchaus die Notwendigkeit ergeben, einen Verein, dessen Tätigkeit nur im ruhestörenden Lärm (§ 360 Abs. 11 StGB) liegt, zu verbieten. Politische Motive ändern daran nichts.

Mit Hilfe dieses Tatbestandes können und müssen somit alle Organisationen verboten werden, die den politischen Kampf auch unter Bruch allgemeiner strafrechtlicher Normen führen wollen. Als solche Normen kommen neben Mord, Totschlag, Terror, Landfriedensbruch, Körperverletzung, Sachbeschädigung, Hausfriedensbruch (meist erschwerter Hausfriedensbruch, da gemeinschaftlich) Aufruf zu Aufruhr, Aufruf zu Gewalttaten, Spionage und Beleidigung auch Verstöße gegen die strafbewehrten Verwaltungsvorschriften wie die Straßen- und Wegegesetze und die Straßenverkehrsregeln in Betracht[62].

---

[57] *Füsslein*, Vereinigungs- und Versammlungsfreiheit, S. 433, Fußnote 35; *Leisner*, Vereinigungsfreiheit, Sp. 2338 in Ev. Staatslexikon; *Gallwas*, Mißbrauch, S. 162; *Lengsfeld*, Vereinsfreiheit, S. 40.
[58] Vgl. *Ridder*, DÖV, 1963, S. 324.
[59] Einer fehlerhaften Betrachtung unterliegt *Lengsfeld*, Vereinigungsfreiheit, S. 42, wenn er diese Fälle als Musterfälle der Strafrechtswidrigkeit darstellt, da diese Gruppen sowieso nicht verbietbar sind, weil die Heimlichkeit ihr Strukturprinzip ist. Entscheidend sind die politischen, aber strafbaren Gruppen.
[60] So *von Münch* in BK, Art. 9, RdNr. 61.
[61] *Schnorr*, VereinsG, § 3, RdNr. 11, S. 107.
[62] Es muß sich aber um echte Strafbestimmungen im technischen Sinne handeln, also um solche, die einen echten ethischen Vorwurf begründen, vgl. dazu BVerfG NJW 1967, S. 1219 ff. und Anm. NJW 1967, S. 1780 ff.

§ 14 Die Verbotsschranken

Eine Zulässigkeit des politischen Kampfes mit Gewalt gegen Sachen widerspricht der Rechtsordnung, die Strafnormen zum Schutz von Sachgütern aufgestellt hat.

Eine Organisaion wird zu einer Organisation mit strafrechtswidriger Tätigkeit, zu einer kriminellen Gruppe, wenn sie „Sachgewalt" zum Tätigkeitspunkt erhebt. Sie verläßt den Boden der demokratischen Auseinandersetzung durch *geistiges Werben und Agitieren*[63]. Gerade im liberalen Rechtsstaat muß die Gewalt monopolistisch beim Staat zentriert sein[64]. Kleinere Straftaten unbedeutenden Ausmaßes, die geeignet sind, auf eine Organisation und ihr Anliegen aufmerksam zu machen[65], werden jedoch eine Vereinigung nicht kriminell machen, sofern dieses Stadium vorübergehender Natur ist. Oft kann der Anstoß zur Kommunikation durch solche kleineren Straftaten von der Meinungs- oder Versammlungsfreiheit umfaßt werden[66]. In der modernen Großraumdemokratie sind viele technische und finanzielle Schwierigkeiten zu überwinden, um die Meinungsfreiheit aus dem Statium eines nudum ius herauszulösen[67].

Völlig ungeklärt ist jedoch die Frage, wie weit Strafgesetze zulässig sind, die einen organisationstypischen Anknüpfungspunkt haben, oder die ein politisches Schutzgut mit individueller Strafbarkeit absichern wollen[67a].

Ein organisationsrechtlicher bzw. individualrechtlicher Anknüpfungspunkt allein würde über das Strafgesetz mit der einen Hand nehmen,

---
[63] Diese Betonung des geistigen Kampfes wird wieder besonders durch das Bundesverfassungsgericht im Blinkfeuer-Urteil (BVerfG BayVerwBl. 1969, 241 [242]) herausgestellt. Ebenso *Herzog* in *Maunz-Dürig-Herzog*, Art. 5 GG, Rd-Nr. 60 ff. Vgl. auch BayObLG, NJW 1969, 1127 und NJW 1969, 63 mit zust. Anm. Eb. *Schmidt*, JZ 1969, 395 u. abl. Anm. *Stöcker*, ebenda, S. 396. Vgl. jüngst auch BGHSt. NJW 69, 1770 (Kölner AStA-Vorsitzende).
[64] Dazu gehört auch, daß solche Vereinigungen nicht erlaubt sind, die angeblich nur Schutzorganisationen für politische Versammlungen sind, aber den Staat dadurch erschüttern, daß sie ihm die Aufgabe und Befugnis zur Herstellung der Sicherheit streitig machen wollen und eine Art Selbstjustiz ausüben.
[65] Zu denken ist hier vor allem an Verkehrsbehinderungen, Hausfriedensbruch, Sitzstreiks.
[66] Die Rspr. und Lt. geht oft dazu über, Art. 8 I und Art. 5 I 99 als Einheit zu betrachten: vgl. LG Köln JZ 1969, 80; LG Hannover DRiZ 1969, 225; zu dem Konkurrenzproblem: *Herzog* in *Maunz-Dürig-Herzog*, Art. 5, RdNr. 35 ff. und Art. 8, RdNr. 29 ff.
[67] Vgl. *Scholler*, Person und Öffentlichkeit, S. 320 mit Fußnote 15. Der Anstoß, aber nur der Anstoß zur geistigen Auseinandersetzung kann deshalb in notstandsähnlichen Lagen gerechtfertigt sein. Zur dabei notwendigen Güterabwägung im Rahmen der weiteren Wechselwirkungstheorie: BayObLG, NJW 1969, 1127; BVerfG, BayVerwBl. 69, 241 ff. (Blinkfuer-Urteil).
[67a] *Schnorr*, VereinsG, § 3 RdNr. 11, S. 107, allerdings viel zu pauschal.

was die andere Hand mit Art. 9, Abs 1 GG gegeben hat[68]. Er würde über das Strafgesetz einen mittelbaren Verbotstatbestand ergeben, da mit Verstoß gegen Strafgesetze der Verein verboten werden könnte, obwohl die Verfassung diesen materiellen Verbotsgrund nicht kennt[68a].

β) Einzelne Tatbestände

Im Mittelpunkt der Diskussion *organisationsrechticher* Straftatbestände, die eine Strafdrohung allein wegen einer vereinsmäßigen Bindung aufstellen, stehen § 128 und § 129 neuer Fassung StGB[69].

§ 128 1. Alt. StGB stellt die Teilnahme an einer Verbindung unter Strafe, deren Dasein, Verfassung oder Zweck vor der Staatsregierung geheimgehalten werden soll.

In der Anerkennung des Tatbestandsmerkmales „vor der Staatsregierung" betrifft § 128 1. Alt. StGB nur die Vereinigungen, die öffentliche Angelegenheiten mitbesorgen, die am politischen Leben im weitesten Sinne[69a] teilnehmen wollen[70].

Es handelt sich um Organisationen mit Nichtöffentlichkeit trotz Öffentlichkeitstendenz der Zielsetzung.

Über diese Strafrechtswidrigkeit der Mitglieder wird auch die Vereinigung selbst strafrechtswidrig und damit verbietbar. Art. 9 GG kennt in abschließender Aufzählung nur die allgemeine Strafrechtswidrigkeit, den Verstoß gegen die verfassungsmäßige Ordnung und den Verstoß gegen den Gedanken der Völkerverständigung als Verbotsgrund. § 128 1. Alt. StGB bringt aber als weiteren, mittelbaren Verbotsgrund die Geheimhaltung von Dasein, Zweck und Verfassung des Vereins. Damit wäre § 128 1. Alt. StGB als mittelbarer Verbotsgrund verfassungswidrig, da Art. 9 Abs. 2 GG die Geheimhaltung nicht als Verbotsgrund kennt.

*Willms* versucht die Verfassungsmäßigkeit des § 128 1. Alt. StGB damit zu begründen, daß nur diejenigen Vereinigungen geheim bleiben wollen, die etwas zu verbergen haben, was dann zum Verbot nach Art. 9 Abs. 2 GG berechtigen würde[70a].

Mit Recht lehnt *Seifert* im Ergebnis diese Auslegung ab, da hier eine zwar oft zutreffende, aber nicht zwingende, Vermutung unterstellt

---

[68] Im Ergebnis ebenso *Brinkmann*, Art. 9, S. 8, Grundrechtskommentar; *von Münch* in BK, Art. 9, RdNr. 61; *von Mangoldt-Klein*, Art. 9 IV 3, S. 324; *Hamann*, Art. 9 B 3, S. 132; *Ridder*, DÖV 1963, S. 325.
[68a] *Schnorr*, VereinsG, § 1 RdNr. 34 am Ende: die individuelle Strafbarkeit des einzelnen Vereinsmitglieds wirkt sich mittelbar als Verbotstatbestand aus.
[69] Die Strafbestimmung des G 128 n. F. StGB wurde durch das Achte Strafäderungsgesetz vom 25. 6. 1968 (BGBl. I, 741) ersatzlos gestrichen.
Der Streit um diese Bestimmung kann jedoch hervorragend das System des Ineinandergreifens von Strafrecht und Verfassungsrecht aufzeigen. Es werden aber auch die Grenzen des Strafrechts offen.
[69a] Vgl. oben § 11, 2.
[70] RGSt. 41, 264; *Maurach* BT § 73 II D 3.
[70a] *Willms*, NJW 1965, 567.

§ 14 Die Verbotsschranken 105

wird[71]. Ein Gefährdungsdelikt wiederum widerspricht dem Geiste des Grundgesetzes, das den politisch tätigen Bürger nicht a priori zurückdrängen will und den Freiheitsraum nur aus konkretem Anlaß einschränken will[72]. Eine Pflicht zur Offenlegung der Zielsetzung ergibt sich auch bei öffentlichkeitsbezogenen Vereinigungen nicht aus der gesamten verfassungsmäßigen Ordnung, so daß § 128 1. Alt. StGB nur eine Auslegung des Verbotsgrund des Art. 9 Abs. 2, 2. Alt. GG wäre. Aus dem doch vorhandenen strukturellen Unterschied von Parteien und Vereinigungen ergibt sich, daß eine Art. 21 Abs. 1 Satz 3 entsprechende Vorschrift für Vereinigungen zur Offenlegung ihrer Ziele nicht bestehen kann[73].

Die Meinung von *Ridder* dürfte zu weit die Parteigedanken ausweiten[74]. Hier wird wieder der strukturelle Unterschied zu den staatsnächsten Integrationsorganen, den Parteien, sichtbar.

Ihre Publizitätspflicht beruht auf der zwischenstaatlichen Stellung als unmittelbare Zugangsorgane zum Staat. Eine gewisse Verstaatlichung der Ausübungsaktivität im politischen Bereich in Form irgendwelcher formeller Inpflichtnahmen scheidet in einer freiheitlich demokratischen und liberalen Verfassung wie dem Grundgesetz aus.

Auch hier darf nicht die liberale zugunsten der demokratischen Komponente aufgegeben werden, wie umgekehrt bei den Freiheitsrechten die liberale Interpretation durch die demokratische ergänzt, aber nicht ersetzt werden darf.

Mit *Seifert*[75], *Hamann*[76] und *Čopič*[77] wird man deshalb § 128 1. Alt. StGB, der eine Offenlegung politischer Zielsetzung im Vereinswesen erzwingen will, als verfassungswidrig ablehnen müssen[78].

---

[71] *Seifert*, NJW 1964, S. 2143; im Ergebnis ebenso Bericht des Innenausschusses Bundestages, BT-Drucksache IV 2145 (neu) S. 7.
[72] Zur Beschränkung des Freiheitsraumes in einem Verbot, vgl. oben § 14, 1, b.
[73] Diese These vertritt nur *Ridder*, Meinungsfreiheit, S. 255 und 257; er ist aber von dieser dedizierten Wertinterpretation des Art. 21 des Grundgesetzes etwas abgewichen und drüfte mit dieser Ansicht wohl nicht mehr zitiert werden. Vgl. *Ridder*, Die Stellung der Gewerkschaften, S. 11, 18 mit der neuen Interpretation aus der Sozialstaatsklausel und der Rechtsstaatsklausel. Er hält aber an seiner Meinung im Ergebnis fest. Vgl. auch *Ridder*, DÖV 1963, S. 325, Fußnote 20.
Gegen *Ridder* die absolut herrschende Meinung: vgl. *Maunz* in *Maunz-Dürig-Herzog*, Art. 21, RdNr. 37; Forsthoff, Festschrift für Carl *Schmitt*, S. 51 und *Mallmann*, JZ 1966, S. 143.
[74] Zur Publizitätspflicht: Das Aktienrecht hat die Publizitätspflicht auf Grund der Bedeutung der AG geschaffen. Eine verfassungsrechtliche Interpretation wird hier besondere Kriterien finden müssen. Eine unreflektierte Übernahme dieses gesetzgeberischen Ergebnisses würde eine unzulässige petitio principii darstellen.
[75] *Seifert*, NJW 1964, S. 2142 mit beachtlichen Gründen und treffendem Beispiel.
[76] *Hamann*, GG und Strafgesetzgebung, S. 73, der den inhaltsgleichen § 369 I 2 b StGB Entwurf 1962 als verfassungswidrig ablehnt. Auch *Schröder* in *Schönke-Schröder*, Komm. zum StGB § 128, RdNr. 1, zweifelt jetzt an der Verfassungsmäßigkeit des § 128 StGB.

Verfassungsrechtlich unbedenklich wäre die Regelung nach dem Änderungsvorschlag der Bundesregierung[79], daß nämlich nur dann eine Bestrafung möglich ist, wenn mit der Geheimhaltung gleichzeitig die Verschleierung eines Verbotsgrundes nach Art. 9 Abs. 2 GG angestrebt wird und damit die Vermutung zwischen Geheimhaltung und böser Absicht bestätigt wird[80].

Mörderorganisationen wie z. B. die Organisation Consul, die „Organisation de l'Armée Secrete" in Frankreich (OAS) sind nicht wegen der Tatsache, daß sie geheim blieben, sondern wegen ihrer allgemeinen Strafrechtswidrigkeit verbietbar gewesen.

Es entspricht schließlich illusionärer Utopie, Geheimorganisationen wie die Freiheitsausschüsse etwa in Südtirol oder in Frankreich im Jahre 1958, mit Mitteln politischer Administration verbieten zu wollen.

§ 128 Abs. 1 1. Alt. StGB als verfassungsmäßig anzusehen, aber nur eine individuelle Strafbarkeit darauf zu stützen, ihn jedoch nicht zu einem Vereinsverbot zu gebrauchen, liefe auf eine „Mumifizierung" der Gruppe hinaus, da alle Mitglieder mit Strafe bedroht wären. Auch unter diesem Gesichtspunkt ist § 128, 1. Alt. StGB nicht verfassungsmäßig, da die freie Betätigungsgarantie der Vereinigungsfreiheit verletzt wäre.

Auch die 2. und 3. Alt. des § 128 StGB in der neuen Fassung knüpfen die Strafbarkeit allein an eine Organisationsform, ohne die Zielrichtung oder Tätigkeit der Organisation mitzuprüfen. Die Teilnahme an Verbindungen, in denen „gegen unbekannte Obere Gehorsam oder gegen bekannte Obere unbedingter Gehorsam versprochen wird", werden mit Strafe bedroht.

Die bessere Einsatzfähigkeit der Mitglieder durch blinden Gehorsam macht die Vereinigung schlagkräftig, aber auch rigoros, da der Befehlende der unmittelbaren Verantwortung enthoben ist, und das Risiko eines Fehlschlages der Ausführende allein trägt, der sich im besten Fall auf den „großen Unbekannten" berufen kann. In Zeiten staatlicher Erschütterungen kann dies durchaus unerwünscht, ja gefährlich sein. Aber auch hier ist kein verfassungsrechtlich legitimierender Grund ersichtlich, der wegen der Organisationsform allein ein Verbot über die

---

[77] Vgl. *Čopič*, GG und p. St. n. A., S. 184 ff., der weitere Nachweise gibt und auch auf die negative Meinungsfreiheit verweist (S. 186) und sich damit auf denselben Spuren wie der hessische Staatsgerichtshof bei seiner Schulgebetsentscheidung (NJW 1966, S. 31) bewegt.

[78] Wenn *Lengsfeld*, Vereinigungsfreiheit, S. 41, damit helfen will, daß er nur Vereine, die ihre Zielsetzung bekannt geben, als Vereine im Sinne des Art. 9 GG bezeichnet, verschiebt er damit nur das Problem auf eine andere Ebene, da er dann doch die „Nichtvereine" als Vereine verbieten will. Wie *Lengsfeld* allerdings auch *Füsslein*, Vereinigungs- und Versammlungsfreiheit, S. 431 Fußnote 21.

[79] BT-Drucksache IV/2862.

[80] Gegen diese Verknüpfung allerdings *Willms*, JZ 1965, S. 92 oben und *Čopič*, a. a. O., S. 184 in Fußnote 5.

allgemeine Strafrechtswidrigkeit ergeben würde, da Art. 9 Abs. 2 GG diesen Verbotsgrund nicht kennt[81].

Das Demokratiegebot als verfassungsmäßiges Grundelement steht einer autoritär gegliederten Gruppe nicht entgegen. Das demokratisch legitimierende Gebot der Öffentlichkeit und Verantwortlichkeit gilt nur im Verhältnis Staat — Bürger, aber nicht im gesellschaftlichen Bereich der bürgerlichen Aktivität; es gilt auch nicht im Bereich der staatsbürgerlichen Aktivität, mit Ausnahme der Parteienstruktur, die ihren Grund in einem erhöhten Schutz des Parlaments besitzt. Demokratisierung im status politicus muß Pflicht des Staates, aber freiwillige Aufgabe des Bürgers sein. Zwangsmöglichkeiten des Staates gegen den Bürger im Bereich autoritärer Strukturen werden in der Verfassung nicht geboten. Auch hier können nur Zielsetzungen im Rahmen einer der Verbotsgründe der allgemeinen Strafbarkeit eine Verbietbarkeit einer Gruppe bringen. Eine Effektivität ist gegeben, da autoritär gegliederte Gruppen oft auch strafrechtswidrige Tätigkeiten oder Ziele verfolgen[82]. Der Innenausschuß des Bundestages hat deshalb auch die Streichung dieser Strafbestimmung empfohlen, allerdings keinen Erfolg im Plenum verbuchen können[83]. *Lengsfeld* meint schließlich, daß unbedingter oder bedingter Gehorsam gegen Unbekannte dem Wesen des Vereines nicht mehr gerecht werde und daß eine autoritär gegliederte Vereinigung nicht mehr dem Vereinsrecht unterliegen könnte[84]. Wenn man dieser Lösung folgen will, scheidet eine Verbotsschranke aus, da es am Objekt eines „Vereinsverbotes" im technischen Sinne fehlt[85]. Ob diese Lösung zutrifft, kann dahingestellt bleiben, da feststeht, daß ein Verbot auf einen Vorstoß gegen § 128 2. Alt. und 3. Alt. StGB n. F. nicht gestützt werden kann[86]. *Der Gesetzgeber hat schließlich den hier vorgetragenen Bedenken Rechnung getragen und § 128 StGB ersatzlos gestrichen*[86a].

§ 129 StGB ist unter dem Gesichtspunkt eines Verbotsverfahrens *nicht bedenklich*. Er stellt keine neuen Verbotsgründe auf, sondern richtet sich nur auf die allgemeinen Gesetze aus. Diese allerdings müssen wiederum so ausgestaltet sein, daß die Vereinigung nicht deshalb gehindert wird, nur weil sie ein „Sich-Vereinen" betreibt[87].

---

[81] Man denke vor allem daran, daß dieser Tatbestand für die societas Jesu, den straff organisierten und Gehorsam bietenden Orden gelten könnte.
[82] Im Ergebnis ebenso *Seifert*, NJW 1964, S. 2142 und *Hamann*, Kommentar, S. 225, Fußnote 2 und 3. Dagegen *Čopič*, GG und p. St. n. A., S. 187.
[83] Bundestagsdrucksache IV 2145 (neu), S. 8 und 25.
[84] *Lengsfeld*, Vereinigungsfreiheit, S. 41 ebenso *Füsslein*, Vereins- und Versammlungsfreiheit, S. 431, Fußn. 21.
[85] Nur auf Vereinigungen ist § 3 VereinsG anwendbar.
[86] Inkonsequent insoweit *Füsslein*, a. a. O., S. 431 und *Lengsfeld*, S. 41, da beide den „Nichtverein" dann doch als Verein verbieten wollen.
[86a] Achtes Strafrechtsänderungsgesetz vom 25. 6. 1968 (BGBl. I, S. 741).
[87] *Čopič*, GG und p. St. n. A., S. 190 und S. 66, Fußnote 107.

108 3. Kapitel: Die Schranken der Vereinigungsfreiheit

Ob die Vorverlegung der Strafbarkeit insgesamt vor ein Verbot mit der konstitutiven Wirkung des Vereinsverbots vereinbar ist, wird hier zurückgestellt[88].

Ebenso sollen Individualdelikte, die keinen organisationstypischen Anknüpfungspunkt haben, unter dem besonderen Gesichtspunkt des Unterlaufens eines Vereinsverbotes geprüft werden. Dies ergibt sich vor allem deshalb, weil dieser strafrechtliche Anknüpfungspunkt weniger ein Mittel für ein Verbotsverfahren darstellt, als vielmehr der Praxis die Möglichkeit einräumen kann, einzelne Mitglieder oder Förderer einer Vereinigung aus dem Verfassungsleben zeitweilig zu eliminieren, ohne den beschwerlichen Weg über ein Verbots- oder Verwirkungsverfahren nach Art. 18 GG beschreiten zu müssen. Die Vereinigungen sollen nur praktisch lahmgelegt werden, ohne den rechtlich-organisatorischen Zusammenhalt zu berühren.

### b) Vereinigungen, die sich gegen die verfassungsmäßige Ordnung richten

Wie oben dargelegt, versteht sich die Demokratie als offener politischer Lebensprozeß, in dem jeder Beitrag willkommen und gleichwertig ist[89].

Alle die Beiträge sind per definitionem der Demokratie verfassungsmäßig, die das gewaltlose, geistige Werben als die richtige Form der Freiheit demokratie-funktonalisierter Grundrechte betrachtet[90].

Wenn der Verfassungsschutz eingreifen will, ist Ziel dieses Tatbestandes zu verhindern, daß die verfassungsmäßige Struktur des deutschen Staatswesens durch destruktive, kollektive Kräfte unter dem Deckmantel der Vereinsfreiheit beseitigt wird[91].

Aus dem Gesamtzusammenhang des Staats- bzw. Verfassungsschutzes[92] und aus der Tatsache, daß Art. 18 GG die individuelle Grundrechtsausübung, Art. 9 Abs. 2 GG die verbandsbezogene Aktivbürgschaft und Art. 21 Abs. 2 die parteikollektive Betätigung einschränken, aber auch

---

[88] Vgl. unten § 16, 2, b, aa.
[89] *Ridder*, DÖV 1963, S. 324.
[90] Vgl. auch Alternativentwurf zum Besonderen Teil des StGB, Auszug: das politische Strafrecht, S. 35; BVerfG, BayVerwBl. 69, 241 f. (Blinkfuer-Urteil).
[91] Vgl. *Schnorr*, VereinsG, § 3, RdNr. 13, S. 108; Dr. Goebbels bezeichnete dies 1928 in folgender Weise: Seine Partei würde in den Reichstag gehen, um die „Weimarer Gesinnung mit ihrer eigenen Gesinnung lahmzulegen. Wenn die Demokratie so dumm ist, uns für diesen Bärendienst Freikarten und Diäten zu geben, so ist das ihre Sache. Wir kommen als Feinde, wie der Wolf in die Schafherde kommt, so kommen wir", zitiert nach *Schrübbers*, Organisation und Aufgabe des Verfassungsschutzes in: Verfassungsschutz, S. 65, Beiträge aus Wissenschaft und Praxis, herausgegeben vom Bundesministerium des Innern, Carl Heymanns Verlag, Köln, Berlin, Bonn, München 1966.
[92] Zum Begriff des Verfassungsschutzes anstelle des Wortes „Staatsschutz" *Baumann* u. a.; Alterntiventwurf, S. 25.

## § 14 Die Verbotsschranken

schützen, ergibt sich verfassungssystematisch eine Gleichheit der Verwirkungstatbestände, auch wenn eine unterschiedliche Wortwahl (18 GG und 21 Abs. GG gegenüber Art. 9 Abs. 2 GG) vorgenommen wurde, deren Ursache aber auf einer insoweit mangelhaften Redigierung beruht[93]. Mit Recht versteht deshalb die herrschende Lehre[94] und die herrschende Rspr.[95] die Illegitimisierungsbegriffe einheitlich. Eine reine Verbalinterpretation ohne teleologische Rücksichten kann den Anforderungen eines Verfassungsschutzes, der sich besonders stark an den tatsächlichen Verhältnissen orientieren muß, nicht genügen[96].

Im Rahmen dieses systematischen Zusammenhangs wird die verfassungsmäßige Ordnung in Art. 2 Abs. 1 GG anders interpretiert, da Art. 2 Abs. 1 nicht den Verfassungsschutz bezweckt[97]. Illegitim und damit illegalisierbar verhält sich nur der, der die freiheitlich-demokratische Grundordnung untergraben will, nicht dagegen derjenige, der sich gegen einzelne Verfassungsvorschriften oder gegen Ausschnitte einer Rechtsordnung wendet.

Die elementaren Verfassungsgrundsätze liegen nun, wie *Geiger* ausführt[98], als unbestimmte Rechtsbegriffe im Bereich einer politischen Unbestimmtheit, die die *Grenzen der Judikabilität erreichen* und den Beurteilungsfragen eines unbestimmten Rechtsbegriffes weiten Spielraum einräumen.

So ist es stark umstritten, was zu diesem Begriff zu zählen ist. Ohne alle Definitionsversuche oder Essentialia der verfassungsmäßigen Grundordnung aufzeigen zu wollen[99], sind doch *Leitlinien* ersichtlich, die

---

[93] Zu diesem Systemzusammenhang vgl. auch oben § 13, 2.
[94] *Dürig* in *Maunz-Dürig-Herzog*, Art. 18, S. 16 f.; *Willms*, NJW 1964, S. 225 (226 mit Fußn. 11); Walter *Schmidt*, NJW 1965, S. 424 (425 mit Fußnote 12); *Gallwas*, Mißbrauch, S. 161; *Hesse*, Grundzüge, S. 157. A. A. *Huber*, E. R., Wirtschaftsverwaltungsrecht, Bd. 1, S. 154 f.; *v. Mangoldt-Klein*, Art. 18 II 5, S. 519, denen sich *Lengsfeld*, Vereinigungsfreiheit, S. 41 f., ohne Würdigung der herrschenden Meinung anschließt.
[95] BVerfG E 7, 227, BVerfG 12, 296 (303) mit vielen Nachweisen.
[96] BVerfG E v. 23. 10. 1952, E 2, 13, verweist mit Recht auf die logischen und teleologischen Unterscheidungsschwierigkeiten zwischen verfassungsmäßiger Ordnung und freiheitlich-demokratischer Grundordnung. Zur Verfassungsinterpretation: *Ehmke*, VVDStL, Heft 20 (1963, S. 53) und *Scholler*, Person und Öffentlichkeit, S. 41 mit Fußnote 67 und vielen Nachweisen dort. Konkret zu Art. 9, Abs. 2 GG wie hier *Dürig* in *Maunz-Dürig-Herzog*, Art. 18, RdNr. 47 und *v. Münch* in BK, Art. 9, RdNr. 68.
[97] BVerfG 6, 32 (Elfes-Urteil) und ständige Rspr. vgl. BVerfG E 20, 150 (151); *v. Mangolt-Klein*, Art. 2 IV 2, S. 181, 182; *von Münch* in BK, Art. 9, RdNr. 67.
[98] *Geiger*, Komm. zum BVerfG, Anm. 6 zu § 42 BVerfGG; ähnlich *Ridder*, Bl. für dt. und intern. Politik, 1962, S. 522; ebenso *Duverger*, S. 607 in Grundrechte in Frankreich. A. A. BVerfG E 5, 85 (112) = KPD-Urteil, es meint, daß der politische Charakter des Verfassungsschutzes zugunsten einer rechtsdogmatischen Systemanalyse verdrängt werden könne und verweist auf andere unbestimmte Rechtsbegriffe.
Vgl. auch *Hesse*, Grundzüge, S. 209.
[99] Dazu vor allem *v. Mangoldt-Klein*, Art. 9 IV 4, S. 324; *v. Münch* in BK, Art. 9, RdNr. 63 ff.

sich aus der historischen Erfahrung ergeben; dies ist, was *Dürig* unter dem Blick „Zurück" versteht, die Antwort auf die Weimarer Entwicklung[100].

Die freiheitlich-demokratische Grundordnung, die verfassungsmäßige Grundordnung, besteht in einer Ablehnung alles Willkürlich-Totalitären[101], sowohl was das Ziel anbelangt, als auch was die Mittelwahl zur Erreichung dieses Zieles betrifft. Totalitär bedeutet dabei der Willen, den Menschen in allen Lebensbereichen zu erfassen.

Die Definition des Bundesverfassungsgerichtes[102] mit einer positiven Wertermittlung kann nur einen Anhaltspunkt geben, bzw. zu Maßstäben führen, aber nicht zu einer endgültigen, abschließenden posiviven Aufzählung. Mit diesem Vorbehalt führt das BVerfG aus, daß „sich die freiheitlich-demokratische Grundordnung als eine Ordnung bestimmen läßt, die unter Ausschluß jeglicher Gewalt- und Willkürherrschaft eine rechtsstaatliche Herrschaftsordnung auf der Grundlage des Selbstbestimmungsrechts des Volkes nach dem Willen der jeweiligen Mehrheit und der Freiheit und Gleichheit darstellt. Zu diesen grundlegenden Prinzipien sind zumindest zu rechnen: die Achtung vor den im Grundgesetz konkretisierten Menschenrechten, vor allem dem Recht auf Persönlichkeit, auf Leben und freie Entfaltung, der Volkssouveränität, der Gewalteinteilung, der Verantwortlichkeit der Regierung, der Gesetzesmäßigkeit der Verwaltung, der Unabhängigkeit der Gerichte, dem Mehrheitsprinzip und der Chancengleichheit für alle politischen Parteien mit dem Recht auf verfassungsmäßige Bildung und Ausbildung einer Opposition".

Es handelt sich um die unabänderliche Anerkennung eines *liberaldemokratischen Kultur- und Wertsystems* im Sinne Smendscher Theorien und um eine *Anerkennung der staatlichen Existenz* überhaupt[103]. Die dauernde Etablierung der Regierenden, die unter Ausschaltung einer parlamentarischen oder außerparlamentarischen Opposition zu „beati possidentes"[104] aufrücken wollen, kann damit nicht bezweckt sein. Staatliche Existenz und Existenz der Regierung sind im demokratischen Staat im Gegensatz zum antiken Staat getrennt. Auch die Staatsräson, jedoch nicht die Garantie staatlicher Existenz, findet hier ihre Grenzen[105].

---

[100] So klar bei *Dürig* in *Maunz-Dürig-Herzog* in Art. 18, RdNr. 55.
[101] *Dürig*, a. a. O., RdNr. 55.
[102] BVerfG E 2, 1 (12 ff.); BVerfG E 5, 85 (140) KPD-Urteil.
[103] Damit muß nicht gesagt werden, daß Vereine nicht die Abtrennung oder Aufgabe einzelner Gebietsteile propagieren können. Sie dürfen nur den Staat als solchen nicht in Frage stellen. Vgl. Georg *Jellinek*, Staatslehre, S. 358: An dem Faktum staatlicher Existenz hat alles Recht seine unübersteigbare Schranke. Ähnlich: *v. Mangoldt-Klein*, Art. 9 IV 4; *Gallwas*, Mißbrauch, S. 90.
[104] Zu diesem treffenden Ausdruck *Dürig* in *Maunz-Dürig-Herzog*, Art. 18, RdNr. 13.
[105] Ähnlich Čopič, GG und p. St. n. A., S. 126. Was dies bedeutet, sieht man am Demonstrationsrecht, das auch in Kriegszeiten gegen den Krieg mög-

§ 14 Die Verbotsschranken

Die staatlichen Interessen im außen- aber auch im innerpolitischen Bereich — die Staatsräson — genügen nicht, um eine Gruppe aus dem politischen Leben auszuschließen[106]. Der BGH in Strafsachen hat mit Recht eine Unterscheidung zwischen der Staatsräson und der staatlichen Grundordnung getroffen und dabei bei einem Interessenkonflikt der staatlichen Grundordnung den Vorrang eingeräumt[107]. Politische Ansichten, die z. B. dem Ansehen des Staates schaden, deren Ausschaltung deshalb im außenpolitischen Interesse liegen mag, untergraben die Grundordnung in Deutschland nicht. Es handelt sich auch bei Verbreitung solcher Ansichten noch um verfassungsmäßige Opposition und noch nicht um verfassungsfeindliche Subversion. Bei aussenpolitischer Subversion kann der Tatbestand der Kriegshetze als Verstoß gegen den Gedanken der Völkerverständigung eine evtl. notwendige Ausschaltung der Gruppe vorbereiten.

Bei der Herausstellung einzelner Gesichtspunkte ist besonders darauf zu verweisen, daß ein berechtigtes Widerstandsrecht zu einem Teil der verfassungsmäßigen Ordnung gehört, wie das Bundesverfassungsgericht im KPD-Urteil zutreffend als Prüfungsgesichtspunkt ausführt[108]; dies wird aber in der Diskussion um die Verfassungsfeindlichkeit der Gruppenbildung völlig außer acht gelassen.

Wer sich auf das Widerstandsrecht berufen kann, handelt, wie die Hessische Verfassung ausführt, rechtmäßig[109], verdient die Anerkennung des Volkes und hat sich um Staat und Volk verdient gemacht, wie die Präambel zum Bundesentschädigungsgesetz feierlich feststellt[110]. Das

---

lich ist, auch wenn der Staat sich im Kriegszustand befindet, wie die Verfassungswirklichkeit in den Vereinigten Staaten von Amerika während des Vietnamkrieges zeigt.

[106] *Maunz*, Dt. Staatsrecht, meint mit Recht, daß es dem Charakter des GG insgesamt entspreche, Bedürfnissen der Staatsraison nicht Rechnung zu tragen, wenn eine Mißbrauchsgefahr durch die Polizei oder die Exekutive drohe; *Maunz*, Dt. Staatsrecht § 16 II 2, S. 132.

[107] Vgl. BGHSt. 20, 172: das sog. *Pätsch*-Urteil.

[108] BVerfG E 5, 85 (376): Das BVerfG läßt zwar das Vorhandensein und die Legitimität des Widerstandsrechts dahingestellt, prüft aber dennoch dessen Voraussetzungen und Folgen. Es läßt entgegen der anderen Ansicht mancher Interpretatoren die Zulässigkeit des Widerstandsrechts nur offen, um einer inneren Begründung für das Widerstandsrecht aus dem Weg zu gehen, da die Entscheidung auch ohne diese Frage erfolgen konnte. Vgl. dazu im einzelnen Günther *Scheidle*, Widerstandsrecht, S. 121 f. mit vielen Beispielen aus der NS-Zeit (122). Mit Recht stellt er die Vereinigungen bei der Prüfung der Aktivlegitimation zum Widerstandsrecht dar.

[109] Art. 147 Hess. Verf.: Widerstandsrecht gegen verfassungswidrig ausgeübte Gewalt ist jedermanns Recht und Pflicht.

[110] Die Präambel zum BEG lautet: „In Anerkennung der Tatsache, daß Personen, die aus Gründen politischer Gegnerschaft gegen den Nationalsozialismus oder aus Gründen der Rasse, des Glaubens, oder der Weltanschauung unter der nationalsozialistischen Gewaltherrschaft verfolgt worden sind, Unrecht geschehen, daß der aus Überzeugung oder um des Glaubens oder Gewissens willen gegen die nationalsozialistische Gewaltherrschaft gleistete Widerstand ein Verdienst um das Wohl des Deutschen Volkes und des Staates war, hat der Bundestag folgendes Gesetz beschlossen".

durch die sog. Notstandsverfassung ergänzte Gurndgesetz sieht ebenfalls eine ausdrückliche Anerkennung des Widerstandsrechtes als demokratiekonforme Grundrechtsausübung vor[111]. Die *bewahrende* oder *wiederherstellende* Gewalt auch in Gruppenaktivität kann dann mit der freiheitlich-demokratischen Grundordnung übereinstimmen.

Dem Verfassungsschutz entsprechend orientiert sich letztlich die freiheitlich-demokratische Grundordnung an *drei Strukturen*.

Zum *einen* wird die gegenseitige Achtung und Respektierung von Grundwerten der Freiheit und Gerechtigkeit vom Staat gefordert. Damit wird die Anerkennung und Respektierung der wichtigsten Grundrechte in ihrer status negativus-Funktion unantastbar[112]. Das Modell „liberaler Rechtsstaat" in der Idealisierung des historischen Liberalismus ist der eine Pfeiler der Grundordnung.

Zum *anderen* ist der offene, politische und rechtliche Lebensprozeß unangreifbar. Hier wird an die Grundrechte des politischen Bereichs angeknüpft, die einen status activus bzw. politicus erfüllen können oder dazu funktioniert werden können[112a]. Neben die liberale Funktion muß in einer freiheitlich demokratischen Grundordnung die demokratische Funktion der Grundrechte treten.

Zum *dritten* handelt es sich um das Prinzip der Ablösbarkeit einer frei gewählten Regierung durch eine andere frei gewählte Regierung und das Prinzip der horizontalen und vertikalen Gewaltenteilung.

Das „Establishment" als regierende oder regierungsfähige Gruppe, nicht das „System" in der Sprachregelung der Feinde der Weimarer Demokratie, kann deshalb das Ziel einer „Gruppensubversion" sein. Der offene Prozeß muß auch die Gruppen ertragen, die eine radikal neue Politik betreiben wollen. Wer sich dem oben beschriebenen Funktionalsystem anpassen will, dieses Funktionalsystem als dauernde Einrichtung ansieht und es nicht nur für ein Mittel hält, um es später wieder abzuschaffen, bleibt legitim und damit legal. Darin kann dem einzelnen nicht verwehrt werden, einzelne Verfassungsinstitute auf gewaltlosem Wege[113]

---

[111] Art. 20 Abs. 4 des durch die Notstandsverfassung geänderten Grundgesetzes (17. Gesetz zur Ergänzung des Grundgesetzes vom 24. 6. 1968 [BGBl. I, 709]).
[112] Vgl. oben S. 53 mit der Aufzählung der wichtigsten und unabdingbaren Grundrechte mit vornehmlich status negativus-Funktion.
[112a] Vgl. oben S. 53—59, insbesondere S. 55 mit der Aufzählung der wichtigsten Grundrechte mit status activus-Funktion.
[113] *Füsslein*, Vereins- und Versammlungsfreiheit, S. 437; ähnlich *von Münch* in BK, Art. 9, RdNr. 64 und 68.

zu beseitigen und z. B. für die Abschaffung des Parlamentarismus zu werben[114], sofern er ein demokratisches Präsidialsystem oder eine kontitutionelle Monarchie anstrebt[115]. Eine Anerkennung demokratischen Funktionalsystems liegt aber dann nicht vor, wenn eine Gruppe ständig versucht, den Geltungsanspruch der Verfassung und ihres Wertsystemes moralisch zu diskreditieren[116].

Eine Kurzformel — mit allen Vorbehalten einer Pauschalfassung — eines so komplexen Begriffes wie der freiheitlich-demokratischen Grundordnung könnte lauten, daß *demokratische Evolution, aber nicht mehr radikale Revolution* von der freiheitlich-demokratischen Grundordnung erfaßt wird. Und doch wird dieser Satz einzuschränken sein. Radikalität ist an sich nicht illegitim und ist nicht gegen die verfassungsmäßige Grundordnung gerichtet. Die bloße Verurteilung der Radikalität wird politischer Vernunft und politischer Zweckmäßigkeit entsprechen. Die Mitte, d. h. das Establishment, gleichzeitig zur verfassungsmäßigen Grundordnung zu institutionalisieren, würde bedeuten, die Mittelmäßigkeit zu einem allgewaltigen Verfassungsprinzip zu erheben. Der Staat würde sich seiner Mahner, seiner „Vor-Denker" berauben, die Nichtdenkbares durchdenken, um es zum Angebot des Denkbaren zu machen. Auch sie erfüllen eine demokratische Aufgabe, werden zu einem, oft unbequemen, Teil einer verfassungsmäßigen Grundordnung.

Zu verweisen ist noch darauf, daß das Tatbestandsmerkmal „Tätigkeit oder Zweck" dem Merkmal „richten gegen die verfassungsmäßige Ordnung" entspricht. Mit Recht behandelt die herrschende Meinung die beiden Begriffe gleich. Es kann auf die oben gemachten Ausführungen zu dem Verbotsgrund der Strafrechtswidrigkeit verwiesen werden[117].

### c) Die Gedanken der Völkerverständigung

Der Begriff der Völkerverständigung findet sich in seinem Grundgedanken in mehreren Bestimmungen im Grundgesetz (Präambel: „Dem Frieden der Welt zu dienen", Artikel 24 Abs. 2: „Friedliche, dauerhafte Ordnung", Art. 26 Abs. 1: „Das friedliche Zusammenleben der Völker").

Völkerverständigung beinhaltet aus dieser Gesamtschau heraus und in Verbindung mit dem Gedanken der freiheitlich-demokratischen

---

[114] *Dürig* in *Maunz-Dürig-Herzog*, Art. 18, RdNr. 54 und *Dürig*, Art. 2, RdNr. 86 unter cc.
[115] *Schnorr*, VereinsG, § 3 RdNr. 14, S. 109, meint, Art. 9 Abs. 2 GG gehe weiter als Art. 18 GG. Einzelpersonen sei die Werbung für eine konstitutionelle Monarchie erlaubt. In Gruppen sei dies illegitim, § 1, RdNr. 17 am Ende. Dies ist nicht verständlich, und läßt den verfassungssystematischen Gesamtzusammenhang außer Betracht.
[116] BayVGH, BayVerwBl. 1965, S. 172 (Ludendorff-Bewegung); BVerfG E 5, 384 ff., BGHSt 7, 228.
[117] *v. Münch* in BK, Art. 9, RdNr. 65 und vgl. oben § 14, 2, a, bb.

Grundordnung[118] nicht nur „Erhaltung des Friedens" oder „Unzulässigkeit von militärischen Aggressionen"[119], sondern auch Anerkennung der Grundwerte des Völkerrechts, wie sie Art. 25 GG dem Deutschen Recht inkorporiert[120]. Damit können die Gruppen aus dem Verfassungsleben verbannt werden, die den Krieg absolut und als Mittel der Politik verherrlichen[121]. Allgemeinen Regeln des Völkerrechts entsprechend kann nur ein Verteidigungskrieg im Falle der Notwehr gegen einen gegenwärtigen oder unmittelbar bevorstehenden, völkerrechtswidrigen Angriff erlaubt sein; der Krieg kann zum bellum iustum im Sinne katholischer Moraltheologie und Ethik werden. Alle anderen kriegerischen Handlungen widersprechen dem Völkerrecht, widersprechen dem Gedanken des friedlichen Zusammenlebens der Völker.

Gruppen, die den Kampf gegen diese Prinzipien aufnehmen wollen und propagieren, duldet das Grundgesetz nicht. Die in allen Belangen und zu allen Inhalten legalen Meinungsäußerungen (die Vorbehaltsschranken ausgenommen) werden mit Recht illegitim. Das Grundgesetz duldet, auch durch historische Erfahrung klug geworden, den Kriegshetzer nicht.

So wird auch der Gedanke der Völkerverständigung zu einem Grundwert verfassungsmäßiger Ordnung und einer demokratischen Lebensform. Die beiden Verbotsschranken werden sich oft decken und alternativ vorliegen, wie die Beispiele der Rechtsprechung zeigen[122].

### § 15 III. Die Schranken der Vereinigungsfreiheit in den allgemeinen Gesetzen

#### 1. Die Schranken der externen Betätigung: Die punktuellen Maßnahmen

Ein fundamentaler Satz des Vereinsrechts, der gleichzeitig einleuchtend ist, stellt fest, daß das, was außerhalb einer Vereinigung verboten

---

[118] Auf diesen nach seiner Ansicht zwingenden Schluß weist Čopić, GG und p. St. n. A., S. 77, 78 oben hin. Er wird meist vorgenommen werden, ist aber nicht zwingend, da auch demokratische Staaten den Gedanken der Völkerverständigung widersprechen können.
[119] So von *Mangoldt-Klein*, Art. 9 IV 5, S. 325.
[120] So mit Recht *Schnorr*, VereinsG, § 3, RdNr. 23, S. 113.
[121] *Maunz* in *Maunz-Dürig-Herzog*, Art. 26, 3—34; *Wernicke* in BK, Erstbearbeitung Erläuterung II 2 d zu Art. 9; *Schnorr*, VereinsG, § 3, RdNr. 22, S. 113."
[122] BayVGH in BayVerwBl. 1965, S. 170 ff.; Čopić, GG und p. St. n. A., S. 77.

§ 15 Schranken der Vereinigungsfreiheit in den allgemeinen Gesetzen 115

ist, nicht dadurch erlaubt wird, daß es in Übereinstimmung mit dem Gesamtwillen einer Vereinigung geschieht[1].

Die Vereinigung ist, wie jede andere natürliche oder juristische Person, den systematischen Vorbehaltsschranken der Verfassung unterworfen[2]. Diese allgemeinen Schranken treffen den Verein in der Ausübung anderer Grundrechte als der Vereinsfreiheit, vor allem in seinem *externen* Tätigkeitsbereich, in dem Bereich also, in dem er nach außen in Erscheinung tritt und z. B. Einfluß auf die Öffentlichkeit im weitesten Sinne nehmen will.

Im *internen* Bereich ist die Vereinigung, wie oben dargelegt, nur an die Schranken des Art. 9 Abs. 2 GG gebunden, da hier nur die Vereinigungsfreiheit in Anspruch genommen wird und nicht noch andere Grundrechte mittels der Vereinigungsfreiheit ausgeübt werden. Der Inhalt der internen Tätigkeit unterliegt jedoch bereits dann der allgemeinen systematischen Vorbehaltsschranke, wenn über den Kernbereich des Assoziierens hinausgegangen wird[3]. *Lerche* hat dies betont, wenn er ausführt, daß jedes Grundrecht gerade in *seiner eigenen* Schrankensystematik zu begrenzen ist[4].

Zu den systematischen Vorbehaltsschranken im externen Tätigkeitsbereich gehören vor allem die Grundrechtsschranken aller Grundrechte und die allgemeine Polizeipflichtigkeit, wie sie jede andere natürliche Person trifft[5]. Neben dieser allgemeinen Pflichtigkeit treten die besonderen Pflichtigkeiten, wie sie z. B. im Versammlungsgesetz, in den Pressegesetzen und in allgem. Verwaltungsgesetzen wie dem Gaststättengesetz und vor allem in den Straßen- und Wegegesetzen festgelegt sind.

Daß diese Gesetze selbst verfassungsmäßig sein und ihren Inhalt und ihre Grenze in den Vorbehalten der Verfassung finden müssen, ist selbstverständlich.

Besonders im politischen Bereich ist die Vereinigung als solche an das Versammlungsgesetz gebunden. Demonstrationen auf der Straße können nach Art. 8 GG in Verbindung mit Art. 15 des Versammlungsgesetzes verboten werden, ohne daß der Verein als solcher getroffen werden könnte. Es liegt *keine „vereinstendenzielle"* Maßnahme vor[6]. Das Versammlungsgesetz selbst muß jedoch die Werte der Versammlungsfrei-

---

[1] *Füsslein*, Vereins- und Versammlungsfreiheit, S. 433 mit Fußn. 35; *Leisner*, Ev. Staatslex. Vereinigungsfreiheit, Sp. 2338; *von Münch* in BK, Art. 9, RdNr. 94; *Gallwas*, Mißbrauch, S. 162; BVerfG E 10, 201: Art. 9 GG will Personenvereinigungen nicht mehr Rechte geben, als Einzelpersonen zustehen.
[2] *von Mangoldt-Klein*, Vorbem. XV 2 b, S. 12; VereinsG, § 1, RdNr. 20, S. 40; BVerfG E 7, 198 ff.
[3] Vgl. oben § 12, 2 , a, cc.
[4] Peter *Lerche*, Werbung und Verfassung, S. 104.
[5] *Schnorr*, VereinsG, § 1, RdNr. 23, S. 51; *von Münch* in BK, Art. 9, RdNr. 95.
[6] *von Feldmann*, DÖV 1965, S. 40, 41.

heit in ihrem Wesensgehalt, Art. 19 Abs. 2 GG, erhalten. Ebenfalls im politischen Bereich wird die Freiheit durch die allgemeinen Strafgesetze beschnitten, wenn z. B. Aufruhr bei Strafe untersagt ist. Rechtswidrige Akte der Vereinigung unterliegen deshalb auch hier denselben Ahndungsfolgen wie sie alle natürlichen Personen zu gewärtigen haben.

Die die Meinungsfreiheit begrenzende Norm des Art. 5 Abs. 2 GG und die Ausführungsnormen begrenzen ebenfalls in charakteristischer Weise die externe Tätigkeit der Vereinigung[6a]. Diese Normen werden zur *immanenten Grenze* der externen Vereinsbetätigungsfreiheit. Letztlich wird die Betätigung der Vereinigung durch die allgemeine Handlungsfreiheit des Art. 2 Abs. 1 1. HS GG im Außenbereich geschützt und durch den Schrankengedanken des Art. 2, Abs. 2 2. HS GG in ihrem Außenbereich eingeschränkt durch die Bindung und die Achtung der Rechte anderer, der verfassungsmäßigen Ordnung[7] und des Sittengesetzes. Die Auslegung dieser Normen wird zum Angelpunkt dafür, daß die Vereinigungsfreiheit kein „nudum ius" wird, sondern politische Lebenskraft erhält und auch im privaten Bereich echte Funktionen erfüllen kann.

Inwieweit ein strafrechtlicher Durchgriff auf die Mitglieder einer noch nicht verbotenen Vereinigung zulässig ist, bedarf nur für das politische Strafrecht einer besonderen Prüfung. Der Durchgriff auf Funktionäre, Mitglieder und Anhänger einer Vereinigung mittels allgemeiner Strafgesetze ist nicht problematisch.

Von den punktuellen Maßnahmen, die den Verein oder ihre Mitglieder bei der externen Vereinstätigkeit betreffen, sind die generellen Maßnahmen eines Verbotsverfahrens, die sich gegen den Verein als solchen richten zu unterscheiden.

### 2. Die punktuellen Maßnahmen im Verhältnis zum Verbot

Wenn die Zulässigkeit punktueller Maßnahmen unbestritten ist, so muß doch das Verhältnis zur totalen Maßnahme, zum Verbot, klargestellt werden[8]. *Gallwas* schreibt in dem ähnlich gelagerten Fall genereller und punktueller Maßnahmen gegen individuellen Grundrechtsmißbrauch: „Zur Abwehr einer bestimmten, gegenwärtigen Mißbrauchshandlung, die sich gegen die freiheitlich-demokratische Grundordnung richtet, kann jedes staatliche Organ im Rahmen seiner gesetzlichen Befugnisse punktuelle Maßnahmen ergreifen, ohne ein Urteil des BVerfG abwarten zu müssen. Zusätzlich kann das BVerfG eine Grundrechtsver-

---

[6a] Vgl. BVerfG, BayVerwBl. 69, 241 (Blinkfuer-Urteil): Wechselwirkung zwischen Grundrecht und allgemeinem Gesetz (sog. Schaukeltheorie), vgl. auch BVerfG, NJW 69, 738.

[7] Hier im Sinne der Rechtssprechung des BVerfG, wie sie seit E 6, 32 ff. (sog. Elfes-Urteil) in ständiger Rechtssprechung ausgelegt wird, d. h. im Sinne aller verfassungsmäßig zustandegekommenen Gesetze.

[8] Auch dieser Gesichtspunkt wurde bisher in der Literatur übergangen.

§ 15 Schranken der Vereinigungsfreiheit in den allgemeinen Gesetzen 117

wirkung aussprechen, was zur Folge hat, daß der Grundrechtsträger sich auf dieses Grundrecht nicht mehr berufen kann, auch wenn er sich eigentlich im Rahmen der grundrechtlichen Gewährleistung bewegt[9]."

Damit wird zwar die grundsätzliche Zweispurigkeit dargelegt; sie ergibt sich schon daraus, daß die punktuelle Maßnahme repressiv wirkt, das Verbot aber als generalisierende Pauschalmaßnahme ex nunc den präventiven Notstandsfall der zukünftigen Eliminierung betrifft[10]. Durch die grundsätzliche Vergleichbarkeit der jeweiligen präventiven Notstandsmaßnahmen der Artikel 18 GG, 9 Abs. 2 GG und 21 Abs. 2 GG[11] erhält diese Aussage auch für das Verhältnis von Verbot zu repressiven Maßnahmen Gewicht, was ihr *Gallwas* nicht beimessen möchte[12]. Die repressive Einzelmaßnahme als solche läßt den zukünftigen Bestand der Vereinigung unberührt. Die präventive Totalmaßnahme vernichtet ohne Ansehen vergangener Taten und ohne Feststellung von Schuld auf Grund der Beweise aus der Vergangenheit den Verein für die Zukunft. Allein aus dieser Gegenüberstellung ergibt sich der Unterschied. *Die punktuelle Maßnahme muß der generellen vorgehen, die präventive Maßnahme muß zur ultima ratio für die Gruppen werden, die nicht mehr durch Einzelmaßnahmen auf den rechtmäßigen Weg zurückgedrängt werden können.*

Daneben werden nur diejenigen Gruppen durch ein Verbot als erste Maßnahme auszuschalten sein, die sich keines Rechtsbruchs schuldig gemacht haben, sondern die allein wegen ihrer Anschauungen der verfassungsrechtlichen Grundwertung nicht mehr entsprechen können und wollen und deshalb illegitim werden können.

Der Vorrang punktueller Maßnahmen gegen rechtsbrechende Gruppen ergibt sich aus dem von *Lerche* verfassungsrechtlich unterbauten und in Art. 19 Abs. 2 GG festgelegten Grundsatz[13] des Übermaßes, der im polizeilichen Bereich der Mißbrauchsabwehr besonders zum Tragen kommt[14]. In dieser Ausgestaltung wird der Gedanke, den Verein soweit wie möglich, mit Einzelmaßnahmen zu behandeln, zu einem Gebot der Gerechtigkeit[15].

---

[9] *Gallwas*, Mißbrauch, S. 130, 131 o.
[10] *Maunz*, Dt. Staatsrecht, S. 131, § 16, 2; *Reismüller*, JZ 1960, S. 529 (532); *Čopič*, JZ 1963, S. 494 (497); *Gallwas*, Mißbrauch, S. 124; *Dürig* in *Maunz-Dürig-Herzog*, Art. 18, RdNr. 16.
[11] Ob damit ein Parteienprivileg vereinbar ist, ist fraglich, vgl. den § 12, 3, c, aa und die Ausführungen zur wertgebundenen Demokratie. Vgl. aber *Dürig* in *Maunz-Dürig-Herzog*, Art. 18, RdNr. 92. Es ist daran festzuhalten, daß individuelle Grundrechtsbetätigung im politischen Bereich nichts anders zu behandeln ist wie die verbands- und parteikonnexe Tätigkeit.
[12] *Gallwas*, Mißbrauch, S. 131.
[13] Peter *Lerche*, Übermaß, S. 26, S. 79; ähnlich *Scholler*, Person und Öffentlichkeit, S. 338.
[14] *Lerche*, a. a. O., S. 134, 135.
[15] *Lerche*, a. a. O., S. 26.

Diese Funktion übersieht *Gallwas* bei der Stoppung individueller Grundrechtsaktivität, die sich zum Mißbrauch erweitert hat, wenn er punktuellen Maßnahmen und genereller Wirkung gleichen Rang und gleiche Wertigkeit einräumt[16]. Die Zurückdrängung in den durch die allgemeine Polizeipflichtigkeit festgelegten Rechtskreis und der Versuch der Zurückdrängung in diesen Rechtskreis müssen um der Gerechtigkeit willen Vorrang haben. Die Chance der Rehabilitierung muß der Staat jeder Vereinigung zuerkennen. Eine einzige Entgleisung kann nicht zu dauernder Ausschaltung aus dem politischen Leben führen. Auf der anderen Seite wird aber die punktuelle Maßnahme zu einem gerechten und damit auch effektiven Mittel der Bewahrung der freiheitlichen Grundordnung. Terrorgruppen oder Gruppen, die sich nicht der allgemeinen Polizeipflichtigkeit unterwerfen wollen, müssen zuerst mit den polizeilichen Mitteln zur Einhaltung systematischer Verfassungsschranken gezwungen werden. Ein *Verein* darf z. B. *nicht* deshalb *verboten* werden, weil er *rechtswidrige Demonstrationen* veranstaltet und diese rechtswidrig durchführt. Die *Demonstrationen müssen verboten werden, nicht der Verein*. Zur Ausschaltung des Rechtsbruches müssen alle Mittel staatlicher Gewalt, also der Exekutive, aber auch *alle Mittel der Straf-* sowie der *Zivil- und Verwaltungsgerichtsbarkeit* eingesetzt werden.

Erst, wenn die punktuelle Maßnahme versagt und die einzelnen Rechtsbrüche auf eine allgemeine Untergrabung der verfassungsmäßigen Grundordnung schließen lassen oder eine generelle Strafrechtswidrigkeit ersichtlich wird, muß die generelle Maßnahme zum Zuge kommen. Auch sie ist durch den oben dargestellten Gedanken der Gefährlichkeit begrenzt.

Nur dort, wo überhaupt kein rechtswidriger Gebrauch der Vereinigungsfreiheit vorliegt, wo nur die an sich demokratie- und gesetzeskonforme, aber illegitime politische Aktivität allein zum Verbot führen muß, können die allgemeinen Gesetze der Vereinigung nicht als Schranke, aber auch nicht als Schutz vor einem sofortigen Verbot dienen.

Ein Grenzbeispiel zwischen punktueller und genereller, zwischen repressiver und präventiver Maßnahme bietet der Verein, der sich zur Vorbereitung, Propagierung und Durchführung einer Volksbefragung konstituiert hat[17].

---
[16] *Gallwas*, Mißbrauch, S. 131.
[17] Nicht hierher gehören die Institute und Vereine zur repräsentativen Meinungsbefragung; diese Befragungen haben den Charakter von Stichanalysen und tangieren die repräsentative Demokratie nicht, da die Demokratie auf die Erforschung der öffentlichen Meinung nicht verzichten kann, die Ergebnisse der Umfrage aber keine unmittelbaren, rechtsverbindlichen Entscheidungen bewirken. Vgl. G. *Schmidtchen*, Die befragte Nation, S. 9 ff., und E. *Noelle-Neumann*, Öffentliche Meinung und soziale Kontrolle, Tübingen 1966, in Recht und Staat in Geschichte und Gegenwart, Heft 329.

Durch die Entscheidung des BVerfG[18] wurde klargelegt, daß das GG plebiszitäre Sach- oder Personalentscheidungen zugunsten repräsentativer und damit auch aristokratischer Elemente[19] im streng parlamentarischen System überwindet. Ein Verein für eine Volksbefragung kann damit nur rechtswidrig handeln, wenn er auf seinem Ziel beharrt. Dennoch kann diese verfassungswidrige Aktion, die die Grundordnung angreift, mit normalen polizeilichen Mitteln im Rahmen punktueller Maßnahmen verhindert werden. Die Vernichtung der Vereinigung würde sie ungerechtfertigt treffen, die *polizeiliche Abwehr genügt*, auch wenn die Betätigungsgrundlage der Vereinigung bereits zerstört ist und der Verein seinen Zweck verloren hat[20]. Diese punktuelle Maßnahme „mumifiziert"[21] die Vereinigung, treibt sie zur Selbstauflösung, ist aber dennoch sinnvoll, da ungerechtfertigte Nebenfolgen wie Vermögenseinziehung und moralische Diskreditierung vermieden werden müssen. Das Risiko einer gewaltlosen und doch verfassungswidrigen Betätigung muß um der Lebendigkeit demokratischer Lebensgestaltung gering gehalten werden, auch im finanziellen Bereich.

### § 16 IV. Die mittelbaren Verbotsmaßnahmen als unzulässiger Schrankentatbestand außerhalb des Art. 9 Abs. 2 GG

*1. Die mittelbaren Maßnahmen, die sich gegen die Vereinigung als solche richten: Der Entzug der Rechtsfähigkeit*

In § 1 Abs. 2 des VereinsG wird zugesichert, daß gegen eine Vereinigung nur nach Maßgabe dieses Gesetzes eingeschritten werden kann. Dies kann nur das Verfahren betreffen, da die materiellen Verbotstatbestände in Art. 9 Abs. 2 GG abschließend aufgeführt sind und die Vereinigungsfreiheit polizeifest ist[1]. In § 30 Abs. 2 Nr. 2 und 3 VereinsG werden jedoch eine Reihe von Vorschriften für anwendbar erklärt, die sich alle mit dem Entzug einer bestimmten Rechtsform befassen[2]. Es fragt sich, ob diese Möglichkeiten der Entziehung der Rechts-

---
[18] BVerfG E 8, 104 (122 ff.).
[19] *Marčič*, Richterstaat, S. 190 f., 215 unten, 267 f., erkennt dies, verengt aber den Blickwinkel zu sehr auf den unabhängigen, aristokratischen Richter.
[20] Zu Unrecht nimmt *Seifert* in DÖV 65, S. 356, Fußnote 24 an, daß in diesen Fällen eine „Liquidation" der Vereinigung in Betracht kommt. Gegen *Seifert* wohl auch *Čopič*, GG und p. St. n. A., S. 89.
[21] Ausdruck von *Ridder*, DÖV 1963, S. 326, der damit den Zustand einer Vereinigung beschreibt, der eintritt, wenn der Verein zwar bestehenbleibt, aber nicht mehr nach außen tätig werden kann.
[1] Von *Feldmann*, DÖV 1965, S. 30 mit Fußnote 18; *Seiffert*, DÖV 1954, S. 353 (357); *Drews-Wacke*, § 8, Nr. 10; *Füsslein*, Vereins- und Versammlungsfreiheit, S. 435.
[2] §§ 43, 44 BGB; §§ 396—398 Akt.-Gesetz; § 62 GmbH Gesetz; § 81 Gen.-Gesetz; § 38 Abs. 1 Kreditwesengesetz; § 87 Versicherungsaufsichtsgesetz.

## 3. Kapitel: Die Schranken der Vereinigungsfreiheit

fähigkeit gegen die abschließenden Verbotstatbestände des Art. 9 Abs. 2 GG dadurch verstoßen, daß im Ergebnis die Gruppe in ihrem organisatorischen Zusammenhalt, in ihrer Existenz, ihrer Essenz und ihrer Effizienz gestört wird[3] und damit die Vereinigungsfreiheit auf legalem „Umweg" im konkreten Fall zerstört wird. Es besteht die Möglichkeit, daß ein unzulässiger Verbotstatbestand geschaffen wird. Exemplarisch soll die Regelung des BGB dargelegt werden. Im Ergebnis regeln die anderen Tatbestände die Frage des Entzuges einer bestimmten Rechtsform genauso[4].

Nach § 61 Abs. 2 BGB kann einem Verein die Rechtsfähigkeit, die Anerkennung als eingetragener Verein, verweigert werden. Gemäß § 43 Abs. 1 BGB kann einem Verein im Sinne des BGB die Rechtsfähigkeit und damit die Vereinseigenschaft im Sinne des BGB aberkannt werden; Voraussetzung ist, daß der Verein durch einen gesetzwidrigen Beschluß der Mitgliederversammlung oder durch das gesetzwidrige Verhalten des Vorstands das Gemeinwohl gefährdet. Nach § 43 Abs. 2 BGB besteht dieselbe Möglichkeit, wenn der Zweck eines Vereins nach der Satzung nicht auf einem wirtschaftlichen Geschäftsbetrieb gerichtet ist, aber tatsächlich ein solcher Zweck verfolgt wird. Schließlich kann die Rechtsfähigkeit nach § 43 Abs. 3 BGB aberkannt werden, wenn ein Verein, dessen Rechtsfähigkeit auf Verleihung beruht, einen anderen als den in der Satzung bestimmten Zweck verfolgt[5]. Im praktischen Ergebnis kommen sich Verweigerung und Entzug der Rechtsfähigkeit gleich, da in beiden Fällen die Vorteile der Rechtsfähigkeit nicht in Anspruch genommen werden können. Eine verfassungsrechtliche Gleichbehandlung zwischen Nichtförderung der Vereinigung durch Vorenthaltung der Rechtsfähigkeit und eine Nichtmehrförderung durch Entzug der Rechtsfähigkeit ist deshalb gerechtfertigt. Die Vorteile der Rechtsfähigkeit ergeben sich für die Gruppe vor allem dadurch, daß sie am Rechtsleben besser teilnehmen kann. Als rechtsfähiger Verein kann eine Vereinigung Vermögen besitzen und erwerben, vor allem kann sie im Prozeß passiv und aktiv parteifähig sein (§ 50 Abs. 2 ZPO). Die Vereinigung ist nicht auf treuhänderische Vermögensverwaltung und nicht auf die Klage aller Mitglieder angewiesen. Die Tätigkeit wird durch die besondere Rechtsform gefördert und erleichtert. Der *Entzug der Rechtsfähigkeit* bedeutet die *Auflösung des Vereins nach dem BGB*[6].

Die Vereinigung kann nur *denaturiert ihre Tätigkeit als BGB-Gesellschaft* fortsetzen; sie wird aber durch diese Rechtsform in ihrer Teilnahme am Rechtsverkehr behindert[7].

---

[3] Diese Begriffsmerkmale sind dem Staatsbehauptungswillen entnommen, wie er im präventiven Verfassungsschutz ausgebildet wurde; vgl. oben § 14, 1, d.
[4] Vgl. oben Fußnote 2.
[5] *Sauter, Eugen*, Der eingetragene Verein, S. 127 ff.
[6] *Enneccerus-Nipperdey*, Allgemeiner Teil des BGB, § 113, II, 5.

## § 16 Die mittelbaren Verbotsmaßnahmen

In dieser Erschwerung der Tätigkeit liegt aber *kein unzulässiger, einem Verbot nahekommender Eingriff*. Dies gilt auch dann, wenn man mit Recht annimmt, daß Art. 9 Abs. 2 GG auch eine abschließende Regelung der Eingriffe in den internen Tätigkeitsbereich einer Vereinigung enthält[8].

Wie oben dargelegt, wird die Grundrechtsfähigkeit nicht durch Rechtsformen bestimmt, sondern bestimmt sich aus dem Gedanken des in Art. 9 Abs. 1 GG zugelassenen assoziativen Elements im Verfassungsleben. Wenn die Rechtsfähigkeit nicht zur Notwendigkeit einer Grundrechtsausübung gehört, liegt auch die Zu- und Aberkennung außerhalb des Grundrechts. Die Rechtsfähigkeit gehört nicht mehr in den Schutzbereich des Art. 9 Abs. 1 GG[9]. Dieses Ergebnis wird auch durch die allgemeine Grundrechtsdogmatik bestätigt. Die Vereinsfreiheit des Art. 9 Abs. 1 GG ist ein echtes Freiheitsrecht, wenn auch mit doppelter Funktion und institutioneller Seite. Die Träger der Staatsgewalt sind gehalten, demjenigen, der das Recht ausüben will, *keine Beschränkungen aufzuerlegen* und sie am Staat evtl. in den ihnen gesetzten Formen teilnehmen zu lassen; daneben muß der Staat *Lebensbereiche und Normenkomplexe* schaffen, in denen Grundrechtsausübung effektiv und sinnvoll wird. Dem Bürger steht insoweit ein Anspruch zu[10]. Diese Ausübung der Grundrechte ist auch ohne Rechtsfähigkeit effektiv und sinnvoll, wie oben dargelegt.

Ein allgemeiner Anspruch auf Beibehaltung der Rechtsfähigkeit und damit ein Anspruch auf Förderung der Gruppentätigkeit durch Zurverfügungstellung bzw. Erhaltung von Rechtsformen besteht nicht. *Maunz* hat an Hand des Subventionsanspruchs im Bereich des Privatschulwesens überzeugend nachgewiesen[11], daß aus der Freiheit zwar die

---

[7] *Sauter*, Der eingetragene Verein; *Schnorr*, VereinsG § 1 RdNr. 32, S. 59, mit Nachweisen über die Rechtslage im Aktienrecht, GmbH Recht usw. Vom privatrechtlichen Standpunkt aus kommt auch *Beitzke*, Juristische Personen, S. 97, S. 112 im verfassungsrechtlichen Bereich und im polizeilichen Bereich zum selben Ergebnis.

[8] *Füsslein*, Vereins- u. Versammlungsfreiheit, S. 435; von *Münch* in BK, Art. 9 RdNr. 79; von *Mangoldt-Klein*, Art. 9 IV 7, S. 326.

[9] Wie hier im Ergebnis *Wihldidal*, Eingriff, S. 88 mit Nachweisen; *Schnorr*, VereinsG, § 1, RdNr. 58; *Gallwas*, Mißbrauch, S. 162 oben, alle aber ohne Begründung. Ebenso *Beitzke*, Juristische Personen, S. 97 und 112 und Diskussionsgrundlage der Tagung der Gesellschaft für Förderung des Internationalen Privatrechts, Wiesbaden, v. 11. 4. 1968, S. 5.

[10] *Lerche*, Übermaß, S. 241 mit Fußnote 336; er setzt sich mit diesem Anspruchsdenken auseinander und differenziert vorsichtig, um vor allem Auswüchsen des Anspruchsdenkens an den Staat zu verhindern. Die Lehre der Grundrechte als Institutionen vermochte bisher dieses Problem nicht befriedigend zu lösen, da nicht geklärt ist, wie die Verwirklichung der Institutionen notfalls erzwungen werden kann. Für ein Anspruchsdenken: von *Mangoldt-Klein* Vorb. A VI, 3 a, S. 85.

[11] *Mainz* in *Maunz-Dürig-Herzog*, Art. 7, RdNr. 86 mit Nachweisen, auf die in der Frage der Förderung der Privatschulfreiheit gespaltene Literatur in den Fußn. 1—4, S. 51 und in den Fußn. 1 u. 2, S. 52. *Mainz* hat mit Recht in sei-

Abwehr staatlicher Eingriffe und die Notwendigkeit für den Staat resultiert, lebenskräftige Normbereiche für eine Rechtsausübung zu schaffen; der Staat ist jedoch *nicht* zur *Unterstützung und Förderung konkreter* Ausübung durch finanzielle und rechtliche Maßnahmen verpflichtet. Im Bereich der *Förderung aktiver, konkreter Rechtsausübung* besteht ein *gesetzgeberisches Ermessen*, eine Gestaltungsfreiheit des Gesetzes die nicht verletzt ist, weil der Gesetzgeber mit der Regelung des Entzuges der Rechtsfähigkeit wohlbedachte Gründe (Formmißbrauch) ins Feld führen kann[12].

Und doch sind dem Entzug der Rechtsfähigkeit Grenzen gesetzt, die ihren Ursprung in Art. 9 Abs. 1 GG und Art. 3 GG haben.

Die Nichtförderung darf nicht soweit gehen, daß die Grundrechtsausübung derart erschwert wird, daß sie unattraktiv wird, daß von einer Ausübung praktisch nicht mehr gesprochen werden kann, obwohl der Wille und die finanzielle Einsatzbereitschaft vorhanden sind. Art. 19 Abs. 2 GG mit der Auslegung durch Peter *Häberle* und mit der allgemeinen Auslegung der Wesensgehaltsgarantie kann hier allein überzeugen[13]. Diese Grenze wird jedoch durch die Entzugsmöglichkeiten nicht tangiert[14, 15].

Schließlich wird diesen Entzugsmöglichkeiten durch Art. 3 GG die Mißbrauchsschranke aufgezeigt. Willkürliche Entzugsmaßnahmen ohne sachlichen Grund verletzen die betroffene Vereinigung in ihrem Recht auf Gleichbehandlung und in ihrem Recht auf gleichen Zugang zur Öffentlichkeit mit den gleichen Zugangschancen. Eine Differenzierung ist aber auch aus den sachlich genannten Gründen, die nicht mit den in Art. 3 Abs. 3 GG besonders hervorgehobenen Differenzierungsverboten bzw. Differenzierungsgeboten kollidieren, zulässig.

Die Möglichkeiten, die Rechtsfähigkeit zu entziehen, unterlaufen damit nicht das Verbotsrecht, sondern bestehen in Rechtsvorausssetzung und in Rechtsfolge unabhängig nebeneinander.

---

nen Überlegungen nicht nur die Privatschulfreiheit einbezogen, sondern überträgt diese Deutung auf alle anderen Freiheitsrechte.
Zum gesetzgeberischen Ermessen: *Dürig* in *Maunz-Dürig-Herzog*, Art. 1 Abs. 3 RdNr. 105 vor allem Fußnote 1; zum neuen Ausdruck der Gestaltungsfreiheit des Gesetzgebers: *Hesse*, Grundzüge, S. 211 mit Fußnote 70 und BVerfG 3 20, 150 (162).

[13] Peter *Häberle*, Wesensgehaltsgarantie, S. 126; vgl. auch *Schnorr*, Person und Öffentlichkeit, S. 367 mit Fußn. 57—63.

[14] Im Ergebnis wie hier *Schnorr*, VereinsG, § 1, RdNr. 32, S. 58, allerdings ohne Begründung.

[15] *Herzog*, BayVerwBl 1968, S. 79, der bezüglich des citoyen-Rechtes des Art. 8 GG ebenfalls die Möglichkeit der Nichtförderung durch den Staat anerkennt.

## 2. Der „Durchgriff" gegen die Funktionäre, Mitglieder und Anhänger einer Vereinigung

### a) Der Durchgriff im Verfassungsrang: Das Verhältnis von Art. 9 Abs. 2 GG zu Art. 18 GG im Durchgriffsbereich[16]

Eine Durchbrechung des Verbotsgrundsatzes und des exklusiven Tatbestandes des Art. 9 Abs. 2 GG könnte dann vorliegen, wenn Vereinsfunktionäre, Vereinsmitglieder oder Vereinsanhänger durch ein Verwirkungsverfahren nach Art. 18 GG aus einer Vereinigung „herausgeschossen" werden könnten und damit der Verein praktisch lahmgelegt werden könnte.

Zweifelsfrei wird diese Möglichkeit dann zu bejahen sein, wenn der Mißbraucher nicht mehr in Übereinstimmung mit dem Gesamtwillen der Vereinigung handelt, wenn er verbandsfrei handelt. Dann kann man auch nicht von einem Unterlaufen der Betätigungs- und Existenzfreiheit der Vereinigung sprechen.

Bei verbandskonnex handelnden Mißbrauchern könnte eine Sperrwirkung durch das Erfordernis eines Vorabverbots der Vereinigung nach Art. 9 Abs. 2 GG gegeben sein. Diese Notwendigkeit könnte sich daraus ergeben, daß bis zu einem Verbot einer Vereinigung die Tätigkeit der Vereinigung nicht angreifbar ist[17], d. h. solange sie nicht die Grenzen der allgemeinen Gesetze überschreitet und mit punktuellen Maßnahmen bedroht werden kann[18].

Die Lösung dieser Frage ergibt sich aus einer vergleichenden Betrachtung zwischen Art. 21 Abs. 2 GG und der Verwirkungsmöglichkeit parteikonnexer, individueller Grundrechtsaktivität nach Art. 18 GG. Art. 18 GG und Art. 21 Abs. 2 GG bringen beide präventive, notstandsähnliche Verfassungsschutzmaßnahmen mit Verfassungsrang, und zwar sowohl für den Tatbestand als auch für die Durchführung des Verfahrens[19].

Zudem ist unstreitig, daß jede Parteiaktivität bis zum Verbot der Partei geschützt ist. Dies gilt nicht nur für die Parteiorganisation, sondern auch für die Funktionäre, Mitglieder und Parteianhänger[20]; ein Vergleich ist somit bereits nach dem Grundsatz a maiore ad minus gerechtfertigt.

---

[16] Die Maßnahmen nach Art. 18 GG gegen die Vereinigung als solche werden unter Kapitel 4 = § 19, I, b behandelt.
[17] Vgl. dazu unten § 16, 2, b: Diese Frage kann hier da hingestellt bleiben, wird auch beim einfachgesetzlichen Durchtriff bedeutsam. Vgl. auch *Gastroph*, BayVerwBl, 69, 299 ff.
[18] Vgl. oben § 15, 2.
[19] *Ridder*, GG, Notstand und politisches Strafrecht, S. 32, weist mit Recht auf die Parallelität der Verfassungsschutzmaßnahmen hin, vgl. oben § 14, 2, b.
[20] Statt aller *Čopič*, GG und p. St. n. A., S. 99—104 und S. 66; vgl. dazu auch BVerfG 3 12, 196 (307); 13, 261 (270 ff.); 15, 167 (208 f.).

Dieser Schutz der Parteiaktivität geht aber nicht so weit, daß er auch ein Verwirkungsverfahren vor dem BundesverfG ausschließen würde, da auch dieses Verfahren Verfassungsrang und dieselben rechtsstaatlichen Garantien besitzt[21]. Sinn des Privilegs war es, der Exekutive die Möglichkeit zu verwehren, die Opposition einer Partei auszuschalten. Dem Motiv für das Parteienprivileg fehlt also zumindest im Verhältnis zum Verwirkungsverfahren die Basis. Es ist somit kein Grund ersichtlich, dem selben Gericht die Möglichkeit zu verwehren, auf Antrag der dazu berechtigten Antragsteller einem Mitglied die Grundrechte politischer Betätigungsfreiheit zu entziehen. Art. 18 GG will bewußt den Parteifunktionär treffen, auch wenn der Partei insgesamt nicht Verfassungsfeindlichkeit unterstellt werden kann. Es sollen damit verfassungsfeindliche Kräfte einer noch verfassungsmäßigen Partei ausgeschaltet werden können.

Was für das Verhältnis des Parteiverfahrens zum Verwirkungsverfahren gilt, muß erst recht zwischen Verbandsverbot und Verwirkung für ein Verbandsmitglied gelten. Der verfassungsmäßige Rang des Verwirkungsverfahrens ist dem verfassungsmäßigen Rang des Verbotsverfahrens deshalb übergeordnet, weil nach herrschender Meinung[22] das Verbotsverfahren auch im politischen Bereich der Exekutive vorbehalten ist[23]. Das Verwirkungsverfahren vor dem BundesverfG hat vom Grundgesetzgeber eine größere Autorität und Integrität erhalten als das Verfahren der Exekutive mit dem Recht des ersten Zugriffs. Das Grundgesetz geht von einem gewissen Mißtrauen gegen die Exekutive aus und hat die Verfassungsgerichtsbarkeit in einer im deutschen Verfassungsleben bisher noch nicht gekannten Größe ausgebaut. Auf *verfassungsmäßiger* und *verfassungsgerichtsmäßiger* Ebene kann somit *gegen Funktionäre, Mitglieder oder Anhänger einer Vereinigung durchgegriffen werden*[24]. Einem potentiellen Mißbraucher kann die individuelle Vereinigungsfreiheit aberkannt werden; er kann gezwungen werden, aus einem Verein auszutreten und sich nicht mehr vereinsmäßig zu betätigen[25]. Der Verwirkungsanspruch kann sich aber auch auf die Beibehaltung der Mitgliedschaft beschränken und nur ein Betätigungsverbot im Verein verhängen[26]. Daneben können dem Mißbraucher selbstverständlich auch andere Grundrechte als die Vereinigungsfreiheit aberkannt werden.

---

[21] *Maunz* in *Maunz-Dürig-Herzog*, Art. 21, RdNr. 104 mit Fußn. 1; *Gallwas*, Mißbrauch, S. 162; *Willms*, NJW 1964, S. 225 (227).
[22] Vgl. unten § 19, 1 b.
[23] Wie hier *Gallwas*, Mißbrauch, S. 168, allerdings ohne Begründung.
[24] So die absolut herrschende Meinung: *Dürig* in *Maunz-Dürig-Herzog*, Art. 18. RdNr. 86; *Gallwas*, Mißbrauch, S. 162. Gegen die h. M., allerdings nicht eindeutig, *Willms*, NJW 1964, S. 225, (227).
[25] Vgl. BVerfGG § 39 Abs. 1 S. 3; *Lechner*, § 39 BVerfGG, Anm. 2, S. 298.
[26] Vgl. Walter *Schmidt*, NJW 1965, S. 425.

§ 16 Die mittelbaren Verbotsmaßnahmen 125

Dieses Ergebnis wird auch nicht dadurch gefährdet, daß die Exekutive für das Vereinsverbot zuständig ist und damit ein Monopol im Unterbinden von verbandskonnexer Subversion besitzt. Aus der ganzen Verfassungsschutzstruktur ergibt sich, daß das BVerfG höchsten Rang im Verfassungsschutz beanspruchen kann. Ein exklusives Recht, gruppenmäßige Aktivität durch die Exekutive zu „paralysieren", besteht deshalb nicht, wenn auch nicht verkannt wird, daß das Verwirkungsverfahren oft einem Verbot gleichkommt[27], wenn ein führender Kopf oder gar mehrere einer Vereinigung politisch entrechtet werden[28].

b) Der Durchgriff durch Maßnahmen mit Gesetzesrang:

Das politische Strafrecht und Art. 9 Abs. 2 GG

aa) Der Verfassungsschutz als konstitutives Element der Begrenzung der politischen Grundrechtsaktivität

Durch den funktionalen Zusammenhang des Verfassungsschutzes mit präventiven Notstandsmaßnahmen nach Art. 18 GG als Schranke individueller Grundrechtsaktivität, Art. 9 Abs. 2 GG als Schranke verbandskonnexer Grundrechtsaktivität und Art. 21 Abs. 2 GG als Schranke parteikonnexer Grundrechtsaktivität ergibt sich ein neues Verständnis der konstitutiven Einschränkung politisch fungierender Öffentlichkeitstätigkeit.

In dem soziologisch-politisch, aber auch juristisch, staatsrechtlich am weitesten ausgebauten Raum der parteikonnexen Grundrechtsaktivität wurde erkannt, daß die *bloße Tätigkeit für eine Partei nicht als rechtswidrig oder nachträglich als verfassungswidrig behandelt werden kann, solange noch kein Verbot ausgesprochen wurde*[29]. Der Akt des Verbotes deckt einen bisher verfassungsgefährlichen, aber nicht rechtswidrigen Sachverhalt auf. Der Verbotsakt schafft *materiell konstitutiv* ab Verbotsurteil einen rechtswidrigen und verfassungswidrigen Zustand, **wenn das** Parteiziel weiter verfolgt wird[30]. Dies ergibt sich schon positiv-rechtlich aus der Regelung des § 46 BVerfGG. Das Bundesverfassungsgericht hat deshalb mit Recht die Verfassungsmäßigkeit des

---

[27] Davon zu scheiden ist die Frage, ob das BVerfG berechtigt ist oder sogar allein berechtigt ist, das Verbot einer Vereinigung nach Art. 18 GG mit § 39 Abs. 2 BVerfGG auszusprechen und ob ein exekutivisches Verbot im politischen Bereich nicht zulässig ist, solange es sich um verfassungsfeindliche politische Subversion handelt.
[28] *Dürig* in *Maunz-Dürig-Herzog*, Art. 18, RdNr. 11 und *Ridder*, Meinungsfreiheit, S. 290 mit Fußnote 160.
[29] BVerfG E 12, 296 (297).
[30] Wie hier die wohl h. M.: *Maunz* in *Maunz-Dürig-Herzog*, Art. 21, RdNr. 121 mit weiteren Nachweisen in Fußn. 3; *Henke* in BK, Art. 21, RdNr. 59, der allerdings nicht materiell verfassungsmäßig argumentiert, sondern sich nur aus praktischen Erwägungen der materiell-konstitutiven Theorie anschließt. Vgl. jetzt auch BVerfG E 25, 44; 25, 69; 25, 88.

§ 90 a. F. StGB abgelehnt[31]. Es meint, daß die Rechtsordnung nicht ohne Verstoß gegen den Grundsatz der Rechtsstaatlichkeit die verfassungsrechtlich eingeräumte Freiheit, eine Partei zu gründen und für sie im Verfassungsleben zu wirken, nachträglich als rechtswidrig behandeln kann.

Die Literatur läßt diesem Satz oft Exklusivität für die parteipolitische Aktivität zukommen und firmiert dies unter der Bezeichnung „Parteienprivileg"[32]. Doch kann auch dieses Zugeständnis der durch das Parteienprivileg eingeräumten Toleranz[33] nicht verhindern, daß parteikonnexes Handeln mit den Mitteln des Strafrechts[34] und sonstigen Sanktionen wie denen des Beamtenrechts[35], des Arbeitsrechtes[36] (Störung des Arbeitsfriedens) und des Verwaltungsrechts[37] (Versagung von Gebührenerlaß an der Universität wegen parteipolitischer Aktivität) unterdrückt und praktisch aus dem Verfassungsleben ausgeschaltet wird.

Begründet wird diese Einschränkung der Aktivitätsfreiheit, die Maunz zu Bedenken veranlaßt[38], mit dem repressiven Charakter dieser Maßnahmen. Der Verantwortliche werden nur für vergangenes Tun herangezogen[39], während das Parteienprivileg nur den präventiven Schutz der Verfassung sichern wolle und nur zukunftsgerichtet sei. Weiter wird argumentiert, daß durch das Parteienprivileg nur die Parteiorganisation geschützt wird, aber nicht die einzelne Tätigkeit der Funktionäre, Mitglieder oder Parteianhänger[40]. Diese Meinung übersieht jedoch drei Gesichtspunkte: Zum ersten wirkt die *repressive* Maßnahme in jedem Fall *auch präventiv*[41], zum anderen sind die praktischen Aus-

---

[31] BVerfG E 12, 296 ff.
[32] Vgl. dazu z. B. *Dürig* in *Maunz-Dürig-Herzog*, Art. 18, RdNr. 92, S. 33, sowie Fußnote 2.
[33] BVerfG E 12, 296 (306); *Willms*, Staatsschutz im Geiste der Verfassung, S. 42 = Anm. 21 zu S. 23.
[34] Bestrafung von Parteimitgliedern nach den viel zu weiten Strafvorschriften der §§ 80 ff., StGB, vgl. die rückschrittliche E BVerfG 9, 164 ff. (176).
[35] Bay VGH NJW 1956, S. 767 f.
[36] BArbG E 2, 266 ff.
[37] OVG Koblenz, AS 2, 298 (308 ff.), zitiert nach *Maunz* in *Maunz-Dürig-Herzog*, Art. 21, RdNr. 104, in Fußnote 1 S. 38 Mitte.
[38] *Maunz* in *Maunz-Dürig-Herzog*, Art. 21, RdNr. 104, Fußnote 1 am Ende, allerdings nur beiläufig.
[39] *Dürig* in *Maunz-Dürig-Herzog*, Art. 18. RdNr. 94; *Gallwas*, Mißbrauch, S. 151, der allerdings zu dem Begriffspaar repressiv-präventiv mit Recht kritisch Stellung nimmt.
[40] *Leibholz-Rinck*, Kommentar, Art. 21, RdNr. 12, 2. Absatz, unter Berufung auf BVerfG E 11, 155 (166 ff.); auf BVerfG E 12, 296 ff. wird nicht eingegangen.
[41] Dies ergibt sich schon aus dem allgemeinen Charakter der Strafe, ohne daß neue Straftheorien, die immer mehr die Prävention in den Vordergrund rücken, herangezogen werden müßten. Im Ergebnis so auch *Gallwas*, Mißbrauch, S. 150, mit Fußnote 215 bis 217, der allerdings alle präventiven Maßnahmen des Strafrechts zuläßt, für das politische Strafrecht nur die Schranke des Art. 103, Abs. 2 GG fordert und eine Normenkontrolle der **Straftat**bestände bezüglich der einzelnen Ausgestaltung für notwendig hält.

§ 16 Die mittelbaren Verbotsmaßnahmen 127

wirkungen rein präventiv, d. h. dem einzelnen Bürger wird und soll für die Zukunft kraft neuer Strafdrohung der Mut zur parteipolitischen Aktivität genommen werden; schließlich wird damit dem einfachen Gesetzgeber die Möglichkeit eröffnet, etwas als rechtswidrig zu behandeln, was verfassungsrechtlich nicht rechtswidrig ist, da das Verbot materiell-konstitutiv, zumindest aber formell-konstitutiv wirkt. Die Ablehnung der ex lege-Theorie des Art. 9 Abs. 2 GG muß konsequent durchgeführt werden[42].

Gegen diese Sanktionen im einfach-gesetzlichen Durchgriff wenden sich gewichtige Stimmen in der Literatur[43], vor allem der Alternativentwurf zum politischen Strafrecht von *Baumann, Brauneck* u. a.[44]. Sie messen der Entscheidung des Bundesverfassungsgerichts zu § 90 a StGB a. F. und anderen ähnlichen Entscheidungen des Bundesverfassungsgerichts[45] größere Bedeutung bei und meinen, daß erst das Verbot eine an sich verfassungsgefährliche Handlung zu einer rechtswidrigen und illegalen werden lasse, aber nicht rückwirkend, sondern nur für die Zukunft. *Lechner* spricht mit Recht davon, daß die bisherige Tätigkeit „legalisiert" werde.

Der präventive Verfassungsschutz nimmt konkrete Gestalt an[46]. Die Duldung verfassungsgefährlicher Handlungen und Meinungen als rechtmäßig bis zum Verbot ist das Opfer der Freiheit, das Wagnis der Freiheit. Das Grundgesetz schreibt dieses Wagnis vor[47].

bb) Die Ausweitung des Parteienprivilegs im materiellen Bereich

Diese materiell-konstitutive Wirkung der Illegitimisierung und Illegalisierung bezieht sich aber nicht nur auf das Verbot parteikonnexer Aktivität. Sie gilt auch der verbandskonnexen Aktivität sowie der individuellen politischen Aktivität. Durch Art. 18 S. 1 und S. 2 GG wird demjenigen Illegitimität angedroht, der sich den Schutzgütern des Art. 18 GG zuwider betätigt. *Baumann* und andere sehen darin ein „Aktivbürgerprivileg"[48], wenn schon die Ausübung demokratiekonfor-

---

[42] Vgl. richtig Bay VGH, BayVerwBl 1963, S. 286, die mit Recht erst ein Verbot nach Art. 9, Abs. 2 GG verlangt, bevor in irgendeiner Form in die Vereinsfreiheit eingegriffen werden könnte. Vgl. noch unten § 16, 2, b, bb. (S. 179 ff.).
[43] Z. B. *Hesse*, Grundzüge, S. 260; Sonderausschuß für die Strafrechtsreform, S. 1391 f., 1397 f.; Niederschriften der großen Strafrechtskommission. Alternativentwurf zum politischen Teil des Strafrechts 1968, S. 24 und S. 35 und den Ausführungen zu den einzelnen noch übrigbleibenden Tatbeständen.
[44] BVerfG E 12, 261 (270 f.); 15, 167 (208 ff.), dagegen noch BVerfG E 9, 162 (163 f.).
[45] *Lechner*, Komm. § 46 BVerfGG zu Abs. 1 (S. 226).
[46] Wie hier *Čopič*, GG und p. St. n. A., S. 104 mit vielen Nachweisen und S. 66 mit Fußn. 106 u. 107, der weitere Ansätze dieser Denkweise bringt; ähnlich *Ridder*, Meinungsfreiheit, S. 289.
[47] Vgl. *Baumann, Brauneck* und andere, Alternativentwurf S. 35.
[48] *Baumann, Brauneck*, u. a., Alternativentwurf, S. 24 u. S. 35; wie diese auch: *Willms*, NJW 1964, S. 225, 227; *Löffler*, DÖV 1957, S. 897 (899); *Čopič*, GG

mer — da gewaltloser — politischer Aktivität mit dem Prädikat eines „Privilegs" versehen werden muß.

Dem Bürger wird — freiheitliche Demokratie richtig ausgelegt — das Risiko abgenommen, daß eine *geistige Auseinandersetzung* nicht verfassungsmäßig oder gar strafbar ist. Erst wenn Demokratie so verstanden wird, wird Teilhabe am Staat durch funktionalisierte Grundrechte effektiv und erhält Lebenskraft.

Für die *Exklusivität eines materiellen Privilegs* für die Parteien besteht, *verfassungsstrukturell* wie *verfassungssystematisch und verfassungsrechtlich, kein Anhaltspunkt*[49].

In diesem Rahmen stellt sich die konstitutive Wirkung eines Vereinsverbotes, wie es seit der Entscheidung des Bundesverwaltungsgerichtes vom 6. 12. 1956 nicht mehr streitig ist[50]. Das BVerwG führt aus, daß „von einer Gewährleistung des Koalitionsrechtes bzw. der Vereinigungsfreiheit nicht mehr gesprochen werden könne, wenn jede beliebige Behörde zu beurteilen hätte, ob der Zweck einer Vereinigung gegen die verfassungsmäßige Ordnung gerichtet ist". Die Literatur hatte diese materiell-konstitutive Wirkung eines ausdrücklichen Verbots trotz des nicht klaren Wortlautes des Art. 9 Abs. 2 GG[51] gefordert, um Rechtssicherheit und Rechtsstaatlichkeit zu gewährleisten[52]. Der Gesetzgeber hat sich dieser Meinung mit Recht angeschlossen[53].

*Erst mit dem Verbot wird die weitere Tätigkeit illegitim und illegal*[54]. Die illegale Einzelhandlung wegen des Bruches der allgemeinen Gesetze bleibt davon selbstverständlich unberührt[55]. Jedoch ist der legal vor-

---

und p. St. n. A., S. 101 und JZ 1963, S. 497; *Willms*, Staatsschutz, S. 23. Anders die von *Dürig* in *Maunz-Dürig-Herzog*, Art. 18, RdNr. 92, angeführte Meinung, die davon spricht, daß hier die *politisch fungierende* Aktivität *ungerechtfertigt atomisiert* werden würde. *Dürig* führt vor allem an, daß Art. 18 GG einen zusätzlichen Verfassungsschutz einbauen wollte und das politische Strafrecht unberührt lassen wollte. Wenn dem so ist, müssen jedoch die allgemeinen Strukturprinzipien der Demokratie herangezogen werden, wie *Dürig*, bei der Zulässigkeit des politischen Strafrechts übersieht. Die Einschränkung, die *Dürig* in *Maunz-Dürig-Herzog*, Art. 18, RdNr. 95 vornimmt, und die Tatsache, daß er dem politischen Strafrecht nur repressive Funktionen zugesteht, ist, wie *Gallwas*, S. 152 in Mißbrauch der Grundrechte nachweist, unrealistisch. *Gallwas* läßt deshalb das politische Strafrecht repressiv und präventiv zu und ist damit konsequent.

[49] A. A. *Kölble*, AöR, Bd. 87 (1962), S. 48, 66, der sich mit dieser Übertragung des Parteienprivilegs auf andere politisch fungierende Aktivität beschäftigt und eine Übertragbarkeit ablehnt.

[50] BVerwG E 4, 188 = NJW 1957, S. 685; bestätigt durch BVerwG E 6, 333.

[51] „Sind verboten" in Art. 9, Abs. 2 GG. Die exlege-Wirkung in Art. 9, Abs. 2 GG ist überwunden.

[52] *Seifert*, DÖV 1954, S. 354 ff.; *Füsslein*, Vereins- und Versammlungsfreiheit, S. 438; später aus der h. M. z. B. *Hesse*, Grundzüge, S. 157.

[53] § 3 Abs. 1 VereinsG.

[54] *Čopič*, GG und p. St. n. A., S. 39 unten.

[55] Auch und gerade der politische Kampf muß sich an diese allgemeinen Gesetze halten; Terror gleich von welcher Seite, ist nicht demokratiekonform und damit illegal. Ein Einschreiten dagegen wird zur Pflicht des Staates.

## § 16 Die mittelbaren Verbotsmaßnahmen

getragene Beitrag verfassungsmäßig kraft der freiheitlichen Entscheidung für den demokratischen Lebensprozeß. Damit wird die Auslegung des Art. 18 GG mit seiner Sperrwirkung aus der Rechtsstaatlichkeit genauso hergeleitet wie die konstitutive Wirkung des Vereinsverbotes für die Beurteilung des gesamten Vereinsverhaltens und für die Beurteilung der einzelnen Tätigkeit. Der Gesetzgeber hat auch teilweise die Konsequenzen gezogen und § 90 b StGB der Rechtsprechung des Bundesverfassungsgerichts zu § 90 a StGB a. F. angeglichen[56]. Insgesamt wird aus dem Zusammenschau individueller und parteikonnexer Grundrechtsaktivität folgerichtig ein *„Vereinigungsprivileg"* im politischen Bereich geschaffen. Der dem amerikanischen Recht selbstverständliche Konnex von Einzelrecht zu Kollektivrecht wird auch im deutschen Verfassungsrecht sichtbar[57].

Solange eine Vereinigung nicht verboten ist, kann das verbandskonnexe Handeln nicht rechtswidrig sein, solange nicht allgemeine Strafgesetze oder sonstige Gesetze verletzt werden[58]. Die systematische und notwendige Einheitlichkeit zur „Privilegierung" individuellen und parteikonnexen Verhaltens wird damit hergestellt[59].

Der einfach-gesetzliche Durchgriff auf Funktionäre, Mitglieder oder Anhänger einer Vereinigung hat deshalb zu unterbleiben, bis die Vereinigung verboten ist. Der Innenausschuß des Bundestages formulierte richtig, wenn er meint, daß es rechtsstaatlich bedenklich erscheint, den einzelnen Angehörigen der Vereinigung wegen deren Gründung oder Förderung zu bestrafen, sofern und solange diese verfassungsfeindliche Organisation als solche vom Staat geduldet wird[60]. Der *einfachgesetzliche* Durchgriff gegen *Mitglieder, die gegen allgemeine Gesetze verstoßen*, bleibt unberührt. Dazu zählen auch die Strafbestimmungen, die die äußere Sicherheit des Staates betreffen, wie vor allem Landesverrat und Hochverrat[61]. *Nur soweit mit Strafbestimmungen Ideologien aus der politischen Diskussion* entfernt werden sollen, stehen „Vereinigungsprivileg", „Parteiprivileg" und „Aktivbürgerprivileg" entgegen. Damit wird vermieden, daß dem Strafrichter Aufgaben übertragen werden, die ihm nicht obliegen, da weittragende politische Entscheidungen als Vorfrage zu treffen sind. Zudem würde der Durchgriff auf einzelne

---

[56] Vgl, dazu BT-Drucksache IV, 2145 (neu) S. 5 und 6 (Bericht des Innenausschusses).
[57] Vgl. oben § 7, 1 bis 3.
[58] Vgl. oben § 14, 2 zur Definition des allgemeinen Gesetzes.
[59] *Von Feldmann,* DÖV 1965, S. 30; Čopič, a. a. O., S. 105.
[60] BT-Drucksache IV, 2145 (neu) S. 6; zudem verweist der Innenausschuß mit Recht darauf, daß in diesem Fall die Strafbarkeit eines Mitgliedes nur dann festgestellt werden kann, wenn die Gesamttätigkeit der Vereinigung geprüft wird. Der Rahmen eines Strafverfahrens gegen eine Einzelperson wäre gesprengt.
[61] *Ridder,* GG, Notstand und politisches Strafrecht, S. 30.

Mitglieder mangels einer Bindungswirkung der strafgerichtlichen Verurteilung eine erhebliche Rechtsunsicherheit im politischen Bereich bringen[62]. Somit wird auch vermieden, daß die Vereinigungsfreiheit durch jede beliebige Behörde unterlaufen wird, wie dies das Bundesverfassungsgericht gebrandmarkt hat[63]. Behörde wäre in diesem Fall dann das politisch nicht genügend vorbereitete Strafgericht.

cc) Die einzelnen Durchgriffstatbestände des politischen Strafrechts

Als Beispiel für das Unterlaufen der Vereinigungsfreiheit, der das Prädikat „Vereinigungsprivileg" gegeben wurde, soll § 129 StGB dienen.

Aus § 129 StGB sind alle die Tatbestandsmerkmale herauszunehmen, die nicht die allgemeinen Strafgesetze betreffen, sondern Ideologien schützen wollen, *alle die Strafbestimmungen* also, die *in die geistige Auseinandersetzung* mit gewaltlosen Mitteln eingreifen. Wenn die Zugehörigkeit zu einem Verbrecherverein im Range eines Ring- oder Sparvereins oder zu einer Mörderorganisation vom Schlage der Organisation Consul[64] allein wegen der Beteiligung an der Organisation eine Bestrafung rechtfertigt, kann dies nicht für die Teilnahme in einer Organisation gelten, die gewaltlos politisch aktiv, wenn auch verfassungsgefährlich, ist. Der Strafausschluß nach § 129 Abs. 2 Nr. 2 stellt, wie Čopić zu Recht meint, nur ein an sich erfreuliches Kurieren an den Symptomen dar[65]. Die Trennung zwischen unpolitischen und politischen Straftaten ist dem Gesetzgeber zumutbar[66], zumal es unstreitig ist, daß Hoch- und Landesverrat, Geheimnis- und Staatsverrat, Nötigung, Aufruhr, Landfriedensbruch usw. zu den allgemeinen Strafgesetzen gehören. Zumindest muß sich eine Auslegung des § 129 StGB diese Maximen vor Augen halten; eine verfassungskonforme Auslegung kann den verfassungswidrigen Makel des § 129 StGB zu einem Schönheitsfehler im freiheitlichen, liberal-demokratischen System werden lassen[67].

dd) Die Unbedenklichkeit und Notwendigkeit der Folgetatbestände nach der Illegalisierung

Wenn die Illegitimität einer Vereinigung festgestellt ist und sich zur Illegalität konkretisiert hat, wird der Durchgriff gegen den erst jetzt (!) zum Verfassungsfeind gewordenen Verein zur echten Aufgabe des einfachen Gesetzes. Die Demokratie muß sich mit aller Schärfe gegen die weitere Aktivität des Verfassungsfeindes wehren[68]. Ein konsequentes

---

[62] Innenausschuß des BT, IV, 2145 (neu) S. 6.
[63] BVerfG E 12, 296 (306).
[64] Vgl. oben § 14, 2 a, aa und bb.
[65] Čopić, a. a. O., S. 67 mit Fußnote 107.
[66] *Willms*, JZ 1965, S. 91.
[67] Im Ergebnis wohl auch der Alternativentwurf zum politischen Strafrecht von *Baumann, Brauneck* und anderen, S. 35.
[68] *Baumann* und andere, Alternativentwurf, S. 35; *Ridder*, GG, Notstand und politisches Strafrecht, S. 38; *Seifert*, DÖV, 1964, S. 686.

## § 16 Die mittelbaren Verbotsmaßnahmen

Durchgreifen mit psychischem und physischem Zwang wird zur Pflicht eines Staates, wenn er sich nicht in Anarchie auflösen will oder einem radikalen Gegendruck der *anderen politischen Seite* erliegen will, die vorgibt, daß *Radikalität allein für Ruhe und Ordnung sorgen könne*. Auch stehen staatliche Mittel zur Durchsetzung der Eliminierung der als Verfassungsfeinde Erkannten zur Verfügung, die eine loyale Richterschaft unterstützen muß.

Als reiner Folgetatbestand wurde mit Recht auch der § 85 StGB ausgebaut[69]. Das Strafrecht hat die Funktion, das Vereinsverbot zu überwachen und der bestätigenden Entscheidung des Gerichtes Respekt zu verschaffen[70]. Dies geschieht auch dadurch, daß Kennzeichen der verbotenen Vereinigung nicht mehr verwendet werden dürfen, § 9 Vereinsgesetz. Die Vermögenseinziehung des Verfassungsfeindes als Sicherungszweck gehört ebenfalls dazu, jedoch muß diese Frage unter dem Gesichtspunkt der Art. 14 GG und Art. 9 Abs. 1 GG gesondert geprüft werden[71].

Ein Verfassungsschutz, der den ideologischen Gegner erst *nach Feststellung des Freund-Feindverhältnisses für* die Zukunft bekämpft, wird glaubwürdig und kann das Verständnis aller Kreise der Bevölkerung finden[72]. Ein Staatsschutz, der mit einer vorgezogenen Strafgerichtsbarkeit arbeitet, muß notwendigerweise unglaubwürdig werden und wird auch bei den Beteiligten kein Verständnis finden, so daß die Weiterführung im Untergrund zu befürchten ist[73].

Der straf- und verwaltungsrechtliche Schutz gegen illegale Einzelmaßnahmen, die einen Rechtsbruch beinhalten, vervollständigt den Verfassungsschutz, ohne den politischen Gegner wegen seiner Ideologie vorzeitig aus dem Verfassungsleben auszuschließen.

---

[69] *Willms*, NJW 1957, S. 565 ff.; Ridder, a. a. O., S. 49. Der Folgetatbestand nach § 20 VereinsG ist jedoch bedenklich, da hier bereits an ein nicht rechtskräftiges Verbot ein Folgetatbestand geknüpft wird, vgl. dazu unten § 20, 2, b. Durch das 8. Strafrechtsänderungsgesetz vom 25. 6. 1958 wurde der bisherige § 90 b StGB durch § 85 StGB ersetzt. Der Gesetzgeber hat die hier geforderte verfassungssystematische Gleichbehandlung parteipolitischer und Verbandskonnexer politischer Aktivität vollzogen.
[70] *Willms*, JZ 1965, S. 87 mit Fußnote 12.
[71] Vgl. unten § 20.
[72] Auf dieses Erfordernis weist mit Recht *Dürig* in *Maunz-Dürig-Herzog*, Art. 18, RdNr. 3 hin.
[73] *Gallwas*, Mißbrauch, S. 152, verkennt dies und möchte dem Staatsschutz im Wege eines Interessenausgleiches im Sinne eines topoi-Denkens neben Art. 18, 21, Abs. 2 und Art. 9, Abs. 2 GG zusätzlich ein weiteres Arsenal an Waffen in der Form der Strafbarkeit gewähren.

4. Kapitel

# Die Durchsetzung der Schranken der Vereinigungsfreiheit

## § 17 I. Die Möglichkeit der Illegitimisierung und Illegalisierung im Verfassungsschutz

### 1. Das Verfahren vor dem Bundesverfassungsgericht

#### a) Das Verwirkungsverfahren nach Art. 18 GG

Das Grundgesetz hat zum Schutze der Verfassung, aber auch zum Schutze des einzelnen Bürgers vor unberechtigten Eingriffen des Staates in seine Grundrechtsausübung, das Verwirkungsverfahren nach Art. 18 Satz 1 und 2 GG mit §§ 36 ff. BVerfGG geschaffen. Durch dieses Verfahren werden zunächst unstreitig die politischen Einzelgänger vom Verfassungsleben getrennt und können „entpolitisiert" werden, so daß sie nicht mehr geistig-werbend auftreten können.

Im Gegensatz zu *Willms*[1] kann aber auch eine „organisierte Einzelperson", das heißt ein Mitglied einer Gruppe mit einem Verwirkungsverfahren bedroht werden. Diese Möglichkeit wird sogar den Hauptanwendungsfall des Art. 18 GG ausmachen, und demnach kann wenigstens dogmatisch nicht von einem Leerlauf des Art. 18 GG gesprochen werden[2].

In dem Verwirkungsverfahren sind viele Kautelen eingebaut, um den Schutz vor politischem Mißbrauch durch die jeweils herrschende Gruppe zu erreichen, aber auch, um dem notwendigen Verfassungsschutz Macht und Durchschlagskraft höchstrichterlicher Autorität und Gerechtigkeit zu verleihen.

Als wichtigste Sicherung wird durch den Verfassungsgesetzgeber ein Verfahren vor dem Bundesverfassungsgericht angeordnet, das durch sein Wirken zur Erhaltung des Nebeneinanders verschiedener politischer Kräfte beiträgt, indem es eine autoritative, schiedsrichterliche

---

[1] *Willms*, NJW 1964, S. 225 (227).
[2] Vgl. oben § 16, 1, 2.

## § 17 Illegitimisierung und Illegalisierung im Verfassungsschutz 133

Entscheidung treffen kann und damit zum geordneten Verfassungsleben beiträgt³.

Das Verfassungsgericht wird zum Hüter der Verfassung, es hat die Legislative als Hort der Freiheit (Robert *von Mohl*) abgelöst, wie Carl *Schmitt* ausgeführt hat⁴. Der Verfassungsgeber war sich dieser Funktionsverschiebung bewußt und hat durch die Zuweisung des Staatsschutzes an das Verfassungsgericht dem Verfassungsschutz überragende Bedeutung zuerkannt, aber auch zum Ausdruck gebracht, daß der Staatsschutz nur an der Verfassung zu messen ist. Den Satz des Reichsgerichtspräsidenten *Simons*, der zugleich Präsident des Weimarer Staatsgerichtshofs war, daß nämlich die Anrufung des Richters in politischen Streitfragen im Grunde nicht weniger eine Bankrotterklärung des Staatsmanns sei, wie die Anrufung des Feldherrn⁵, hat der Verfassungsgeber nicht übernommen. Die Erstanrufung des Richters durch die Exekutive, vor ihrem ersten Handeln, wird zu einem Hort der Freiheit und zu einer weisen Selbstbeschränkung der Exekutive. Der Staat erhält durch die aristokratische Richterschaft, die allein wegen ihres gewissen Präjudizienkultes konservativ und rechtsstaatlich bewahrend ist, eine *demokratieausgleichende Bewahrungskomponente*, die dem Staat insgesamt neue Integrität verleihen kann.

Als weitere Mißbrauchswehr, aber auch als Garantie einer Effektivität, wird durch den einfachen Gesetzgeber das Antragsrecht auf die höchsten Bundesorgane, aber auch auf die Landesregierungen beschränkt. Letzteres, um einem Mißbrauch in einem Lande besser steuern ist, daß Landesregierungen politisch anders besetzt sind als Bundesorgane. Dies gilt nicht nur für die Antragstellung zum Verwirkungsverfahren, sondern auch für den Antrag auf Aufhebung des Verwirkungsausspruches, womit auch eine Auflockerung politischer Kampfsituationen ermöglicht wird⁷.

---

³ Ähnlich *Hesse*, Grundzüge, S. 208.
⁴ Carl *Schmitt*, Verfassungsrechtliche Aufsätze, Das Reichsgericht als Hüter der Verfassung, S. 63 und 106 unter 2; auf ähnlichen Spuren: *Marčič*, Richterstaat, S. 168, 310.
⁵ Zitiert nach *Ehmke*, VVDStL 20/1963, S. 98 mit Nachweis. *Simons*, Vorwort zur Entscheidungssammlung des Staatsgerichtshofes 1929.
⁶ *Lechner*, BVerfGG § 36 Anm. 4, meint allerdings, daß nur dann eine Landesregierung einen Verwirkungsantrag stellen könne, wenn die betreffende Person in diesem Lande wirkt oder wohnt. Da politische Gegner mit einer Gefährlichkeit, die für ein Verwirkungsverfahren notwendig ist, meist „überregional" wirken, bedeutet dies keine Einschränkung des politischen Initiativrechts; *Geiger*, § 36 BVerfGG, schränkt dieses Antragsrecht nicht expressiv verbis ein, äußert sich aber auch nicht positiv. Das föderative Element muß auch im Verfassungsschutz zum Tragen kommen.
⁷ Vgl. § 40 BVerfGG und *Lechner*, § 40, Anm. 1, BVerfGG; vgl. auch den interessanten Vorschlag verschiedener Politologen, DÖV 1967, S. 258 zum Entwurf eines Parteiengesetzes. Sie fordern ähnlich dem Verwirkungsverfahren eine zeitliche Begrenzung des Parteiverbotes.

Durch die Beschränkung der Rechtskraft eines Verwirkungsurteils und durch die Beschränkung auf die Verwirkung einzelner Grundrechte werden weitere verfahrensrechtliche und materielle Sicherungen gegen den Mißbrauch dieses Verfassungsinstituts gewährleistet So besteht eine Identität zwischen mißbrauchten und verwirklichtem Grundrecht[8].

Schließlich baut das BundesverfassungsgerichtsG noch einen materiellen Klageverbrauch ein, ähnlich dem Strafklageverbrauch der Strafprozeßordnung, um zu verhindern, daß die politischen Energien und das Ansehen eines politischen Gegners sinnlos im Kampf um seine Grundrechte verbraucht werden, § 41 BVerfGG.

Vor allem in der Zuerkennung der Zuständigkeit des Bundesverfassungsgerichts wird damit einmal die politische Seite des Verwirkungsverfahrens betont, und zum anderen das höchste und angesehenste Gericht betraut, das mit einer besonderen Unabhängigkeit und einem Höchstmaß an Gerechtigkeit, aber auch politischer Einsicht, kraft seiner Erfahrung in politischen Angelegenheiten, wirkt. Diese Sicherheit wäre nicht in dem Maße gewährleistet, wenn die Grundrechte dem Zugriff der Exekutive, dem politischen Gegner, der an den Schalthebeln der Macht sitzt, ausgesetzt wären. Die „nur" repressive Kontrolle durch die Gerichte im Rahmen des Art. 19 Abs. 4 GG kann nicht denselben Gerechtigkeitseffekt haben[9]. Zumindest kann und muß der Anschein entstehen, daß eine Willkür der Exekutive vorliegt oder es besteht die Gefahr vorübergehender Benachteiligungen und Eigenmächtigkeiten der Exekutive, die dem Ansehen der Demokratie letztlich schaden, vor allem, wenn Maßnahmen der Exekutive vom Gericht nicht bestätigt werden[10]

b) Das Parteiverbotsverfahren nach Art. 21 Abs. 2 GG

Aus den gleichen Gründen wie beim Verwirkungsverfahren wurde auch die Illegitimisierung der Parteiaktivität und die Konkretisierung durch eine Illegalisierung dem Bundesverfassungsgericht vorbehalten.

Auch hier bringt das Antragsrecht der höchsten Bundesorgane das Verfahren in Gang. Das Bundesverfassungsgericht wird aber nach

---

[8] So *Reissmüller*, JZ 1960, S. 529 (533); im Ergebnis ähnlich: Wernicke, Erstbearbeitung in BK, Art. 18, Erl. 1 f., S. 6; *Maunz*, Dt. Staatsrecht, S. 132; Geiger, § 39, Anm. 1, S. 144, BVerfGG; a. A. *Dürig* in *Maunz-Dürig-Herzog*, Art. 18, RdNr. 31 ff., S. 12 f. und *Gallwas*, Mißbrauch, S. 137, die entgegen der h. M. meinen, daß dem Mißbraucher die Möglichkeit genommen werden muß, ein „Possenspiel" zu treiben und jeweils auf ein noch nicht verwirktes Grundrecht auszuweichen.

[9] Ähnlich *Hesse*, Grundzüge, S. 161 für das Recht, gegen Ersatzorganisationen von Parteien vorzugehen.

[10] Die BReg., BT-Drucksache IV 430, S. 24, für den ähnlich gelagerten Fall des Rechts des ersten Zugriffes auf den politischen Gegner, der in arbeitsrechtlichen Koalitionen organisiert ist; ähnlich Walter *Schmidt*, NJW 1965, S. 427; von *Feldmann*, DÖV, 1965, S. 33, 34 mit 35 r. Sp.

§ 17 Illegitimisierung und Illegalisierung im Verfassungsschutz 135

Ergreifung der Initiative durch die Exekutive zum Herrn des Verfahrens[11], es wird dann ex officio tätig, auch wenn man eine Zulässigkeit der Klagerücknahme annehmen kann[12]. Die Entscheidung für die Zuständigkeit des Bundesverfassungsgerichts wird zum *formellen Privileg der Parteien*, das ihnen nach herrschender Meinung eine erhöhte Bestands- und Betätigungsgarantie vermittelt[13].

Die Exekutive besitzt auch hier nicht das Recht des ersten Zugriffs; erst das Verbotsurteil macht, *materiell-konstitutiv*, die Partei verfassungs- und rechtswidrig[14]. Erst dann wird der als politisch subversiv festgestellte Gegner schutzlos, sobald er in oder durch die Verbote der Partei politische Wirkungen entfalten will.

*2. Das Verfahren vor dem Bundesverwaltungsgericht bzw. den höchsten Landesverwaltungsgerichten*

a) § 16 Vereinsgesetz. Die Illegitimisierung

Das Verbot bestimmter Arbeitnehmer- bzw. Arbeitgeberorganisationen wurde in einer für den deutschen Rechtskreis neuartigen Weise geregelt[15]. Das Verbotsverfahren liegt nach dieser Regelung in der Hand der Exekutive, die die Ermittlungen durchführt und Beweismittel nach den Vorschriften der Strafprozeßordnung sicherstellen kann. Sie erläßt eine Verbotsverfügung mit Begründung, die sie dem Bundesverwaltungsgericht, bzw. bei einem Länderverbot dem obersten Landesverwaltungsgericht vorlegt. Diese Vorlage ist ein reines Verwaltungsinternum[16]. Erst durch die Zustellung dieses Verbots nach § 85 VwGO wird die Vereinigung Beteiligte im Sinne des § 61 VwGO. Erst nach der Verhandlung vor dem Gericht und nach dem Urteil wird die Verbotsverfügung rechtswirksam. Vollzugsmaßnahmen können erst dann eingeleitet werden, wenn die Revisionsfrist abgelaufen ist. Vor dem Gerichtsurteil bzw. vor Einlegung der Revision bzw. vor Ablauf der Rechtsmittelfrist kann *das Gericht vorläufige Vollstreckungsmaßnahmen auf entsprechenden Antrag der Exekutive* ergreifen, § 16 Abs. 4 Vereinsgesetz in Verbindung mit §§ 123 f. VwGO in Verbindung mit §§ 920 ff. ZPO[17].

---

[11] *Geiger*, Komm. zum BVerfGG, vor § 43, Anm. 6, S. 160 und vor § 36, Anm. 6, S. 139; *Lechner*, vor § 17 II., 2 a bb, BVerfGG.
[12] Vgl. *Lechner*, § 43 Anm. 1, a. a. O.; a. A. *Seifert*, DÖV 1961, S. 81 (89).
[13] *Willms*, Staatsschutz, S. 24 und Anm. 24, S. 43 mit Nachweisen. Dieses formelle Privileg ist das einzige Privileg, das den Parteien zusteht, vgl. oben § 12, 3, c.
[14] Vgl. oben § 16, 2, b, aa.
[15] *Seifert*, DÖV 1964, S. 689.
[16] *Schnorr*, VereinsG, § 16, RdNr. 18.
[17] *Eyermann-Fröhler*, VwGO, § 139, RdNr. 24 mit § 124, RdNr. 18 VwGO zum Suspensiveffekt der Revision; vgl. auch *Schnorr*, VereinsG, § 16, RdNr. 23.

Das Charakteristische an diesem Verfahren ist, daß *vor Einschaltung eines* Gerichts *keine vereinsschädigenden Maßnahmen* getroffen werden können. Das Verfahren liegt damit in Wahrheit bei dem Gericht; nur der formelle Ausspruch bleibt der Exekutive vorbehalten[18]. Die Anordnungen, die das Gericht evtl. treffen kann, müssen dabei so geformt werden, daß dem Verein kein nicht wiedergutzumachender Schaden entsteht, wenn er im weiteren Verfahren obsiegt. Die *externe* Tätigkeit kann bis zur endgültigen Entscheidung verboten werden[19], wenn ein besonderes Interesse an der sofortigen Ausschaltung einer Gruppe aus dem Verfassungsleben vorliegt. Die *interne* Betätigung muß gewährleistet werden, um dem Verein die Möglichkeit des organisatorischen Zusammenhaltes zu ermöglichen, um für die Rechtsverfolgung gerüstet zu sein und um die Substanz für die Zeit nach einem siegreichen Verfahren zu bewahren.

*Seifert* meint, daß durch diese Zusammenarbeit zwischen Exekutive und Legislative die äußerste Grenze des Gewaltenteilungsprinzips erreicht ist[20]. Dem entgegnet mit Recht *Ridder*, der meint, daß die *Gerichte* als *Exekutiversatz* in diesem Fall *nicht mißbraucht*, wohl aber entsprechend ihrem Charakter als Gerichte für einen gesteigerten Rechtsschutz gebraucht werden können[21].

b) § 129 a StGB a. F.

Ein weiterer Fall der bloßen gerichtlichen Feststellung der Tatbestandserfüllung des Art. 9 Abs. 2 GG enthielt § 129 a StGB a. F.[22].

Durch die Entscheidung des Bundesverwaltungsgerichts bzw. des obersten Landesgerichts wurde festgestellt, daß eine Vereinigung materiell verbietbar ist. Das Gericht übernahm auf Antrag der Bundesregierung bzw. der Landesregierung[23] die Subsumtion. Folge dieser Feststellung war jedoch nicht das gleichzeitig damit verbundene Verbot, sondern nur die tatbestandliche Voraussetzung[24], um die Mitläufer der Vereinigung bestrafen zu können[25]. Die berechtigte Kritik gegenüber § 129 a StGB a. F. richtete sich aber nicht gegen die Subsumtionszuständigkeit der Gerichte an sich, sondern einmal dagegen, daß eine

---

[18] Vgl. Begründung des Entwurfes zum § 16 VereinsG, durch die Bundesregierung, Bundestagsdrucksache IV, 430, S. 24.
[19] Vgl. *Schnorr*, VereinsG § 16, RdNr. 23.
[20] *Seifert*, DÖV 1964, S. 689.
[21] *Ridder*, DÖV 1963, S. 322.
[22] Vgl. § 22, Nr. 6, VereinsG, der § 129 a StGB ersatzlos aufhob. Die Bestimmung war jedoch wegen der Art des Verbotsverfahrens interessant und weist Strukturen nach.
[23] Die Zuständigkeit regelt sich, wie die jetzige Verbotszuständigkeit, bgl. unten § 18, 4.
[24] Der Angeklagte mußte davon Kenntnis haben.
[25] *Schafheutle*, JZ 1951, S. 619: Rädelsführer und Hintermänner waren nach § 90 a StGB a. F. strafbar.

Strafbarkeit vorgesehen war, obwohl die Vereinigung als ganze weiter toleriert wurde, zum anderen dagegen, daß die Bundesregierung mit diesem Antrag die verbotsunwilligen Länder zu einem Verbot de facto zwingen wollte und de facto Vereinigungen aus dem Verfassungsleben, wenn auch unter Aufsicht der Gerichte, drängen konnte[26].

### 3. Die Exekutive als Herrin des Verbotsverfahrens

Die dritte Möglichkeit, den Verfassungsschutz zu konkretisieren, besteht in einer exekutivischen Zuständigkeit für die Einleitung und Durchführung eines Verbotsverfahrens, wobei nur eine repressive gerichtliche Überwachung und Prüfung der Maßnahme der Exekutive erfolgt. Für dieses Verfahren hat sich das Vereinsgesetz von 1964 entschieden und damit auf den hergebrachten Rechtsbestand zurückgegriffen, der seit langem in Deutschland herrschte, der in Deutschland 1918 im Reichsvereinsgesetz seinen gesetzgeberischen Ausdruck gefunden hat und auch nach 1945 fortgalt[27].

Das Vereinsgesetz beendete damit einen im formellen Bereich bestehenden weitgehend gesetzlosen, wenn auch nicht rechtlosen, Zustand[28]. Als Ausführungsgesetz zu Art. 9 Abs. 2 GG[29] will es das Verfahren zur Illegalisierung der verbandskonnexen Aktivität regeln[30].

Einer Darlegung der wichtigsten Verfahrensbestimmungen muß eine kritische Prüfung dieses Verfahrens auf seine Verfassungsmäßigkeit hin folgen, wenn dann Regeln für die Handhabung des Verbotsverfahrens durch Verwaltung und kontrollierende Gerichte bestimmt werden.

### § 18 II. Das Verbotsverfahren nach dem Vereinsgesetz

*1. Die Illegitimisierung: § 3 Abs. 1 Satz 1, 1. Satzteil VereinsG*

Kernstück des Vereinsgesetzes ist das Urteil der Exekutive, das feststellt, daß eine Vereinigung ihrem Zwecke oder ihrer Tätigkeit nach den Strafgesetzen zuwiderläuft oder daß sich eine Vereinigung gegen die verfassungsmäßige Ordnung oder gegen den Gedanken der Völkerverständigung richtet[1]. Es handelt sich um einen *konstitutiv wirkenden*,

---

[26] Vgl. *Willms*, JZ 1963, S. 123: er meint mit Recht, daß damit der Bund sich eine Kompetenz und Zuhilfenahme „juristischer Purzelbäume" erzwungen habe. Er beanstandete auch zu Recht die unerfreuliche und unzulässige Verquickung strafgerichtlicher und verwaltungsgerichtlicher Zuständigkeiten. Wie *Willms* auch *Ridder*, DÖV 1963, S. 323.
[27] Vgl. oben § 6—10.
[28] *Seifert*, DÖV 1964, S. 685.
[29] *Schnorr*, VereinsG, Einl. B II, 2, S. 33; *Wolff*, Verwaltungsrecht, Bd. 1, S. 180, § 33 V, 14; Bd. 3, § 1511, 1, b, S. 85.
[30] *Dannecker*, BayVerwBl. 1965, S. 254; *Petzold*, NJW 1964, S. 2281.
[1] *Seifert*, DÖV 1964, S. 685 (686); Bundesregierung, Entwurf zum VereinsG, Bundestagsdrucksache IV/430, S. 12.

*feststellenden Verwaltungsakt*². Diese konstitutive Wirkung ergibt sich aus dem Demokratiegebot, verbunden mit dem Gedanken der Rechtsstaatlichkeit. Dies gilt vor allem für die Gruppen, die nur wegen ihrer geistigen Haltung oder politischen Anschauung illegitim werden, da hier, wie oben dargelegt wurde, die Freiheit eingeschränkt wird, ohne daß Dritte durch die Anschauungen der Vereine verletzt worden wären. Diese Einschränkung ist ein Vorgang, der einer rechtsstaatlichen, liberalen Demokratie nicht als automatisch-immanente Regelung vorgegeben sein kann³.

Im Bereich der Strafrechtswidrigkeit kann diese konstitutive Wirkung selbstverständlich nicht gelten, da hier kein rechtsstaatliches Bedürfnis für einen Schutz besteht und die Unrechtmäßigkeit der Vereinigung sich aus ihrer Betätigung oder Zielsetzung ohne weiteres ergibt⁴.

Die materiell-konstitutive Wirkung des Illegitimisierungsaktes entspricht der Feststellung des Bundesverfassungsgerichtes, daß eine Partei verfassungswidrig im Sinne des Art. 21 Abs. 2 GG ist oder der Feststellung des Bundesverfassungsgerichts, daß ein Grundrechtsmißbrauch vorliegt oder der Feststellung, daß eine Arbeitgeber- bzw. Arbeitnehmerorganisation den Tatbestand des Art. 9 Abs. 2 GG erfüllt (§ 16 VereinsG)⁵.

### 2. Die Illegalisierung: § 3 Abs. 1 Satz 1, 2. Satzteil VereinsG

Rechtsgestaltend ist kraft bindender Vorschrift aus der Feststellung in einem Akt auch die Konsequenz zu ziehen und die Auflösung der Vereinigung anzuordnen. Die Vereinigung wird illegal⁶. Damit wird das Recht auf Zusammenschluß aufgehoben und dem Verein künftig, unabhängig von einer Rechtsform, jede rechtliche Anerkennung als Grundrechtsträger oder Inhaber von subjektiven Rechten im öffentlichen Leben, insbesondere im politischen, aber auch im privaten Bereich, aberkannt. Der Entzug der Rechtsfähigkeit, wie er etwa im § 42 BGB vorgesehen ist, betrifft die Auflösung nicht, sondern bringt eine Folge der Auflösungsverfügung, einen Teil des Vollzuges⁷. Zusam-

---

² H.-J. *Wolff*, § 47, 1, c, Bd. 1, Verwaltungsrecht; *Fröhlich*, DVBl. 1964, S. 800; *Petzold*, NJW 1964, S. 2281; *Schnorr*, VereinsG, § 3 RdNr. 2, S. 104 oben.
³ Vgl. oben § 16, 2, b.
⁴ *Schnorr*, VereinsG § 3, RdNr. 2, S. 104, trennt nicht in dieser Weise und meint, daß das Verbot in jedem Fall eine latente Rechtswidrigkeit autoritativ feststellt; wie hier *Čopić*, GG und politisches Strafrecht n. A., S. 91 mit weiteren Nachweisen.
⁵ Genau dieselbe Wirkung hatte die Feststellung des Verwaltungsgerichtes nach § 129 a, Abs. 3 StGB a. F.
⁶ *Schnorr*, VereinsG, § 3, RdNr. 2, S. 104; *Seifert*, DÖV 1964, S. 687, der allerdings den Schritt zwischen Illegitimisierung und Illegalisierung nicht dogmatisch erkennt.
⁷ Ebenso *Schnorr*, VereinsG, § 3 RdNr. 3, S. 105.

§ 18 Das Verbotsverfahren nach dem Vereinsgesetz

men mit der Feststellung stellt diese Anordnung das Vereinsverbot dar[8].

Die Illegalisierung richtet sich an die, die Träger des Vereinigungsrechts waren. Diese sind *sowohl die Vereinigung als Ganze als auch die einzelnen Mitglieder und Funktionäre*. Das Verbot beinhaltet gleichzeitig das Gebot, den Zusammenschluß aufzugeben und die erhöhte Handlungseffizienz des Sich-Vereinigens nicht mehr zu beanspruchen. Das Gesetz spricht in § 85 StGB von der Fortführung oder Aufrechterhaltung des organisatorischen Zusammenhalts oder der Schaffung einer Ersatzorganisation. Darin liegt das Gebot, die interne Vereinstätigkeit im oben festgelegten Sinn[9] zu unterlassen, und die externe Vereinstätigkeit nicht mehr weiter zu führen. Deutlich wird diese Rechtspflicht durch die oben beschriebenen Verbotsfolgetatbestände der §§ 85 StGB und 20 VereinsG, die die Strafdrohung daran knüpfen, daß trotz eines Verbotes das assoziative Element weiter genützt wird[10].

Aus dem allgemein verbindlichen Charakter des Verbots heraus wird der Verbotsakt jedoch nicht zu einem Akt, der seinem Wesen nach materiell eine Rechtsverordnung darstellt[11]. Es handelt sich vielmehr um eine Allgemeinverfügung, um einen Verwaltungsakt für eine objektiv feststehende Vielzahl von Personen, die durch diese Entscheidung in einem bereits bestehenden Verwaltungsverfahren betroffen werden[11a]. Betroffen werden alle Mitglieder, besonders die leitenden Funktionäre, aber auch die *Förderer* und *Hintermänner*[12], auch wenn sie nicht Mitglieder der Vereinigung im rechtstechnischen Sinne sind.

*3. Der Zugriff auf das Vermögen: § 3 Abs. 1 Satz 2 Vereinsgesetz*

In der Regel wird mit dem Verbot auch die Beschlagnahme und Einziehung des Vereinsvermögens angeordnet, § 3 Abs. 1 Satz 2 Vereinsgesetz.

---

[8] *Fröhlich*, DVBl. 1964, S. 800; gegen die Trennung in Feststellungs- und Auflösungsanordnung polemisiert Walter *Schmidt*, NJW 1965, S. 428, da diese Trennung nur den Vorteil habe, bereits an die Feststellung strafrechtliche Konsequenzen anzuknüpfen (§ 20 VereinsG); er läßt aber alle strukturellen und dogmatischen Gesichtspunkte außer acht: seine Kritik müßte bei § 20 VereinsG einsetzen.
[9] Vgl. oben § 12, 2, a, cc.
[10] Zu § 20 VereinsG vgl. unten § 29, 2, b.
[11] So aber *Obermayer*, BayVerwBl. 1956, S. 38: Daß das Vereinsverbot keine Rechtsverordnung im formellen Sinn ist, ist durch das Vereinsgesetz entschieden, auch wenn das Verbot im Bundesanzeiger bzw. in den amtlichen Mitteilungsblättern der Länder bekanntzumachen ist. Es handelt sich nur um eine Mitteilung an die davon Betroffenen, da eine Zustellung aus technischen Gründen nicht an alle Mitglieder erfolgen kann.
[11a] H.-J. *Wolff*, VerwRecht § 46 VI a, S. 268, Bd. 1.
[12] Vgl. dazu die instruktiven Entscheidungen des BVerfG E 25, 88; 25, 69; 25, 44.

In begründeten Ausnahmefällen können diese Anordnungen vom Verbot getrennt werden, vor allem, wenn die Vermögensverhältnisse unübersichtlich sind oder wenn vorläufig oder endgültig von der Einziehung abgesehen werden soll, § 11 Abs. 4 VereinsG.

Zu diesem Vermögen gehören neben den Anlagewerten und Grundvermögen der Vereinigung vor allem auch die Gegenstände, die zum Vereinsbetrieb, dem internen wie externen, erforderlich sind, wie Mitgliederkartei, Mitgliederbeiträge, Werbematerial, Mitgliederzeitschriften, Mitteilungsblätter, Druckapparate, Büroeinrichtungen, Vereinsbücher usw.

Zum Vermögen gehören alle Aktiva, aber auch alle Passiave, wie sich aus § 12 Vereinsgesetz ergibt[13].

Der Einziehungsberechtigte (§ 11 Abs. 1 VereinsG) muß aus dem Vereinsvermögen die Forderungen tilgen, soweit es sich nicht um Forderungen handelt, die aus einem Verhalten des Berechtigten herrühren, das selbst nach den Grundsätzen des Art. 9 Abs. 2 GG zu mißbilligen war (sog. *makelbehaftete Forderungen*), § 12 Abs. 1 Nr. 1 und Abs. 2 Vereinsgesetz[14].

Im übrigen wird auch hier, wie im Staats- und Verfassungsschutz allgemein, auf die tatsächliche Lage abgestellt, ähnlich wie im Steuerrecht (§ 11 Steueranpassungsgesetz), so daß Sicherungseigentum nicht eingezogen wird und die Forderungen nicht beglichen werden, die nur zur Verhinderung der Vermögenseinziehung entstanden sind (sogenannte *Kollaborationsforderungen*)[15].

### 4. Die Zuständigkeit: § 3 Abs. 2 Vereinsgesetz

Nachdem die Illegitimisierung und Illegalisierung der Vereinigungen der Exekutive überantwortet worden war, hat das Vereinsgesetz die Zuständigkeit zur „exekutivischen Paralysierung"[16] neu geregelt.

Der bisherigen Rechtslage entsprechend konnte eine Vereinigung jeweils nur von dem Lande verboten werden, in dem die Vereinigung tätig war, so daß „überregionale Vereinigungen" in einem Lande legal weiter wirken konnten, in einem anderen Lande aber verboten waren[17]. Dazu kam, daß die einzelnen Landesverwaltungsgerichte das Verbot ein und derselben Vereinigung unterschiedlich beurteilen, wie dies sich unter der Anwendung des Republikschutzgesetzes gezeigt hatte[18]. Auf

---
[13] *Fröhlich*, DVBl. 1964, S. 802; *Seifert*, DÖV 1964, S. 689.
[14] Dazu im einzelnen *Schnorr*, VereinsG, § 12, RdNr. 11 bis 14. Hierher gehören nicht die einfachen Dienste, sondern die höheren Dienste, die aktiv und mit persönlichem Engagement für die Vereinigung gearbeitet haben.
[15] § 12 Abs. 1, Nr. 2 VereinsG; vgl. *Schnorr*, VereinsG, § 12, RdNr. 1—6.
[16] Ausdruck zuerst bei *Ridder*, DÖV 1963, S. 324.
[17] *Petzold*, NJW 1964, S. 2282; *Lengsfeld*, Vereinigungsfreiheit, S. 68.
[18] *Jasper*, Der Schutz der Republik, S. 316 ff.

§ 18 Das Verbotsverfahren nach dem Vereinsgesetz

diese Weise bot die politische Landkarte der Bundesrepublik ein unterschiedliches Bild von Verbotszonen" und „Freiheitsoasen" derselben zentral-gelenkten Vereinigung[19].

„Um einen schnellen und reibungslosen Ablauf der Anordnungen des Verbotes, die unter Umständen gerade im Interesse des Schutzes der Verfassung sehr eilbedürftig sind, zu gewährleisten, wurde die Zuständigkeit des Bundesministers des Inneren festgelegt für Vereinigungen, deren Organisation oder Tätigkeit über das Gebiet eines Landes hinausgeht", § 3 Abs. 2 Nr. 2 Vereinsgesetz[20].

Damit war die politisch wichtigste Entscheidung des Gesetzes nach langem und schwerem Ringen zwischen dem Bund und den Ländern gefallen[21]. Die Zuständigkeit der Länder nach Art. 83 GG in Verb. mit § 3 Abs. 2 Nr. 1 Vereinsgesetz wird im politischen Bereich die Ausnahme bleiben[22], da die politischen Vereinigungen zumeist überregional gegliedert sind. Besonders gilt dies für radikale oder verbietbare Gruppen, die mit ihrer Subversion zur Umwälzung der Verfassung dort ansetzen, wo die politischen Grundentscheidungen fallen, nämlich im Bundesbereich.

Dies gilt umso mehr, da die Tätigkeit erkennbar auf ein Land beschränkt sein muß, wenn die Zuständigkeit eines Landes gegeben sein soll. Zudem werden Verwaltungsakte nicht dadurch fehlerhaft, weil die Vereinigung doch nicht überregional war, und der Bund trotzdem das Verbot aussprach. Gleichzeitig wurde den Ländern die Beweislast dafür aufgebürdet, daß sie zuständig sind, so daß bereits die *substantiierte* Behauptung, *überregional* zu sein, eine *Bundeszuständigkeit* ergibt. Die Zuständigkeitsregelung ist eine ausschließliche, so daß entweder der Bundesinnenminister oder die Landesbehörde allein zuständig ist[23].

### 5. Der Vollzug des Verbotes

#### a) Die Vollziehung allgemein

aa) Der Vollzug eines Bundesverbotes

Der Vollzug einer Verbotsverfügung trennt wiederum nicht die politisch-fungierenden Vereinigungen von den schlicht-kriminellen Vereinigungen und auch nicht von den politisch-kriminellen Vereinigungen.

---

[19] Čopič, GG und p. St. n. A., S. 68; *Willms*, NJW 1957, S. 1619.
[20] So die Begründung des Innenausschusses des Bundestages, BT-Drucksache IV, 2145 (neu), S. 2 gegen den Änderungsvorschlag des Bundesrates, BT-Drucksache IV, 2145, S. 28, der in den Fällen eine Beteiligung der Länder am Verbotsverfahren vorsah, soweit es um verfassungsfeindliche oder völkerverständigungsfeindliche Gruppen ging. Die strafrechtswidrigen Gruppen sollten weiter allein von den Ländern illegalisiert werden können.
[21] *Seifert*, DÖV 1964, S. 687; *Willms*, JZ 1965, S. 588; Begründung Bundesregierung BT-Drucksache IV, 430, S. 13—15, S. 28.
[22] *Schnorr*, VereinsG, § 3, RdNr. 28, S. 115, allerdings ohne Begründung.
[23] *Schnorr*, VereinsG, § 3, RdNr. 27.

Der Vollzug des Verwaltungsaktes der Verbotsverfügung richtet sich nach den allgemeinen Vorschriften zum Vollzug eines Verwaltungsaktes. Besondere Probleme wirft der Vollzug eines „Bundesverbotes" auf, da der Bund naturgemäß keine Vollzugsorgane besitzt, weil kein Fall der bundeseigenen Verwaltung vorliegt, Art. 86 GG. Dieser besonderen Situation trägt § 5 Vereinsgesetz Rechnung. Er überträgt den Vollzug eines Bundesverbotes den Behörden, die die Landesregierung dafür bestimmt.

In Bayern wurde dafür nach § 1 Abs. 1 der Landesverordnung zur Ausführung eines Vereinsgesetzes vom 14. September 1965[24] die staatliche Mittelbehörde, die Regierung, bestimmt. Die Bestimmung der Vollzugsbehörde durch Verordnung der Landesregierung war deshalb möglich, weil es sich hier um einen Akt der komplementären, gesetzesbezogenen Organisationsgewalt handelt[25].

Es bleiben demnach die Feststellung der Illegitimität und die Auflösung, sowie die Zuständigkeit für die Nebenfolgen aus dem Verbot beim Bund. Nur die Durchführung des Vollzuges in den verschiedenen Ländern liegt bei den jeweiligen Ländern. *Schnorr* hält dies für die Form des Vollzuges von Gesetzen, wie sie Art. 83 GG verlangt[26].

In Verbindung mit der DVO zum Vereinsgesetz vom 28. 7. 1966[27] wurde klargestellt, daß eine einheitliche, vor allem eine zeitlich abgestimmte, Vollzugsaktion, deren Grundlage in Art. 35 GG zu finden ist, den Zweck eines Verbotes sicherstellt und die verfassungsfeindliche Subversion dauernd verhindert. Es muß vermieden werden, daß eine Vereinigung durch Warnungen von Verbotsmaßnahmen aus anderen Ländern in die Lage versetzt wird, sich weiteren Verbotsmaßnahmen zu entziehen und dann besser vorbereitet im Untergrund weiter arbeiten zu können, um damit um so gefährlicher für den Staat zu werden.

Die weiteren Vollzugsmaßnahmen richten sich in Bayern nach dem BayVerwZustVollstrG.

Insbesondere können die Zwangsmittel der Art. 29 ff. des BayVerwZustVollstrG angewandt werden[28]. Die Polizei ist nach Art. 3 PAG[29] in behörde.
Verbindung mit Art. 31 Abs. 2 POG[30] bzw. in Verbindung mit Art. 15

---

[24] BayGVBl 1965, S. 287. In Hessen ist z. B. der Regierungspräsident zuständig (Zuständigkeitsanordnung vom 6. 9. 1966 GVBl. 1966, I, 273); in Schleswig-Holstein der Innenminister (§ 1 des Gesetzes zum Vollzug des VereinsG: Gesetz vom 17. 3. 1965, GVOBl. 1965, S. 18).
[25] BundesverfG E 2, 319; *Forsthoff*, Lehrbuch § 22, 2 a, S. 406 bis 408.
[26] *Schnorr*, VereinsG, § 5, RdNr. 1, S. 149.
[27] BGBl. I, S. 457 ff.: Sie beruht auf der Ermächtigung des § 19, Nr. 1 VereinsG; sie entspricht dieser Ermächtigung.
[28] BayVerwZustVollstrG vom 30. Mai 1961 (GVBl. S. 148).
[29] Bay. Polizeiaufgabengesetz vom 3. 4. 1963 (GVBl. S. 95).
[30] Bay. Polizeiorganisationsgesetz v. 20. 10. 1956 (BayBG. I, S. 450).

Abs. 3 POG bei der Gemeindepolizei zur Mithilfe beim Vollzug berechtigt und verpflichtet. Sie untersteht aber den Weisungen der Vollzugs-

Im Vollzugswege hat dabei die Polizei die Befugnisse nach den Art. 14 ff. PAG[31]. In dem Umfang, in dem die besonderen Befugnisse der Polizei zur Anwendung kommen, hat die Polizei ein eigenes Prüfungsrecht, in allen anderen Fragen trägt die Anordnungsbehörde — in Bayern die Regierung — die Verantwortung und erteilt der Polizei entsprechende Weisungen[32].

Ein eigenes Einschreitensermessen besitzt die Polizei nicht mehr[33], wie sich bereits aus § 1 Abs. 2 VereinsG ergibt, in dem gegen Vereine „vereinstendenziell" nur nach Maßgabe des VereinsG eingeschritten werden kann[34].

bb) Der Vollzug eines Landesverbotes

Der Vollzug eines „Landesverbotes" obliegt nach Art. 83 GG in Verbindung mit Art. 30 GG dem Landesminister selbst, der sich der Polizei und anderer Landesorgane bedienen kann.

b) Der vorläufige Vollzug

Die Regelungen des vorläufigen Vollzugs eines Vereinsverbotes bedürfen wegen des besonderen politischen Gehaltes einer eigenen Erörterung, die über die allgemeine Problematik des sofortigen Vollzugs eines Verwaltungsaktes hinausgeht. Ohne die dogmatische Frage zu klären, ob der Verwaltungsakt bei Einlegung eines Rechtsmittels in seiner Wirksamkeit ingesamt gehemmt ist oder nur seine Vollziehbarkeit beseitigt ist[35], steht fest, daß die Anfechtungsklage aufschiebende Wirkung hat, § 80 VwGO[36]. Damit kann das Vereinsverbot nur dann vollzogen werden, wenn es rechtskräftig geworden ist. Die aufschiebende Wirkung tritt mit Einlegung einer Anfechtungsklage gegen

---
[31] So richtig *Schmitt-Lermann*, BayVerwZustVollstrG, Art. 37, Anm. 3 mit Verweis auf Art. 18, Abs. 2.
[32] *Drews-Wacke*, Polizeirecht, S. 70, 71.
[33] So richtig die ausgezeichnete Entscheidung des BayVGH, BayVerwBl 1963, S. 286, 1. Leitsatz. Der Gesetzgeber hat in Bayern die Konsequenz gezogen und Art. 5, Abs. 3, Ziff. 1 PAG folgerichtig aufgehoben; *Lengsfeld*, Vereinigungsfreiheit, S. 110 übersieht, daß auch nach früherem Rechtszustand die Polizei nicht zu vereinstendenziellen Maßnahmen befugt war.
[34] *v. Feldmann*, DÖV 1965, S. 31 und oben § 15 (punktuelle Maßnahmen).
[35] Vgl. dazu *Baumann*, Suspensiveffekt, Diss., S. 10, der sich für die Vollziehbarkeitslehre entscheidet. Für die Wirksamkeitslehre entscheiden sich: *Scholz*, Diss., Aufschiebende Wirkung, S. 85 ff., der mit allgemeinen Rechtsstaatsgedanken argumentiert; ebenso *Eyermann-Fröhler*, § 80, RdNr. 7, VwGO; *Redecker-Oertzen* § 80, RdNr. 3, VwGO. Unentschieden *Rasch*, DVBl. 1964, S. 584.
[36] § 3 Abs. 4 Satz 3 VereinsG wirkt nicht konstitutiv, sondern stellt die Rechtslage nur klar. Dies gebietet schon Art. 19, Abs. 4 GG.

das Vereinsverbot in Kraft, da als Rechtsmittel ein Widerspruch nicht möglich ist, § 68 Nr. 1 VwGO, § 74 Abs. 1 Satz 2 VwGO, § 42 Abs. 1 VwGO.

Entgegen der Ansicht von *Schnorr*[37] wird dabei jedoch die aufschiebende Wirkung erst mit Einlegung des Rechtsmittels wirksam und nicht automatisch, so daß auch vor Ablauf der Klagefrist Vollzugshandlungen durchgeführt werden können[38]. Der Rechtsbehelf hat jedoch rückwirkende Kraft, so daß eine Behörde nicht vor der Unanfechtbarkeit das Verbot vollziehen kann, wenn sie nicht nachträglich als rechtswidrig handelnd betrachtet werden will. Im Ergebnis kann das Verbot deshalb nicht vor Eintritt der Rechtskraft des Verbotes vollzogen werden[39].

Vor diesem Zeitpunkt kann deshalb auch die Vereinigung nicht aus dem politischen Leben verbannt werden und das Vereinsvermögen nicht beschlagnahmt werden. Die Mitgliederkartei und das Vereinsvermögen bleiben in der Hand der Vereinigung, so daß diese sich auf ein eventuelles Verbot vorbereiten, das Vermögen beiseite schaffen[40] und sich auf eine illegale Untergrundtätigkeit einrichten kann. Diese Gefahr besteht vor allem für das Vermögen, das zum politischen Kampf und zur Festigung und Bewahrung des organisatorischen Zusammenhaltes erforderlich ist. Darum besteht oft eine Notwendigkeit, die Vereinigung sofort aus dem politischen Leben zu verbannen.

Deshalb muß auch die Möglichkeit bestehen, das Vereinsverbot sofort zu vollziehen. Diese Möglichkeit schafft § 80 Abs. 2 Nr. 4 VwGO. Danach kann die Verbotsbehörde der Vereinigung gebieten, die Vereinigung sofort aufzulösen, indem sie gleichzeitig mit dem Erlaß des Verbots das Verbot für sofort vollziehbar erklärt und das Vermögen sofort beschlagnahmt, § 10 VereinsG mit § 3 DVO zum Vereinsgesetz. Daneben kann die sofortige Einziehung des Vermögens angeordnet und durchgeführt werden, § 11 VereinsG[41]. Gegen diesen ersten Zugriff kann die betroffene Vereinigung schon vor Klageerhebung[42] (§ 80 Abs. 5 S. 2 VwGO) die Aussetzung des Vollzuges durch Beschluß des zuständigen Gerichts verlangen. Zuständig sind nach § 50 Abs. 1 Nr. VwGO n. F. das Bundesverwaltungsgericht bei einem Bundesverbot bzw. nach § 48 Abs. 1 VwGO n. F. das oberste Verwaltungsgericht eines Landes bei einem Landesverbot.

---

[37] *Schnorr*, VereinsG, § 3, RdNr. 49, S. 128.
[38] So richtig *Eyermann-Fröhler*, VwGO, § 80, RdNr. 5 und 6: Der Rechtsbehelf hat jedoch rückwirkende Kraft.
[39] *Eyermann-Fröhler*, VwGO, § 80, RdNr. 8.
[40] Der Ausgleich durch die Nichterfüllung der Kollaborationsforderungen nach § 12, Abs. 1, Nr. 2 VereinsG ist kein adaequater Ausgleich, da die Kollaboration oft nicht nachgewiesen werden kann; vgl. *Schnorr*, VereinsG, § 3, RdNr. 49, S. 128.
[41] Vgl. *Ule*, Verwaltungsprozeßrecht, § 66, I, 2 nach c. S. 246.
[42] *Eyermann-Fröhler*, § 80, RdNr. 41, VwGO, *Ule*, Verwaltungsprozeßrecht, S. 247.

§ 18 Das Verbotsverfahren nach dem Vereinsgesetz

Nach Stellung des Aussetzungsantrages nach § 80 Abs. 5 VwGO wird das Gericht zum Herrn des Verfahrens[43], denn es bestimmt das „Ob" und das „Wie" der Aussetzung bzw. der Rückgängigmachung[44] des sofortigen Vollzuges. Es handelt sich um eine Billigkeitsentscheidung des Gerichts, die zwar kein gerichtliches Ermessen beinhaltet, aber doch dem Gestaltungswillen des Gerichtes vollen Raum gibt[45]. Dies gilt umso mehr, da teilweise Anordnung der Aussetzung bzw. Rückgängigmachung möglich ist[46].

Materiell kann die Anordnung des sofortigen Vollzuges bzw. die Aussetzung des sofortigen Vollzuges angeordnet werden, wenn das öffentliche Interesse den sofortigen Vollzug bzw. das Interesse der Vereinigung die Aussetzung fordert[47].

Wie weit die Aufhebung der Vollziehung geht und ob vor allem eine Rückgängigmachung des bisherigen Vollzuges möglich ist, ist allerdings stark umstritten[48]. Des weiteren ist auch der Umfang einer teilweisen Aufhebung oder Rückgängigmachung dem Gericht überlassen[49]. Das Gericht muß bei der Frage, ob ein sofortiger Vollzug aufgehoben werden muß, bedenken, daß Maßnahmen des Vollzuges die Vereinigung in ihrer Konstanz treffen können und sie in ihrer Rechtsverfolgung hindern können. Nur externe Tätigkeiten der Vereinigung können dem Staat unmittelbar gefährlich werden. Das Gericht muß deshalb Vorsorge treffen, damit der Verein finanziell und organisatorisch in der Lage ist, wirklichen Rechtsschutz zu finden und daß nach einem Verbotsverfahren der Verein noch lebenskräftig ist. Dies fordert Art. 19 Abs. 4 GG[50].

Daneben muß aber auch geprüft werden, ob die Ausschaltung im externen Tätigkeitsbereich zulässig ist und ob die vorläufige Unterbindung der externen Tätigkeit dem Gedanken der demokratie-bewußten Mitwirkung aller politischen Bürger am Staatsleben entspricht. Dies wird bei der verfassungsrechtlichen Analyse des Verbotsverfahrens zu beantworten sein und weitgehend das Verbot der externen Tätigkeit ausschließen.

---

[43] *Ule*, Verwaltungsprozeßrecht, § 66 II, S. 247; *Scholz*, Aufschiebende Wirkung, S. 193.
[44] Vgl. dazu *Eyermann-Fröhler*, VwGO § 80, RdNr. 46, die darauf zu Recht aufmerksam machen.
[45] *Bettermann*, VA und Richterspruch, S. 361 (365).
[46] *Ule*, Verwaltungsprozeßrecht, § 80, Abs. 1, Nr. 3; *Schunk — de Clerck*, VwGO, § 80, Anm. 3 D ff.
[47] *Klinger*, VwGO § 80 E 3 c, S. 397 mit Nachweisen in Fußnote 6 a—1.
[48] Vgl. *Eyermann-Fröhler*, VwGO § 80, RdNr. 44.
[49] *Scholz*, Aufschiebende Wirkung, S. 195, der auch auf das Problem eingeht, ob diese Aufhebung ex tunc oder ex nunc erfolgen muß; Vgl. auch *Eyermann-Fröhler*, VwGO § 80, RdNr. 46.
[50] Vgl. dazu *Menger*, VerwArch. 1964, S. 282; Bundesverwaltungsgericht E 16, 289; 17, 83; *Eyermann-Fröhler*, VwGO § 80, RdNr. 33 a; *Dürig* in *Maunz-Dürig-Herzog*, Art. 19, RdNr. 12 und 14.

Dies ergibt sich aus der oben festgelegten strukturellen Bedeutung der Vereinigung und auch aus der oben vorgenommenen einschränkenden Auslegung der Verbotstatbestände. Dennoch kann in Ausnahmefällen, für deren Vorliegen der Staat Beweis antreten muß[51], ein sofortiger und totaler Vollzug des Verbotes gerechtfertigt sein. Diese Rechtsentscheidung[52] wird nur bei einer wirklichen und augenblicklichen Gefahr einen sofortigen Vollzug des externen Tätigkeitsverbotes bringen können. Die *Präponderanz der Freiheit wird* es nur *in seltenen Fällen zulassen,* die *gesitig-agigatorische Außentätigkeit der Vereinigung* zu unterbinden. Daß *strafrechtswidrige* (auch sich politisch gebährdende) Gruppen in ihrer externen, aber auch in ihrer internen „Tätigkeit", sofort unterbunden werden müssen, versteht sich von selbst, da es sich hier nicht um die Freiheit des politischen Lebens handelt.

Die sofortige Vollziehbarkeit wird dabei so lange in der Schwebe bleiben müssen, bis das abschließende Rechtsschutzverfahren durchgeführt ist. Es führt zum Bundesverwaltungsgericht, soweit es sich um ein Landesverbot handelt, und dann letztlich durch eine Verfassungsbeschwerde nach § 90 BVerfG oder durch eine Landesverfassungsbeschwerde bei einem Landesverbot entschieden werden.

### § 19 III. Die Verfassungsmäßigkeit und Zweckmäßigkeit des Verbotsverfahrens

#### 1. Die exekutivische Paralysierung der Vereinigungen

##### a) Die strafrechtswidrigen Vereinigungen

Die exekutivische Ausschaltung strafrechtswidriger Gruppen aus der Rechtsordnung ist das unzweifelbare Recht, aber auch die unzweifelbare Pflicht der Exekutive. Überschneidungen mit Art. 18 GG können nicht vorliegen, da Art. 18 GG nur den politischen Bereich meint, aber keine Verwirkung auf Grund einer Strafrechtswidrigkeit kennt[1].

Diese Zuständigkeit bringt auch die Fassung des Art. 9 Abs. 2 GG zum Ausdruck.

Das Grundgesetz geht von einer Allzuständigkeit der Exekutive aus und weist der rechtsprechenden Gewalt und vor allem der Verfassungs-

---

[51] *Scholz,* Aufschiebende Wirkung, S. 192; *Schunck-de Clerck,* § 80, Anm. 5 a und b, VwGO; *Koehler,* VwGO, § 80, Anm. E IV 5.
[52] *Eyermann-Fröhler,* § 80, RdNr. 28, VwGO; *Scholz,* Aufschiebende Wirkung, S. 172 mit weiteren Nachweisen in Fußn. 13.
[1] *Dürig* in *Maunz-Dürig-Herzog,* Art 18, RdNr. 11; *Ridder,* Meinungsfreiheit, S. 290 mit Fußnote 160, Art. 18 GG, bemüht sich, dem Gegner die politischen Klauen abzuschlagen; *Dürig,* a. a. O., Fußnote 1.

### § 19 Verfassungsmäßigkeit und Zweckmäßigkeit des Verfahrens

gerichtsbarkeit — hier zwar nicht abschließend[2] in Art. 92 ff. GG und in Sondernormen (Art. 93 Abs. 1 Nr. 5) — bestimmte Aufgaben zu[3]. Eine Zuweisung des Verbotsverfahrens strafrechtswidriger Vereinigungen ist in Art. 9 Abs. 2 GG auch in Verbindung mit Art. 18 GG nicht enthalten[4]. Daß ein Vereinsverbot zu den Aufgaben der Rechtsprechung im materiellen Sinn gehört[5], kann bei den strafrechtswidrigen Vereinigungen nicht behauptet werden[6]. Der Wortlaut des Art. 9 Abs. 2 GG spricht hier eindeutig für die exekutivische Zuständigkeit[7].

b) Die politischen Vereinigungen: Das Verhältnis von Art. 9 Abs. 2 GG zu Art. 18 GG als Verbot der exekutivischen Paralysierung

aa) Art. 9 Abs. 2 GG als lex specialis gegenüber Art. 18 GG

Die Vereinigungen sind vollberechtigte Grundrechtsträger, sie sind, wie oben dargelegt, zu den *eigentlichen Subjekten politischer Willensbildung* erstarkt. Sie sind aber auch zu Trägern eines politischen Kampfes geworden und können besonders leicht zu Trägern verfassungsfeindlicher Subversion werden. Auf Grund dieser politischen Bedeutung und der Bedeutung der Verfassungsschutzmaßnahmen fordern einige Autoren, daß ein Vereinsverbot nur vom Bundesverfassungsgericht in Verbindung mit Art. 18 GG getroffen werden könne, da Art. 18 GG das gesamte Gebiet des Mißbrauchs eines Grundrechtes zum Kampf gegen die freiheitliche Grundordnung regelt.

Art. 18 GG sei lex specialis zu Art. 9 Abs. 2 GG, soweit es sich um den politischen Mißbrauch handelt[8].

Demnach könnte eine Vereinigung aus dem politischen Leben ausgeschaltet werden, wenn das Recht auf politische Betätigung dem Verein durch Aberkennung der Vereinigungsfreiheit entzogen würde, Art. 18 mit § 39 Abs. 2 Bundesverfassungsgerichtsgesetz[9].

---
[2] Vgl. Art. 93, Abs. 2 GG.
[3] BundesverfG E 22, 49 (77, 78); 13, 174 (176, 177); 3, 368 (376); *Hesse*, Grundzüge, S. 205 ff.
[4] So unstreitig *Dürig* in *Maunz-Dürig-Herzog*, Art. 18, RdNr. 92; *Čopič*, GG und p. St. n. A., S. 65; *Gallwas*, S. 161, 162, der allerdings viel zu ungenau die einzelnen Verbotstatbestände trennt, obwohl Art. 18 GG Anlaß dazu bietet.
[5] Vgl. BVerfG E 22, 49 (78).
[6] Zum Begriff der Rechtsprechung im materiellen Sinne: BVerfG E 22, 49 (74) mit Nachweisen.
[7] Statt aller *Ridder*, DÖV 1963, S. 324; *Čopič*, GG und p. St. n. A., S. 65; *Dürig* in *Maunz-Dürig-Herzog*, Art. 18, RdNr. 86.
[8] *Klein* in *von Mangoldt-Klein*, Art. 18 II 5, S. 519; *Pfeifer*, Die Verfassungsbeschwerde in der Praxis, S. 158; *Reissmüller*, JZ 1960, S. 529 (533 r. Sp.); *Ridder*, DÖV 1963, S. 322 (325), hält diesen Gedanken für bestechend, äußert aber dennoch Bedenken. E. R. *Huber*, Wirtschaftsverwaltungsrecht, Bd. 1, S. 254 f., kommt zum selben Ergebnis, da er den Begriff der verfassungsmäßigen Ordnung weiterfaßt als den Begriff der freiheitlichen Grundordnung und für den Überschneidungsbereich folgerichtig Vorrang des Art. 18, Abs. 2 GG annimmt. Inkonsequent insoweit *Lengsfeld*, Vereinigungsfreiheit, S. 85.

Gegen diese Meinung wird vorgebracht, daß Art. 9 Abs. 2 GG eine Vereinigung in die konkreten Grenzen einer grundsätzlich erlaubten Tätigkeit zurückweist, Art. 18 GG dagegen die Grundrechtsausübung schlechthin untersagt, so daß ein „aliud" und kein Fall einer Spezialität vorliegt[10].

Diese Betrachtungsweise bleibt jedoch an der Oberfläche. Die Existenzvernichtung einer Vereinigung bedeutet gleichzeitig den dauernden Entzug aller Grundrechte, und diese Wirkung ist das Ziel des Verbotes gemäß Art. 9 Abs. 2 GG[11].

Auch bezüglich der praktischen Auswirkungen steht das Verwirkungsverfahren nach Art. 18 GG in Verbindung mit § 39 Abs. 2 BVerfGG einem Verbotsverfahren gegen eine Vereinigung gleich. Wenn einer Vereinigung nach Art. 18 GG die Vereinigungsfreiheit aberkannt wird, so bedeutet dies nicht nur die „Mumifizierung" der Vereinigung[12], sondern die Auflösung, da eine Betätigung als Vereinigung unter Ausnützung assoziativer Elemente verboten ist. § 39 Abs. 2 BVerfGG spricht deshalb nur eine Selbstverständlichkeit aus[13], wenn die Auflösung der juristischen Person nach einem Verwirkungsverfahren angeordnet wird. Das Recht der einzelnen Mitglieder, sich wieder assoziativ zu betätigen, bleibt davon unberührt. Bedenken gegen § 39 Abs. 2 BVerfGG bestehen deshalb nicht, da die Auflösung nach § 39 Abs. 2 BVerfGG keine weiteren Vermögensnachteile für die mißbrauchende juristische Person mit sich bringt und deshalb Identität zwischen Mißbrauch und Verwirkung gewahrt wird[14].

Weiter wird die politische Vereinspression durch das BVerfG nach Art. 18 GG mit der anzustrebenden Verfassungssystematik erklärt. Dabei werden aus der Strukturgleichheit der individuellen, der verbandskonnexen und parteikonnexen Grundrechtsaktivität und der Gleichheit

---

[9] Von *Münch* in BK Art. 9, RdNr. 87, verkennt dies, wenn er das Problem dadurch lösen will, daß er von einem Durchgriff auf die Mitglieder nach Art. 18 GG spricht.
[10] So *Schnorr*, VereinsG § 1, RdNr. 19, S. 47.
[11] So mit Recht *Reissmüller*, JZ 1960, S. 533; Walter *Schmidt*, NJW 1965, S. 424 (426); *Willms*, NJW 1964, S. 225 (227), der allerdings keine Konsequenzen für das Verhältnis von Art. 9, Abs. 2 und Art. 18 GG zieht. Das Verwirkungsverfahren richtet sich gegen den Verein, was *von Münch* in BK, Art. 9, Rd-Nr. 87 übersieht.
[12] So *Ridder*, DÖV 1963, S. 326.
[13] *Čopič*, GG und p. St. n. A., S. 63.
[14] Bedenken äußern *Lechner*, BVerfGG, § 38, Anm. 2 a. E.; *Ridder*, DÖV 1963, S. 326 li. Sp.; *Reismüller*, JZ 1960, S. 533 mit Fußnote 40 und weiteren Nachweisen dort. Diese Bestimmung erklären sie aber trotz der Bedenken nicht für verfassungswidrig. Keine Bedenken hat die h. M., die sich vor allem auf den Gesichtspunkt des Art. 9, Abs. 2 GG bezieht. *Geiger*, BVerfGG, Anm. 2 zu § 39; *Dürig* in *Maunz-Dürig-Herzog*, Art. 18, RdNr. 86 a. E., *Schnorr*, VereinsG, § 1, RdNr. 19, S. 47; *Wernicke* in BK, Erstbearbeitung, Art. 18, II 2 c: *Wihlidal*, Eingriff, S. 78. Zum Begriff der Identität: *Reissmüller*, JZ 1960, S. 529 (533); *Dürig*, JZ 1952, S. 513 (517 f.).

## § 19 Verfassungsmäßigkeit und Zweckmäßigkeit des Verfahrens

der Tatbestandsvoraussetzung der Illegitimität auch Schlüsse auf eine Gleichheit des Verbotsverfahrens gezogen und gefordert[15].

Durch die neue Funktionszuteilung für Art. 18 GG soll damit auch das Verwirkungsinstitut aus seinem Leerlauf befreit werden[16]. Der Einzelgänger, der als moderner „Don Quijote" nach einem treffenden Wort *Lenins* zu den hoffnungslosen Stümpern in der Politik zählt, bildet jedoch gerade nicht den Kernpunkt des Anwendungsgebietes des Art. 18 GG[17]. Die Anwendung und Wirksamkeit des Art. 18 GG beruht vielmehr darauf, daß einzelne führende Leute aus politischen Gruppen, Parteien oder Publikationsorganen entfernt werden[18].

Dieser „systemgerechte" Schluß ist aber nicht zwingend, wie *Ridder*[19] strukturell dadurch nachweist, daß er die Verschiedenheit und Mannigfaltigkeit der Gruppen anführt, während die Parteien eine relativ gleichmäßige und konstante Struktur aufweisen, so daß hier im Gegensatz zu den Vereinigungen ein schneller exekutivischer Zugriff nicht notwendig ist.

Zudem besteht ein Unterschied deshalb, weil die Parteien als staatsnächste Integrationsverbände einen besonderen Zugang zu den Staatsorganen haben und deshalb formelle Privilegien in Anspruch nehmen können — im Gegensatz zu materiellen Privilegien —, da die Freiheit und die Grundrechtsausübung nicht teilbar sind[20]. Schließlich würde die exekutivische Zuständigkeit im Ergebnis nur noch für die strafrechtswidrigen Vereinigungen gelten, da der Verbotsgrund der Völkerverständigungsfeindlichkeit mit dem Verbotsgrund der Verfassungswidrigkeit meist kollidiert[21].

Eine dennoch verbleibende Disharmonie im Illegalisierungsverfahren des Verfassungsschutzes muß schließlich deshalb hingenommen werden, da Art. 9 Abs. 2 GG die exekutivische Zuständigkeit festlegt[22], aber ebenso Verfassungsrang hat wie Art. 18 GG und Art. 21 Abs. 2 GG. Art. 9 Abs. 2 GG geht daher im Ergebnis Art. 18 GG vor.

---

[15] Vgl. *Čopič*, GG und p. St. n. A., S. 62 unten und S. 121.
[16] *Čopič*, a. a. O., S. 64.
[17] A. A. *Willms*, NJW 1964, S. 225 (227), der nur den politischen Eknzelgänger nach Art. 18 erfassen will.
[18] Zur h. M. vgl. oben § 16, 1, 2. *Čopič*, a. a. O., S. 120, geht hier von einem falschen Ausgangspunkt (wie *Willms*) aus.
[19] *Ridder*, DÖV 1963, S. 324; zu den Strukturen vgl. oben § 11, 2 a und b.
[20] So zu Recht *Willms*, Staatsschutz, S. 25: Es ist aber mißverständlich, wenn er die Doppelkompetenz nach Art. 21, Abs. 2 GG und Art. 18, Satz 2 GG als „großartigen Wurf" der Verfassung preist, weil sie Gleichrangigkeit von Partei und Person dokumentiere, und weil dadurch der Staatsbürger „als handelndes Subjekt, als Träger der politischen Meinung- und Willensbildung, eben jenen unangreifbaren Status originär besitzt, den das GG den Parteien ... verliehen hat". Dann muß er auch das formelle Privileg für die Parteien abschaffen oder eine gewisse Unsystematik eingestehen.
[21] *Dürig* in *Maunz-Dürig-Herzog*, Art. 18, RdNr. 86, 1 c; Vgl. oben § 14, 2 c.
[22] Vgl. oben die Zuständigkeit für die strafrechtswidrigen Vereinigungen.

## 4. Kapitel: Die Durchsetzung der Schranken

Hinter den Bemühungen, eine gerichtliche Erstzuständigkeit und nur repressive Kontrolle der Exekutive durch die Gerichte zu schaffen, steht der Versuch, die politischen Vereinigungen dem ersten Zugriff der Exekutive zu entziehen, den die Fassung des Art. 9 Abs. 2 GG für die verbandskonnexe Grundrechtsaktivität zuläßt.

Da die Verfassung, gleich aus welchen Gründen, die Vereinsverbote nicht den Gerichten in erster zugreifender Zuständigkeit zuteilt, hat der Gesetzgeber die Gestaltungsfreiheit zur exekutivischen Zuständigkeit verfassungsgemäß genützt.

Eine rechtsstaatliche Auslegung und Ausgestaltung dieser Zuständigkeit und eine *effektive gerichtliche Kontrolle des Vereinsverbotes, vor allem die sorgfältige Prüfung der vorläufigen Vollziehbarkeit*, müssen die Nachteile des Rechtes des ersten Zugriffs mildern[24]. Das Recht des ersten Zugriffs mit seiner „Vorjustiz"[25] dank der tatsächlichen Überlegenheit der Verwaltung, die es ermöglicht, jedem Akt äußere Rechtmäßigkeit zu verleihen, muß mit einem umfassenden Rechtsschutz gekoppelt werden. Durch Art. 19 Abs. 4 GG muß die Möglichkeit geschaffen werden, bis zur endgültigen Entscheidung durch eine Verfassungsbeschwerde solche Kautelen einzubauen, die es verhindern, daß ein zu Unrecht angegriffener Verein durch die Auflösungsverfügung bereits de facto beseitigt ist, wenn die Gerichte nach Jahr und Tag zu seinen Gunsten entscheiden[26].

Das Zusammenwirken von Gericht und Verwaltung gleich beim ersten Zugriff gegen politische Gegner wurde zwar gefordert[27], zu einer verfassungsrechtlichen Notwendigkeit konnte dieses Verfahren wegen des eindeutigen Wortlauts des Art. 9 Abs. 2 GG jedoch nicht werden[28].

*Die Regelung des § 16 VereinsG wäre aber, unter Abwägung aller verfassungsrechtlichen Gründe, wünschenswert gewesen.* Ein wohl absolut gerechter Ausgleich zwischen den Staatsinteressen und den

---

[23] Wie hier die h. M.: *Dürig* in *Maunz-Dürig-Herzog*, Art. 18, RdNr. 86 1 b; *Seifert*, DÖV 1954, S. 353 (357); *Willms*, NJW 1964, S. 225; *Schmidt*, Walter, NJW 1964, S. 425; *Gallwas*, Mißbrauch, S. 168; aber auch *Čopič*, GG und p. St. n. A., S. 65, der sich allerdings erst nach großen Bedenken auf Grund des doch eindeutigen Wortlautes des Art. 9, Abs. 2 GG zur exekutivischen Zuständigkeit bekennt; ebenso *Lengsfeld*, Vereinigungsfreiheit, S. 62 ff.

[24] *Maunz* in *Maunz-Dürig-Herzog*, Art. 21, RdNr. 136, meint, daß jedem Parteiverbot durch die Exekutive im Zweifel von vornherein ein undemokratischer Charakter anhaften muß. Eine Übertragbarkeit dieses Ausspruches ist für das Vereinsverbot möglich, da materiell kein entscheidender Unterschied zwischen Vereinigungen und Parteien besteht.

[25] H. J. *Wolff*, NJW 1951, S. 771 (772); *Scholz*, Aufschiebende Wirkung, S. 94.

[26] *Willms*, JZ 1965, S. 88.

[27] *Lengsfeld*, Vereinigungsfreiheit, S. 90 f.

[28] Es kann auch nicht davon gesprochen werden, daß das Vereinsverbot zu den funktionellen Aufgabenkreisen der Gerichte gehören würde; vgl. BVerfG E 12, S. 49 ff.; *Cordier*, NJW 1967, S. 2141; *Bender*, Verfassungsmäßigkeit des Verwaltungsstrafverfahrens, S. 60.

Individualinteressen wäre im politischen Bereich wohl am besten verwirklicht worden. Die Gewaltenteilung darf nicht zu einem Selbstzweck werden, sondern muß dem Gemeinschaftszweck dienen[29]. Der Weg zur präventiven Kontrolle der Exekutive könnte ein Weg zum echten Kollisionsausgleich im politischen Notstandsbereich werden.

Die Begründung der Bundesregierung zu § 16 VereinsG spräche für eine entsprechende Anwendung für die politische Vereinspression. Die Bundesregierung führt aus[30], daß „in der Bundesrepublik Deutschland durch Art. 19 Abs. 4 GG ein schrankenloses Verwaltungsrechtsschutzsystem mit einer jederzeitigen Interventionsmöglichkeit der Gerichte der Verwaltungsgerichtsbarkeit durch Vollziehungsaufschiebung keinen Raum für ‚Willkür' der Exekutive lasse. Um aber jede, auch nur vorübergehende Benachteiligung durch ‚Eigenmächtigkeit der Exekutive auszuschließen', werde eine Regelung getroffen, ‚die lediglich der Form nach' einen Verbotsausspruch der Exekutive gestattet, die praktische Verwirklichung aber erst zuläßt, nachdem das zuständige Gericht der Verwaltungsgerichtsbarkeit die Rechtmäßigkeit des Eingriffs geprüft und gebilligt hat".

Die Beschränkung auf die Koalitionen kann jedoch nur einen Schönheitsfehler im System der politischen Vereinsunterdrückung bedeuten, nicht aber einen Bruch eines verfassungsrechtlichen Gebotes. Eine saubere Durchführung des exekutivischen Verbotsverfahrens, wie unten darzulegen ist, kann den Schönheitsfehler noch weitgehend verdecken.

Die exekutivische Zuständigkeit erscheint schließlich unter zwei Gesichtspunkten auch verfassungsdogmatisch und systematisch gerechtfertigt.

Carl *Schmitt* hat von einer Prämie auf den legalen Besitz der legalen Macht gesprochen[31]. *Leisner*[32] hat diesen Begriff jüngst wieder aufgegriffen. Beide halten diese Prämie für zulässig[33]. Der Staat hat sich diese Prämie durch Schaffung der exekutivischen Zuständigkeit nach Art. 9 Abs. 2 GG gesichert. Die Lehre kann nicht über den offensichtlich vom Verfassungsgeber nicht gewollten Weg des Art. 18 GG diese Prämie des ersten Zugriffs dem Staat entreißen. Daß dieser Besitz nicht zur *überlegalen Prämie* auf den legalen Besitz der legalen Macht wird, dafür sorgen die Gerichte mit ihren Kontrollmöglichkeiten, vor allem aber durch die Möglichkeiten, die Vollziehung auszusetzen.

---

[29] Kritik gegen eine allzu große Justizförmigkeit außerhalb der repressiven Kontrolle: Carl *Schmitt*, Verfassungsrechtliche Aufsätze, Hüter der Verfassung, 1929, S. 100.
[30] BT-Drucksache, IV 430, S. 24.
[31] Carl *Schmitt*, Verf. Aufsätze, Legalität und Legitimität, S. 288.
[32] *Leisner*, Öffentlichkeitsarbeit, S. 153; vgl. auch *Gallwas*, Mißbrauch, S. 132, der allerdings nicht zur Frage der Zulässigkeit Stellung nimmt.
[33] *Leisner*, Öffentlichkeitsarbeit, weist die Zulässigkeit dieser Prämie nach; er bezieht sich zu Recht auf Carl *Schmitt*, a. a. O., S. 288.

Daneben wird eine überlegale Prämie durch die parlamentarische Verantwortung der Exekutive, durch das Parlament, verhindert Diese parlamentarische Verantwortung ist besonders transparent, da allein die höchsten Staatsorgane zum Verbot berechtigt sind. Auch wenn man den Gerichten dank ihrer aristokratischen Zusammensetzung eine besondere Hüterfunktion für bürgerliche und politische Freiheiten zuerkennt, ist doch auch das Parlament ein Hort der Freiheit, wie dies vor allem auch im 19. Jahrhundert anerkannt war.

bb) Art. 18 GG und Art. 9 Abs. 2 GG in kumulativer Beziehung

Obwohl, wie oben dargelegt, Art. 9 Abs. 2 GG gegenüber Art. 18 GG der speziellere Tatbestand ist, verdrängt Art. 9 Abs. 2 GG in seinem Anwendungsbereich den Art. 18 GG nicht.

*Larenz* hat überzeugend nachgewiesen[34], daß die Verdrängung des allgemeinen durch den speziellen Tatbestand sich nicht mit formaler Logik beantworten läßt, sondern daß es sich dabei um eine Frage der Gesetzesauslegung oder ergänzenden Rechtsfindung handelt. Maßgeblich ist der Zweck des Gesetzes oder der sachliche Zusammenhang[35].

Dieser sachliche Zusammenhang gebietet es auch, die Grundrechtssubjekte Vereinigungen dem Verwirkungsverfahren zu unterwerfen[36]. Dies fordert die Verschiedenheit der Antragsberechtigten in Art. 9 Abs. 2 GG und Art. 18 GG; außerdem ergibt es sich auch aus der Höherrangigkeit des Art. 18 GG, soweit die rechtsstaatlichen Garantien für die Vereinigungen in Frage stehen[37].

Ein weiteres systematisches Bedürfnis für die Kompetenz der BVerfG liegt darin, daß Art. 18 GG auf jeden Fall eine bundeseinheitliche Behandlung des systemabweichenden öffentlichen Verbandswesens garantiert.

In dieser Ausgestaltung wird das Verwirkungsverfahren gegen Vereinigungen nicht, wie die Auflösungsbefugnis des § 39 Abs. 2 BVerfGG

---

[34] Karl *Larenz*, Methodenlehre, S. 174; *Enneccerus-Nipperdey*, Allg. Teil des BGB § 60 II, vor allem Anm. 9. Rechtsdogmatische Bedenken, die *von Münch* in BK, Art. 9, RdNr. 86, äußert, sind nicht begründet.

[35] *Larenz*, Methodenlehre, S. 174 und 175 mit weiteren Nachweisen. Kritisch spricht sich gegen diese Ansicht vor allem *Dietz*, Anspruchskonkurrenzen, S. 31 ff. aus.

[36] Wie hier im Ergebnis auch *Dürig* in *Maunz-Dürig-Herzog*, Art. 18, Rd-Nr. 86 1 c; *Čopič*, GG und p. St. n. A., S. 65; *Willms*, NJW 1964, S. 226 f. A. A. *Gallwas*, Mißbrauch, S. 168, der die These von *Dürig* nicht überzeugend findet, ohne dies jedoch zu begründen; er meint, daß die Ausgestaltung des Art. 9, Abs. 2 GG durch das VereinsG das Verbotsverfahren genügend regele, so daß kein Bedürfnis vorhanden wäre.

[37] *Schnorr*, VereinsG, § 1, RdNr. 19 a. E., verkennt ebenfalls die Auswirkungen des „Spezialitätenprinzips" und nimmt, um Art. 9, Abs. 2 GG neben Art. 18 GG anwenden zu können, bei der Auslegung Zuflucht, die die praktischen Auswirkungen von Art. 9, Abs. 2 GG und Art. 18 GG bei Maßnahmen gegen den Verein übersieht, so daß nicht von einem aliud gesprochen werden kann.

§ 19 Verfassungsmäßigkeit und Zweckmäßigkeit des Verfahrens    153

vermuten lassen könnte, auf juristische Personen beschränkt bleiben können.

Wie nicht juristische Personen Grundrechtsträger sein können, so können sie auch zum Kampf gegen das System[38] unter dem Schutze der Grundrechte antreten. Eine analoge Anwendung des § 39 Abs. 2 BVerfGG bezüglich der tatsächlichen Aufhebung der Gemeinschaft der Gruppe erscheint daher symmetriegerecht zur Grundrechtsfähigkeit nichtjuristischer Personen zu sein[39]. Die analoge Anwendung wird dem Gedanken des Verfassungsschutzes gerecht, da eine Gruppe nicht dadurch Vorteile erlangen soll, daß sie die Flucht in eine besondere Rechtsform antritt. Der Staatsschutz muß, wie beim Vereinigungsbegriff, auf die tatsächlichen Verhältnisse abstellen, soll er effektiv bleiben.

## 2. Die Bundesstaatliche Zuständigkeitsregelung

### a) Der Stand der Meinungen

Die Zuständigkeitsregelung des Vereinsgesetzes für überregionale Vereinigungen hat die meiste verfassungsrechtliche Kritik erfahren, da eine wichtige Aufgabe des Verfassungsschutzes den Ländern genommen wurde und der unmittelbaren Verfügungsgewalt des Bundes unterstellt wurde.

Gegen die Zulässigkeit dieser Regelung wenden sich vor allem *Ridder*[40], *v. Feldmann*[41] und *Čopič*[42]. Sie halten die Zuständigkeitsregelung des VereinsG für verfassungswidrig. Sie verweisen zunächst auf Art. 30 GG und Art. 83 GG, die den Vollzug aller Gesetze, auch der Bundesgesetze, den Ländern übertragen. Der Vollzug der Bundesgesetze besteht jedoch entgegen *Schnorr*[43] nicht nur in der technischen Durchführung des Vereinsverbotes, sondern auch im Subsumtionsermessen und im Einschreitungsermessen.

Eine Bundeszuständigkeit kraft stillschweigend mitgeschriebener Kompetenz[44] lehnen sie ab. Gegen diese ungesrchiebene Verwaltungskompetenz des Bundes nehmen allgemein vor allem *Bullinger*[45] und *Maunz*[46] mit schwerwiegenden Gründen Stellung. Zustimmende Ansich-

---

[38] System im Sinne der Diktion der Feinde der Weimarer Republik.
[39] *Čopič*, GG und p. St. n. A., S. 64, kommt, allerdings von einem ganz anderen Ausgangspunkt, ebenfalls zu diesem Ergebnis; a. A. *Willms*, NJW 1964, S. 227; *Geiger*, BVerfGG, Anm. 7 zu § 39, S. 149.
[40] Bl. für dt. und intern. Politik, 1962, S. 515 ff.
[41] *v. Feldmann*, DÖV 1965, S. 31.
[42] *Čopič*, GG und p. St. n. A., S. 70 f.
[43] *Schnorr*, VereinsG, § 5, RdNr. 15, S. 149.
[44] Ausdruck von *Küchenhoff*, AöR 82 (1957) S. 413 ff.
[45] *Bullinger*, JuS 1964, S. 228 ff.
[46] *Maunz* in *Maunz-Dürig-Herzog*, Art. 83, RdNr. 30 ff.; ähnlich auch *Maunz* in *Mang-Maunz-Mayer-Obermayer*, Staats- und Verwaltungsrecht in Bayern, S. 11 ff. Eine Literaturübersicht über diese sehr umstrittene Frage gibt *Čopič*, GG und p. St. n. A., S. 68 in Fußnote 117.

ten für eine stillschweigende Bundeskompetenz werden vor allem von *Kölble*[47] und *Achterberg*[48] geäußert.

Alle positiven Stimmen der Lehre gehen mehr oder weniger von den Problemen einer Zweckmäßigkeitsregelung aus und verlangen einen Bundesverwaltungsakt, wenn ganz besondere Umstände diese Regelung zwingend erfordern[49]. Eine eindeutige Rechtsprechung hat sich noch nicht gebildet[50].

Eine Bundeszuständigkeit allein aus praktischen Erwägungen ohne besondere verfassungsrechtliche Rechtfertigung nehmen deshalb auch *Seifert*[51], *Fröhlich*[52], *Petzold*[53], *Willms*[54] und *Schnorr*[55] an. Sie orientieren sich an den Schwierigkeiten, die durch einen uneinheitlichen Vollzug des Vereinsverbotes unter der Geltungskraft des Republik-Schutz-Gesetzes in der Weimarer Republik entstanden sind[56]. Damals konnten oft Vereinigungen in einem Lande weiterwirken, im anderen Lande dagegen nicht. Ein „linksregiertes" Land verbot die „Rechten" und die „rechtsregierten" Länder verboten die „Linken" in ihrem Lande. Auf der Strecke blieb aber bei diesem Hin und Her die Glaubwürdigkeit und Stärke des Verfassungsschutzes[57].

Zudem hatten, wenn ein Verbot in mehreren Ländern zustandekam, die jeweiligen Verwaltungsgerichte eine uneinheitliche Spruchpraxis

---

[47] *Kölble*, DÖV 1963, S. 660 (663).
[48] *Achterberg*, DÖV 1964, S. 612 ff.
[49] Daß in diesen Fällen keine Wahl möglich sein solle und nur die Bundeskompetenz verfassungsmäßig ist, vertritt wohl nur *Kölble*, DÖV 1963, S. 663; die übrige Literatur geht von einer alternativ regelbaren Zuständigkeit in diesen Fällen aus.
[50] Zur Rechtsprechung vgl. vor allem die Dampfkesselentscheidung des BundesverfG E 11, 6 (18) und das Fernsehurteil BVerfG E 12, 205 (251).
Diese Entscheidungen widersprechen sich im Ergebnis und können deshalb nicht eine abschließende Klärung der Rechtsprechung bedeuten. Ebenso interpretieren *v. Feldmann*, a. a. O., S. 520, auch *Willms*, JZ 1965, S. 89. Die Bundesregierung hat die Dampfkesselentscheidung auch nicht als direkten Beweis der Zuständigkeit angesehen, sondern nur von einer „Ebnung des Weges für diese neuartige Kompetenzverteilung" gesprochen, BT-Drucksache IV, 430 S. 15.
[51] *Seifert*, DÖV 1964, S. 687.
[52] *Fröhlich*, DVBl. 1964, S. 800 (801).
[53] *Petzold*, NJW 1964, S. 2282.
[54] *Willms*, JZ 1965, S. 88.
[55] *Schnorr*, VereinsG, § 3, RdNr. 26, S. 114.
[56] Vgl. auch Regierungsentwurf zum VereinsG, BT-Drucksache IV, 430, S. 14; *Seifert*, DÖV 2964, S. 686; *Jasper*, Der Schutz der Republik, S. 128 ff., der diese Mißstände besonders eindringlich darstellt; *Lengsfeld*, Vereinigungsfreiheit, S. 88.
[57] Auch von *Feldmann*, DÖV 1965, S. 32, erkennt diese Gefahr und möchte deshalb die ländereinheitliche Regelung dadurch erreichen, daß er bei überregionalen Vereinigungen eine Abstimmung aller Länder fordert, wobei er auch vor einem Veto eines Landes nicht zurückschreckt, so daß ein einziges Land das Verbotsverfahren zu Fall bringen kann. Der Zustand von Weimar wäre in diesem Fall wohl noch potenziert.

## § 19 Verfassungsmäßigkeit und Zweckmäßigkeit des Verfahrens

entwickelt und damit die Durchgängigkeit des Verfassungsschutzes verhindert[58]. Ein einheitliches Bundesverbot kann der überregionalen Vereinigung auch den Vorteil bringen, daß nur eine Anfechtungsklage notwendig ist und somit die Übersichtlichkeit und Rechtssicherheit erhöht ist.

### b) Die Möglichkeiten einer Einwirkung auf die Länderexekutive

Auch die Einwirkungsmöglichkeiten des Bundes auf die Vereinheitlichung des Vollzugs des VereinsG durch Erlaß von allgemeinen Verwaltungsvorschriften (Art. 84 Abs. 2 GG), durch das Instrument der Bundesaufsicht (Art. 84, Abs. 3, 4 GG) und die Möglichkeit der gesetzlichen Begründung von Einzelanweisungen für besondere Fälle (Art. 84 GG) können die oben dargelegten politischen Nachteile einer Landeskompetenz nicht ausgleichen, wohl aber eine gewisse Vereinheitlichung erreichen. Der dann noch übrigbleibende Unterschied in der Gesetzesauslegung und Gesetzesdurchführung sei der unvermeidliche Tribut an eine föderative Ordnung, der auch im politischen Bereich zu entrichten sei, wie *Bullinger*[59] ausführt.

### c) Die gewaltenhemmende Funktion des Föderalismus

Ohne das Problem des überregionalen Verwaltungsaktes endgültig durchdringen zu wollen, erscheint aber in der bisherigen Diskussion die Besinnung auf die Wurzeln und den Sinn der föderalistischen Ordnung der Bundesrepublik nicht genügend berücksichtigt.

Der *Föderalismus* trägt in einem modernen Staat *weniger bündische* als *vielmehr demokratische* Züge. Im Vordergrund steht der moderne, gewaltenteilende Aspekt; in den Hintergrund getreten ist die herkömmliche, staatenbündische Funktion, der Schutz partikularer Eigenarten und Sonderinteressen[60]. Ursprung und Geschichte des Föderalismus sprechen nicht gegen diese „Umfunktionierung" des Sinnes bundesstaatlicher Ordnung zu einer machtmißbrauchshemmenden Institution[61]. In den Kernländern des Föderalismus, in Deutschland und in den Vereinigten Staaten von Amerika, war diese Funktion immer als wesentlich erkannt worden[62].

---

[58] *Fröhlich*, DVBl. 1964, S. 800 (802).
[59] *Bullinger*, JuS 1964, S. 232, verweist vor allem auf diese Einwirkungsmöglichkeiten; *Ridder* hält diesen Unterschied für vertretbar und meint, daß eben überhaupt der föderative Verwaltungs- und Verfassungsaufbau nicht „ad usum Simplicii Simplicissimi" sei: *Ridder*, Bl. für dt. und intern. Politik, 1962, S. 520; wie *Ridder* auch *Čopič*, GG und p. St. n. A., S. 69.
[60] *Hesse*, Der unitarische Bundesstaat, S. 27.
[61] *Ebke*, Bundesstaat und Gewaltenteilung, S. 44.
[62] *Ebke*, a. a. O., S. 46 mit weiteren Nachweisen über die geschichtliche Entwicklung: *Loewenstein*, Verfassungsrecht und Verfassungspraxis, S. 116 ff.; *Tocqueville*, Demokratie in Amerika, S. 161.

Dies gilt umso mehr, da in der Bundesrepublik außer in Bayern und in den Hansestädten oft keine gewachsene Volkseinheit mit eigener Geschichte und eigenständiger Kulturgruppe, deren partikularer Schutz notwendig wäre, vorhanden ist. Bündische Tendenzen, wie sie *Lerche* für gegeben hält[63], können zumindest den besonderen, gewaltenhemmenden Zweck des Föderalismus nicht beseitigen oder ins zweite Glied drängen. Auf jeden Fall kann die gewaltenteilende Funktion nicht übersehen werden[64].

Wenn diese vertikale Gewaltenteilung nicht bloßes Schlagwort bleiben soll, muß die Trennung in ihrer freiheitsfördernden Funktion auch und gerade den Bereich des Verfassungsschutzes umfassen[65]. Der Sinn wird nicht genügend respektiert, wenn den Ländern nur der Vollzug von Gesetzen ohne staatspolitische Bedeutung unter dem Namen der vertikalen Gewaltenteilung zugesprochen wird, da hier keine echte Gewalt verteilt wird, sondern lediglich eine Verwaltungskompetenz, die gar nicht den zentralen Staat kennzeichnet[66].

Wenn *Čopič* die Bedenken gegen die exekutivische Zuständigkeit zum Verbot gegen die bei ihm durchschlagenden Bedenken gegen die Bundeszuständigkeit „einhandelt"[67], so kann dieser Versuch zwar dogmatisch nicht überzeugen, das Ergebnis kann jedoch befriedigen. Der Zwang zum Konsensus aller Länder in einer Verbotsfrage schneidet allen extrem verbotswilligen Ländern die Spitzen ab und verhindert, daß sich die jeweilige Regierung ihre jeweiligen Feinde durch Verbot vom Leibe hält. Eine Gewaltenhemmung liegt zweifellos vor.

### d) Die Lösung der Konfliktslage

Dennoch werden durch diese so gedeutete Bundesstaatlichkeit zwei Bedenken gegen die Alleinzuständigkeit der Länder nicht beseitigt.

Zum einen werden die Länder zu Richtern in Fragen gemacht, deren Wurzeln meist in der Bundespolitik ruhen, zumindest soweit es die Initiative und Entscheidung der Einleitung eines Verbotsverfahrens betrifft. Außerdem werden die überregionalen Vereinigungen meist einen Angriff auf die gesamte Ordnung der Bundesrepublik vorbereiten, so daß die Landesregierungen nur mittelbar Betroffene sind. Das Verbot

---

[63] *Lerche* Peter, VVVDStL 21 (1964), S. 80: Föderalismus und Gewaltenteilung seien durchaus in der Tendenz verschiedene Größen. Er hält demnach den Föderalismus noch für ein nationales Ordnungsprinzip.
[64] Vgl. Werner *Weber*, Spannungen und Kräfte, S. 62, für den Vollzug der Bundesgesetze.
[65] Ähnlich im Ansatz *Ebke*, Bundesstaat und Gewaltenteilung, S. 66 mit Fußnote 4 und 5.
[66] *Schnorr*, VereinsG, § 5, RdNr. 15 geht allerdings fehl, wenn er den Vollzug des Bundesverbotes durch die Länder als genügend für Art. 83 GG ansieht.
[67] *Čopič*, GG und p. St. n. A., S. 71.

§ 19 Verfassungsmäßigkeit und Zweckmäßigkeit des Verfahrens 157

bedarf zudem der besonderen parlamentarischen und politischen Verantwortung.

Diese Verantwortung wäre nicht in dem Maße gewährleistet, wenn für eine Gesamtmaßnahme aller Länder die einzelnen Parlamente mit ihren unterschiedlichen Zusammensetzungen befinden müßten.

Zum anderen hat *Jasper*[68] eindringlich historisch nachgewiesen, daß ein besonderer Fehler im Funktionssystem des Verfassungsschutzes in Weimar darin lag, daß die zentral organisierten Verfassungsfeinde dem nicht zentral organisierten Verfassungsschutz in hoffnungsloser Unterlegenheit für den Staat gegenüberstanden.

So erzwingt diese tatsächliche Lage auch ein entsprechendes Handeln des Staates, will er durch falsche Liberalität seine unumstößlichen Werte gefährden. Demnach muß auch das Prinzip des gewaltenhemmenden Föderalismus, das hier allein in Frage steht, da bündische Partikularinteressen nicht auf dem Spiele stehen (überregionale Vereinigung), den Gesamtinteressen untergeordnet werden.

Prinzipien der Gewaltenteilung sind, wie die horizontale Gewaltenteilung zeigt, nicht unveränderlich und absolut durchgeführt, sondern sind nur im funktionalen Kernbereich gesichert[69]. Funktionsüberschneidungen und Funktionsverschiebungen sind möglich, wie das Parteiverbot, das Normenkontrollverfahren als Eingriff der Rechtsprechung in die Legislative, die Maßnahmegesetze, der Haushaltsplan als Eingriff der Legislative in die Exekutive und die Rechtsverordnungen als Eingriff der Exekutive in die Legislative zeigen.

Der hier anstehende Interessenkonflikt kann dabei nicht an Hand eines Prinzips und dessen unbedingter Durchsetzung gelöst werden. Das juristische Denken muß sich, gerade im Verfassungsschutz mit seinen Besonderheiten, die sich an der Struktur der Verfassungsgegner orientieren, von einem axiomatischen Systemdenken lösen, wenn absolute Gründe der Effektivität gegen das Axiom stehen, und muß sich einem dialektischen Problemdenken zuwenden[70].

Eine *Bundeskompetenz für das Verbot überregionaler Vereinigungen war deshalb unumgänglich*, wenn der Interessenkonflikt sachgerecht gelöst werden sollte.

Dogmatisch am überzeugendsten wäre jedoch der Weg einer Verfassungsänderung im Wege des Art. 79 Abs. 1 und 3 GG[71]. Die Verfassungs-

---

[68] *Jasper*, Der Schutz der Republik, S. 128 ff., 316 ff.
[69] Vgl. statt aller: *Maunz*, Dt. Staatsrecht, § 28, II 2—4. S. 247, 248.
[70] *Stein*, NJW 1964, S. 1752; *Dürig* versteht dies als die wertungsjuristische Interpretation (*Dürig*, VVDStL, Heft 20 [1963] S. 115); vgl. auch *Scholler*, Person und Öffentlichkeit, S. 38.
[71] Obwohl das VereinsG einstimmig im Bundestag beschlossen wurde (128. Sitzung des Bundestages am 4. 6. 1964, vgl. *Schnorr*, VereinsG, S. 33), wurde dieser Weg nicht beschritten. Auch der Bundesrat konnte sich nicht zu diesem Weg entschließen; es sollte wohl kein Präzedenzfall mit Verfassungsrang für die Beschneidung der Länderkompetenz geschaffen werden.

lücke, von der *Willms*[72] spricht, wäre damit rechtlich unzweifelhaft ausgefüllt. So wird man in der Konstruktion eines „*überregionalen Verwaltungsaktes*" einen „*gerade noch sicheren*" Boden für die Regelung der Verbotskompetenz im VereinsG finden. Eine ganz besondere Zwangslage, die für einen überregionalen Verwaltungsakt im Rahmen einer Bundeskompetenz notwendig ist, liegt im Falle des Verfassungsschutzes ausnahmsweise vor.

### 3. Die Einziehung des Vermögens

#### a) Die Einziehung des Vereinsvermögens

aa) Die Beschlagnahme als vorläufige Maßnahme

Die Beschlagnahme des Vereinsvermögens sowie die Beschlagnahme des Vermögens Dritter oder die Beschlagnahme der Forderungen Dritter gegen den Verein bzw. deren Nichterfüllung geht der Einziehung bzw. Nichterfüllung voraus. Sie ist eine vorläufige Maßnahme und muß deshalb nur unter dem besonderen Gesichtspunkt der Art und Weise der Durchführung des Verbotsverfahrens gewürdigt werden[73].

Anders gestaltet sich die Frage der endgültigen Vermögenseinziehung. Auch wenn das Vermögen bei einem rechtsfähigen Verein nicht unmittelbar den Mitgliedern entzogen wird, sondern der Vereinigung als eigener Rechtsperson, so bestimmt doch die Satzung in den meisten Fällen, an wen das Vermögen im Falle einer Auflösung fallen soll. Im Ergebnis werden durch eine Vermögenseinziehung die Mitglieder, die über diesen Vermögenswert entscheiden oder bereits entschieden haben, in ihren Vermögensrechten getroffen. Für die materielle Frage der Zulässigkeit der vermögensrechtlichen Maßnahmen ist deshalb nur die Einziehung wichtig.

bb) Abgrenzung der Einziehung zu verwandten Erscheinungen

Ernst Rudolf *Huber*[74] weist zehn verschiedene Arten der Eigentumsbeschränkung oder Eigentumsaufhebung nach und unterscheidet die Eigentumsbindung, die Enteignung, den Ablieferungszwang, den Aufopferungszwang, die Einziehung, die Konfiskation, die Restitution, die Eigentumsumlegung, die Eigentumsumschichtung und die Sozialisierung.

Die Vermögenseinziehung ist demnach vor allem von der Enteignung und der Konfiskation abzugrenzen.

---

[72] *Willms*, JZ 1965, S. 88: Der Weg, den *Willms* geht, ist rechtlich nicht gangbar. Wenn er von einer echten Verfassungslücke spricht, dann muß er auch den Weg der Verfassungsänderung bzw. Verfassungsergänzung gehen.
[73] E. R. *Huber*, Wirtschaftsverwaltungsrecht, Bd. II, S. 15 bis 51.
[74] E. R. *Huber*, Wirtschaftsverwaltungsrecht, Bd. II, S. 15 bis 51.

§ 19 Verfassungsmäßigkeit und Zweckmäßigkeit des Verfahrens 159

Die Enteignung ist ein Akt der Güterbeschaffung zur besseren Erfüllung öffentlich wichtiger Aufgaben[75] und kann nach Art. 14 Abs. 2 GG nur gegen Entschädigung vorgenommen werden. Die Entschädigung soll dem Betroffenen die Möglichkeit gewähren, eine ähnliche oder gleiche Vermögensposition, wie er sie vor der Enteignung hatte, zu erlangen[76]. Der Zweck der Vermögenseinziehung wäre jedoch in das Gegenteil verkehrt, wenn die Vereinigung im Endergebnis in ihrem Vermögen keinen Verlust zu verzeichnen hätte. Die Vereinigung finanziell zu treffen, ist aber gerade der Sinn der Vermögenseinziehung[77].

Eine *Konfiskation* unterscheidet sich von der Enteignung durch die anders geartete *Zweckrichtung*. Während die Enteignung unmittelbar dem Gesamtwohl dienen soll, erhebt der Staat bei der Konfiskation einen sozialen oder politischen Vorwurf wegen der Art und Weise der Beschaffenheit des Vermögens, das konfisziert werden soll[78]. Neben die subjektiven Merkmale tritt hier das objektive Kriterium als Vorwurf gegen die Sachbeschaffenheit und ihre Wirkungsweise, wie dies beim Großgrundbesitz, bei der Konterbande usw. der Fall ist[79].

Die Einziehung richtet sich nur als Vorwurf an die subjektive Seite des Vermögensträgers[80]. Sie knüpft allein an das Verhalten des Vermögensberechtigten einen Vorwurf[81], aus dem sich die Einziehung ableitet, ohne daß es auf die Art und Weise des einzuziehenden Gegenstandes ankäme[82]. Zwischen Einziehung und Konfiskation besteht im Ergebnis jedoch nur ein gradueller Unterschied. Hier wird nur ein

---

[75] *Drews-Wacke*, Polizeirecht, S. 199, 200.
[76] *Kimminich* in BK Art. 14, RdNr. 136 und 141: Es gilt der Grundsatz der Vorteilsausgleichung für und gegen den von der Enteignung Betroffenen; ebenso *Huber*, Wirtschaftsverwaltungsrecht, Bd. II, S. 19 ff.
[77] *Stree*, Deliktsfolgen und GG, S. 109.
[78] *Kimminich* in BK Art. 14, RdNr. 91; *Ipsen*, VVDStL, Heft 10 (1952) S. 88; *Huber*, Wirtschaftsverwaltungsrecht, Bd. II S. 43; vgl. auch die Bestimmung der Hess. Verfassung Art. 42.
[79] *Kimminich*, Art. 14, RdNr. 93, trennt Konfiskation und Einziehung allerdings zu schematisch nach Strafrechtswidrigkeit (Einziehung) und allgemeinem Vorwurf (Konfiskation). Er übersieht die verwaltungsrechtliche Einziehung.
[80] Diese Unterscheidung ist stark umstritten, soweit es sich um die Definition handelt. Im Ergebnis besteht jedoch weitgehend Übereinstimmung, Werner *Weber*, Eigentum und Enteignung, S. 365, spricht von der zulässigen traditionellen Konfiskation im Straf- und Verwaltungsrecht. Vgl. auch *Forsthoff*, Lehrbuch, § 17, S. 310 und 311, mit weiteren Nachweisen vor allem Fußnote 3; *Kimminich* in BK, Art. 14, RdNr. 93.
[81] Zur Definition der Einziehung: *Huber*, Wirtschaftsverwaltungsrecht, Bd. II, S. 39: „Einziehung ist die Eigentumsentziehung wegen einer Rechtsverwirkung, die sich aus einem Rechtsverstoß gegen die Straf- oder Verwaltungsgesetze ergibt, dessen sich der Eigentümer in bezug auf die Eigentumsobjekte, die der Einziehung verfallen sollen, schuldig gemacht hat."
[82] Auch bei Schriftstücken wird an den Vorwurf gegen den Hersteller angeknüpft.

subjektiver Vorwurf erhoben, dort auch ein gegen die Sache selbst gerichtetes Unwerturteil gesprochen.

cc) Die Einziehung bei strafrechtswidrigen Vereinigungen

Im allgemeinen Strafrecht hat *Stree*[83] überzeugend den verfassungsrechtlichen Nachweis erbracht, daß die *Einziehung gegen den schuldigen Täter auch unter dem Gesichtspunkt des Art. 14 GG zulässig ist*.

Er lehnt als Begründung der Zulässigkeit der Einziehung einmal den Gedanken ab, daß fehlerhaftes Eigentum keinen verfassungsrechtlichen Schutz beanspruchen könne[84].

Ebenso kann aber der Ansicht nicht gefolgt werden, die davon ausgeht, daß die Einziehung im GG offensichtlich vorausgesetzt und damit vom Verfassungsgeber stillschweigend sanktioniert worden ist[85].

Schließlich kann der aus Art. 14 GG völlig herausgelösten Argumentation, die davon ausgeht, daß das GG die Strafhoheit des Staates voraussetzt und damit die Einziehungsbefugnis erklärt, nicht gefolgt werden[87].

*Stree* begründet mit der wohl h. M.[88] die Zulässigkeit der Einziehung gegen den straffälligen Eigentümer mit dem Gesetzesvorbehalt des Art. 14 Abs. 1 S. 2 GG. Die strafrechtlichen Einziehungsvorschriften der §§ 40 ff. StGB, § 414 RAO n. F., § 101 a, § 104 b, § 152, § 245 a, § 284 b S. 2, § 295, § 296 a, § 360 Abs. 2, 367 Abs. 2 StGB, § 13 LebensmittelG, § 95 TabaksteuerG, § 40 BundesjagdG usw. füllen diesen Gesetzesvorbehalt sachentsprechend aus.

Diesen Einziehungsvorschriften ist im Strafrecht ein doppelter Sinn zuerkannt. Sie haben den Charakter einer repressiven Nebenstrafe und den einer präventiven Sicherungsmaßnahme, wie die Große Strafrechtskommission einstimmig feststellte[89].

---

[83] *Stree*, Deliktsfolgen und GG, S. 85—90.
[84] So *Haas*, Entschädigungspflichten, S. 93 ff.; *Stödter*, Entschädigung S. 216.
[85] *Dürig* in *Maunz-Dürig-Herzog*, Art. 2, RdNr. 82, Fußnote 2; *Hurst*, AöR 81 (1958), S. 60; *Quaritsch* in DVBl. 1959, S. 457; *Dürig* in AöR 81, S. 149; gegen *Dürig*: *Lerche*, DVBl. 1958, S. 527, Fußnote 40. Diese Meinung bringt eigentlich nur die auf den Bürger umgekehrte Fiskustheorie. Zudem ist der Begriff „fehlerhaft" zu ungenau, so daß allein eine Wertung entscheiden kann ohne weitere objektive Kriterien.
[86] *Ipsen*, Enteignung und Sozialisierung, S. 88; *Wolff*, Verwaltungsrecht, Bd. 1, § 62, VII d, S. 387; BGH Z 27, 384; BAG NJW 1959, S. 1246.
[87] So *Gilsdorf* JZ 1958, S. 642, S. 685.
[88] *Stree*, Deliktsfolgen und GG, S. 90; von *Mangoldt-Klein*, Art. 14, VI 4, S. 430 und S. 435; *Schack*, NJW 1954, S. 577; Werner *Weber*, Eigentum und Enteignung, S. 365 unter Berücksichtigung des Verwirkungsgedankens aus Art. 18 GG; *Drews-Wacke*, Polizeirecht, S. 200; *König*, Allg. Sicherheits- u. Polizeirecht in Bayern, S. 374.
[89] Bericht der Großen Strafrechtskommission, Bd. 3, S. 203 und BReg.-Begründung des Entwurfes zum StGB 1958, S. 109; *Stree*, Deliktsfolgen und GG, S. 104 mit weiteren Nachweisen.

### § 19 Verfassungsmäßigkeit und Zweckmäßigkeit des Verfahrens

Als Nebenstrafe setzt sie einen Schuldvorwurf[90] voraus und fordert ein gerechtes Verhältnis zwischen Schuld und Sühne und dem Vorwurf der Gefährlichkeit und der Höhe und der Schärfe der Sicherungsmaßregel. Eine Abschichtung der beiden Elemente der Einziehung ist nicht möglich, höchstens kann das Überwiegen eines Motives vorliegen.

Diese für das Strafrecht im Ergebnis unstreitige Rechtslage[91] kann für die Einziehung des Vermögens strafrechtswidriger Vereine jedoch nicht unbesehen übernommen werden. Es bestehen drei Bedenken, die bisher jedoch überhaupt nicht behandelt wurden.

Zum einen wird ein Schuldvorwurf gegen die Gruppe an sich erhoben, ohne die Schuldfähigkeit und die Schuld des einzelnen Mitgliedes zu prüfen[92]. Entweder wird das Verschulden des Vermögensberechtigten vermutet. Vermutungsbasis wäre dann die Mitgliedschaft in einer strafrechtswidrigen Vereinigung. Oder eine genügende Schuld wird bereits in der Teilnahme an einer insgesamt strafrechtswidrigen Vereinigung gesehen[93].

Zum anderen trennt das VereinsG nicht zwischen den producta und den instrumenta sceleris, wie dies im Strafrecht üblich ist. Das Vermögen einer Vereinigung generell als instrumenta sceleris zu betrachten und damit die Einziehung zu begründen, wird der tatsächlichen Lage oft nicht gerecht werden können und deshalb ein zu grobes Pauschalurteil bringen.

Zum letzten wird den Verwaltungsbehörden eine endgültige, strafgerichtsähnliche Maßnahme anvertraut, die ihrem Wesen nach in die Nähe der funktionellen Zuständigkeit einer präventiven Rechtskontrolle durch die Gerichte gehört und nicht nur der repressiven Kontrolle durch die Gerichte untersteht[94].

---

[90] Der Grundsatz „Nulla poena sine culpa" hat Verfassungsrang. Das BVerfG, NJW 1967, S. 195, Beschl. vom 25.10.1966 führt S. 196 aus: „Zur Rechtsstaatlichkeit gehört nicht nur die Rechtssicherheit, sondern auch die materielle Gerechtigkeit." „Die Idee der Gerechtigkeit fordert aber, daß Tatbestand und Rechtsfolgen in einem sachgerechten Verhältnis stehen." Demnach setzt jede Strafe als Repression für ein rechtlich verbotenes Verhalten „Vorwerfbarkeit der Tat als trafrechtliches Verschulden voraus; anderenfalls würde der Betroffene Vergeltung erhalten, die er nicht zu vertreten hat."
[91] Vgl. noch *Schönke-Schröder*, StGB § 40, RdNr. 9; *Jagusch* in LK, § 40, Anm. I; *Ridder*, VVDStL Heft 10 (1952), Diskussionsbeitrag, S. 140.
[92] *Schafheutle*, JZ 1951, S. 619 macht zwar mit Recht darauf aufmerksam, daß gewöhnliche Mitläufer und Mitglieder oft keine Kenntnis von der Zielsetzung haben. Er zieht aber daraus den Schluß, daß dann gegen den Verein und die Rädelsführer getrennt vorgegangen werden müsse.
[93] Bedenken formuliert *Gallwas*, Bericht der Großen Strafrechtskommission, S. 212; ebenso *Gilsdorf* JZ 58; 688.
[94] Das BVerfG E 22, 49 (63) hat die § 421, Abs. 2, 445, 447, Abs. 1 RAO für verfassungswidrig erklärt, da die Strafgewalt der Finanzämter bis zu Eingriffen mit einem ethischen Vorwurf der Kriminalität nicht reichen könne. Die Gewalt gehöre in den Kernbereich der rechtsprechenden Gewalt. Vgl. auch *Cordier*, NJW 1967, S. 2141 (S. 2142); *Bender*, Verwaltungsstrafverfahren, S. 110 ff.

Eine *Verfassungswidrigkeit* der Vermögenseinziehung wird man trotz dieser Bedenken *nicht* annehmen können, soweit *strafrechtswidrige* Vereinigungen betroffen sind. Materiell liegt eine strafähnliche Maßnahme vor, die ihre genügende Rechtfertigung aus der mit *der Teilnahme an der Vereinigung verbundenen Schuld* und der allgemeinen *Gefährlichkeit* herleitet. Zudem ist die Einziehung nicht obligatorisch[95], so daß die Verwaltung, die an das Übermaßverbot gebunden ist, durch einen sachgemäßen Ermessensgebrauch alle Bedenken beseitigen kann.

Formell muß man die repressive Gerichtstätigkeit ebenfalls als genügend ansehen. Mit der Vermögenseinziehung wird kein ausdrücklicher ethischer Vorwurf an die einzelnen Mitglieder der verbotenen Vereinigung gerichtet[96]. Die mildere Form der Kompetenz der Mißbilligung wird man der Verwaltung zugestehen müssen.

dd) Die Vermögenseinziehung bei verfassunsgsfeindlichen oder völkerverständigungsfeindlichen Vereinigungen

Bei den verfassungsfeindlichen bzw. völkerverständigungsfeindlichen Vereinigungen treten dieselben Bedenken auf wie oben bei den strafrechtswidrigen Vereinigungen. Sie werden hier jedoch verstärkt und um neue Bedenken erweitert, die sich aus der grundrechtssystematischen Stellung der politischen Vereinigungen im weitesten Sinne und der Stellung des Verfassungsschutzes ergeben.

Zunächst können die von *Stree*[97] für das Strafrecht herausgearbeitete Grundsätze nicht ohne weiteres im Vollzug des Verfassungsschutzes übernommen werden, da hier neben den Gesichtspunkten des Art. 14 GG die besonderen Gesichtspunkte des Art. 9 Abs. 1 GG herangezogen werden müssen. Vor allem muß dabei der Gedanke des *Rechts auf politische Teilhabe allgemein* und *in Gruppen im besonderen* fruchtbar gemacht werden. Ebenso müssen aus der konstitutiven Begrenzung geistiger politischer Aktivität durch die verfassungsschützenden Maßnahmen die Konsequenzen gezogen werden[98].

Der Vorwurf, der an die Mitglieder gerichtet ist, hat einen *anderen verfassungsrechtlichen* Stellenwert *als der Vorwurf* der Beteiligung an einer *strafrechtswidrigen* Gruppe. Er ist nicht mit den Schuldelementen behaftet, sondern beinhaltet die Rüge, Mitglied einer Vereinigung

---

[95] Vgl. dazu die Rspr. zu § 401, 414 RAO a. F.: z. B. BVerfG NJW 1963, S. 1563; BGH Z 27, S. 69 Urteil v. 14. April 1958; *Kühn*, RAO, 6. Aufl., § 414, Anm. 2 und 7. Aufl., Anm. 1.
[96] Es erfolgt z. B. keine Benachteiligung des einzelnen Mitgliedes; z. B. erfolgt weder ein Eintrag in das Strafregister, noch wird dem einzelnen ein persönlicher Vorwurf gemacht oder ein bürgerlicher Makel zuerkannt.
[97] *Stree*, Deliktsfolgen und GG, S. 85 ff.
[98] Dies wurde bisher völlig übersehen, vgl. oben § 16, 2.

§ 19 Verfassungsmäßigkeit und Zweckmäßigkeit des Verfahrens 163

gewesen zu sein, die sich an sich demokratiekonform und „legalisiert"[99] verhalten hat, da erst das Verbot die Illegalisierung bringt, wie dies der Ausbau des § 85 StGB und des § 20 VereinsG als Verbotsfolgetatbestände zeigt.

Es bleibt dann *nicht* der Vorwurf des *rechtswidrigen* Handelns, sondern nur noch der des *verfassungsgefährlichen* Handelns[100]. Dieser Vorwurf wird des weiteren dadurch gemildert, daß die Gefährlichkeit der politischen Aktivität und die Überschreitung der politischen Betätigungsfreiheit eine besonders schwierige Subsumtion erfordert, die zumindest an der Grenze der Judikabilität liegt[101]. Das finanzielle Risiko eines Subsumtionsfehlers darf dabei einem „gutwilligen" Bürger nicht aufgebürdet werden. Es besteht *die Gefahr*, wegen *dieses Risikos* in eine *politische Inaktivität* gedrängt zu werden, was die *politische Bewegungsfreiheit* und die *demokratische Lebendigkeit einengen muß*. Der Vorwurf, der an die Mitglieder der Vereinigung und an die Vereinigung selbst gerichtet ist, beinhaltet nicht den Vorwurf rechtswidriger oder ethisch vorwerfbarer Handlung[102]. Diese reduzierte Vorwurf kann die Eigentumsverletzung in Form einer Strafsanktion, die einen entsprechenden Schuldvorwurf voraussetzt, nicht rechtfertigen[103]. Der unterhalb dieser Schwelle liegende Vorwurf verfassungsfeindlicher Handlung, die für die Zukunft als Einschränkung der Freiheit nicht mehr geduldet wird, kann nicht zu einer strafähnlichen Maßnahme mit teilweise empfindlichen Vermögensnachteilen führen, zumal die dem Strafrecht geläufige Frage eines mangelnden Unrechtsbewußtseins im Sinne eines Bewußtseins der Verfassungswidrigkeit bei der Vermögenseinziehung nicht aufgeworfen wird[104].

Wenn *Stree*[105] meint, daß eine Strafbarkeit nicht notwendig sei und der Gesetzgeber trotzdem strafähnliche Maßnahmen wegen eines geringeren Vorwurfes verhängen könne, so kann auch dies nicht genügen. Die verfassungsgefährliche Handlung wird erst durch die Illegalisierung der

---

[99] So *Lechner*, BVerfGG § 46 zu Abs. 1, S. 226, in Auslegung der zu § 90 a StGB a. F. = § 85 StGB n. F. ergangenen E des BVerfG E 12, 296 ff. zur Parteitätigkeit.
[100] *Schnorr*, VereinsG, § 11, RdNr. 2, S. 192, knüpft daran an, daß die Vereinigung verboten ist und deshalb bereits Art. 9, Abs. 2 GG eine Inhaltsschranke für das Eigentum im Sinne des Art. 14, Abs. 1, Satz 2 GG aufstellt. Er befindet sich damit auf dem Weg zu einer der ex-lege-Wirkung des Art. 9, Abs. 2 GG nahekommenden Interpretation, die längst überwunden ist.
[101] *Geiger*, BVerfGG, Anm. 6 zu § 43; *Ridder*, Föderalistische Mißverständnisse, Bl. für dt. und intern. Politik 1962, S. 552.
[102] Vgl. oben § 16, 2 b.
[103] Vgl. *Huber*, Wirtschaftsverwaltungsrecht, Bd. II, S. 41, *Gilsdorf*, JZ 1958, S. 689.
[104] Dies gilt auch, wenn man sich der Meinung anschließt, daß der Verbotsakt nur formell-konstitutiv wirkt.
[105] *Stree*, Deliktsfolgen und GG, S. 113; a. A. *Gilsdorf*, JZ 1958, S. 689 mit weiteren Nachweisen.

Vereinigung zu einer in der Zukunft rechtswidrigen Handlung. Eine nicht rechtswidrige Handlung als Gesetz mit strafähnlicher Folge im Sinne des Art. 14 Abs. 1 und 2 GG anzusehen, würde der Garantie des Art. 9 Abs. 1 GG widersprechen. Damit scheidet eine Übertragung der Ergebnisse des Strafrechts für die Zulässigkeit der Vermögenseinziehung aus.

Die *Bundesregierung* hat deshalb im Entwurf zum VereinsG[106] die Vermögenseinziehung als *reine Sicherungsmaßnahme* angesehen. Diese Sicherungsmaßnahme soll sich gegen das gesamte Vermögen der Vereinigung richten, da die Vereinigung sich insgesamt als verfassungsgefährlich erwiesen hat. Dieser Grundgedanke entspricht auch der Konzeption eines präventiven Verfassungsschutzes, der nicht vergangenes Unrecht sühnen will, sondern Schaden für die Verfassungsordnung in der Zukunft abwenden will[107].

Im Rahmen einer polizeilichen Zustandshaftung ist mit Recht dargelegt worden, daß der Eigentümer alle die Maßnahmen gegen sein Eigentum dulden muß, die geeignet sind, die Gefährlichkeit des Eigentums zu beseitigen[108].

In diesem Rahmen ist das VereinsG ein Gesetz, das die Voraussetzungen einer Gefährlichkeit bestimmt und das Verfahren zur Beseitigung der Gefährlichkeit regelt. Dieses Gesetz darf aber nur soweit die Freiheit einschränken, wie dies für den besonderen Zweck unbedingt erforderlich ist[109].

Eine *generelle Einziehung* wird den Grenzen eines unbedingt notwendigen *Sicherungszweckes* jedoch *nicht* in allen Belangen *gerecht*. Präventiv-polizeiliche Maßnahmen, wie die Beseitigung einer Gefahr, müssen in ihrer gesetzlichen Begrenzung an das Maß der Erforderlichkeit und der anderen polizeilichen Maßstäbe gebunden sein[110]. Die Gefährlichkeitsprognose muß sich dabei aus dem Gesamtverhalten der Vereinigung ergeben, wobei auch die Gefährlichkeit der einzelnen Mitglieder berücksichtigt werden muß[111].

---

[106] BT-Drucksache IV, 430, S. 19.
[107] Vgl. *Gallwas*, Mißbrauch, S. 131 für den parallelen Fall der Verwirkung.
[108] *Quaritsch*, DBVl. 1959, S. 455 (459); *Stree*, Deliktsfolgen und GG, S. 111 m. vielen Nachweisen; *Dürig*, Art. 2, RdNr. 82 mit Fußnote 2 in *Maunz-Dürig-Herzog*; *Hurst*, AöR 81 (1958), S. 60; *Kääb-Rösch*, Art. 12, RdNr. 46, Bay-LSTVG; *Gilsdorf*, JZ 1958, S. 646; BayObLG St. 52, 130 (135). Dies gilt unabhängig davon, welcher Rechtfertigungstheorie man sich bezüglich der Einschränkung der Eigentumsgarantie anschließt.
[109] Vgl. BVerfG E 7, 377 (404), (Apothekenurteil); E 7, 198 (208 f.), (Lüth-Urteil); E 21, 271 (281), (Arbeitsvermittlungs-Urteil). Statt vieler aus der Literatur: *Hesse*, Grundzüge, S. 126.
[110] Zu denken ist hier an die mustergültige Regelung in Bayern; Art. 6 ff. PAG: Notwendigkeit der Maßnahme: Art. 6 PAG; Unaufschiebbarkeit: Art. 7 PAG; Verhältnismäßigkeit: Art. 8 PAG; Störeigenschaft: Art. 9—11 PAG.

§ 19 Verfassungsmäßigkeit und Zweckmäßigkeit des Verfahrens 165

So können z. B. die „producta sceleris", d. h. die Produkte verfassungsgefährlicher Handlungen wie z. B. Schriftstücke, Flugblätter, Aktionsprogramme, Pläne, Mitgliederkarteien usw. eingezogen werden, da diese Gegenstände weiterhin der Grundordnung gefährlich werden können.

Schwierig zu beantworten ist jedoch die Frage, ob das Anlagevermögen der Vereinigung eingezogen werden kann, da hier nur aus der Verbindung mit dem Eigentümer eine Gefahr entstehen kann. Besondere Bedenken bestehen hier wegen Art. 9 Abs. 1 GG und wegen des verfassungsrechtlichen Grundsatzes der Verhältnismäßigkeit[112].

Die besondere Anwendung des § 11 Abs. 4 VereinsG kann diese Bedenken jedoch mildern. In vielen Fällen wird sich das Ermessen auf eine einzige Handlungsweise reduzieren. Dies gilt vor allem in den Fällen, in denen *Vereinigungen ohne böse Absicht die Grenze politischer Aktivität überschritten haben.* Die das Ermessen reduzierende Rechtsprechung zu § 414 a. f. RAO durch das Verfassungsrecht muß auch hier angewandt und für die Auslegung des § 11 Abs. 4 VereinsG fruchtbar gemacht werden[113]. In dieser verfassungskonformen Auslegung sind die Bestimmungen der Vermögenseinziehung nicht mehr zu beanstanden.

b) Die Dritteinziehung

Die Dritteinziehung, d. h. die Einziehung von Vermögen, das nicht dem Verein gehört bzw. die Nichterfüllung von Forderungen Dritter gegen den Verein, wurde im Zusammenhang mit dem Parteiverbot besonders häufig kritisiert. Die Kritik richtet sich vor allem dagegen, daß Vermögen eingezogen wurde, obwohl dem Dritten kein Vorwurf gemacht werden konnte und nur die Verstrickung der Sache zu einer makelbehafteten Handlung vorlag[114].

Ähnlich der neuen Fassung des § 414 RAO, die sich auf die Regelung in den §§ 39—41 Außenwirtschaftsgesetz und in § 18 OWiG stützt, hat das

---

[111] Darauf weist vor allem *Schmitt,* Rudolf, Strafrechtliche Maßnahmen gegen Verbände, S. 200, hin. Er meldet jedoch Bedenken an und meint, daß allein auf die Mitglieder abgestellt werden müsse (S. 203). Dieser Ausgangspunkt zeigt den strafrechtlichen Ansatz mit der individuellen Schuld der Mitglieder.
[112] Zum Verfassungsgrundsatz der Verhältnismäßigkeit: BVerfG E 20, 150 (155).
[113] BGH St. 8, 70; BGHZ 27, 69, Urteil v. 14. April 1958, mit weiteren Nachweisen; BVerfG, NJW 1963, S. 1563; vgl. *Kühn,* RAO, § 414, Anm. 2 (6. Aufl.) und § 414, Anm. 1 (7 Aufl.) § 414 RAO wurde entsprechend dieser Bedenken geändert, so daß er mit der hier vorgeschlagenen Auslegung des VereinsG übereinstimmt.
[114] *Forsthoff,* Lehrbuch, S. 311; H. J. *Wolff,* Verwaltungsrecht Bd. 1, § 62 VIII e; *Gilsdorf,* JZ 1958, S. 688; *Busse,* NJW 1958, S. 14, 17; *Stree,* Deliktsfolgen und GG, S. 100, 101; *Huber,* Wirtschaftsverwaltungsrecht Bd. 2, S. 40. Diese Kritik beachtet z. B. die Entscheidung des BGH in BGHZ 31, 1 nicht.

VereinsG nur dann einen Zugriff auf Drittvermögen zugelassen, wenn dem Dritten ein ähnliches Verhalten wie den Mitgliedern der Vereinigung vorgeworfen werden kann, § 12 VereinsG[115]. Der einzige materielle Unterschied liegt darin, daß die Dritten nicht Mitglieder der Vereinigung waren, sondern die ideologischen Freunde und tatkräftigen Förderer. Die Ahndung der Tätigkeit dieser Förderer ist deshalb sachgerechter, da unter Umständen diese Kreise als „Hintermänner" viel gefährlicher sind als die offiziellen Vereinsmitglieder, die für den Verfassungsschutz leichter erkennbar sind.

## § 20 IV. Die Durchführung des Verbotsverfahrens

### 1. Die Garantie eines effektiven Rechtsschutzes und das Verbotsverfahren

Dem Handeln der Exekutive muß auch und gerade im Bereich der Staatssicherheit ein lückenloser, umfassender und vor allem effektiver Rechtsschutz gegenüberstehen, da Staatssicherheit und Grundrechtsfreiheit Gleichrangigkeit beanspruchen. Daß Art. 19 Abs. 4 GG nicht nur ein Recht auf lückenlosen und umfassenden Rechtsschutz gewährt, sondern auch einen effektiven Rechtsschutz verlangt, muß Inhalt und Ausübung des Verbotsverfahrens beeinflussen[1].

Art. 19 Abs. 4 GG fordert, daß dann, wenn der Verein zu erkennen gibt, daß er Rechtsschutz begehrt, Maßnahmen getroffen werden, die es verhindern, daß eine zu Unrecht angegriffene Vereinigung bereits durch die Auflösungsverfügung und den sofortigen Vollzug de facto beseitigt ist, wenn das Verwaltungsgericht bzw. das VerfG nach Jahr und Tag zu ihren Gunsten entscheidet[2].

Dies gilt im politischen Bereich um so mehr, da hier der erste Zugriff der Exekutive mit der Folge einer gewissen „*Vorjustiz*" belastet ist. Die Möglichkeit, daß sich die herrschenden Kreise ihrer politischen Gegner mittels eines Verwaltungsaktes entledigen, erfordert einen *effektiven* Rechtsschutz noch mehr als die Fälle, in denen der Staat als unparteiischer Sachwalter mehrere Interessen der Bürger zwischen einzelnen Bürgern oder zwischen wirtschaftlichen Interessen des Staates und des Bürgers entscheidet. Der tatsächliche Vorsprung, den die Exekutive mit ihrem Verwaltungsakt, besonders mit den Maßnahmen der sofortigen

---

[115] Im allgemeinen Strafrecht wurde jetzt § 40 a StGB eingefügt und die Dritteinziehung verfassungsrechtlich zweifelsfrei geregelt.

[1] Zum Grundsatz des effektiven Rechtsschutzes: *Dürig* in *Maunz-Dürig-Herzog*, Art. 19, Abs. 4, RdNr. 12; *v. Mangoldt-Klein*, Art. 19, An. VII, S. 568, 569; OVG Lüneburg, DVBl. 1961, S. 520 (521), Beschluß vom 1. 6. 61; *Scholz*, Aufschiebende Wirkung, S. 93.

[2] *Willms*, JZ 1965, S. 88; vgl. auch *Willms*, NJW 1957, S. 1619.

§ 20 Die Durchführung des Verbotsverfahrens

Vollziehung hat, muß um des im *Rechtsstaat gebotenen Gleichgewichts zwischen Verfassungssicherheit und Individualgerechtigkeit gering gehalten werden*³.

2. *Die Möglichkeiten der Einschränkung der Vereinigungen während eines Verbotsverfahrens mit sofortiger Vollziehung*

a) Allgemeine Regeln

Um diesen effektiven Rechtsschutz zu gewähren, ist die Beachtung zweier Grundsätze notwendig.

*Erstens* müssen der Vereinigung alle organisatorischen Voraussetzungen erhalten bleiben, die zum Durchstehen eines oft lange dauernden Rechtsschutzverfahrens, das erst mit der Verfassungsbeschwerde endet, notwendig sind. *Zum anderen* muß der Rechtsschutz noch einen praktischen Sinn haben. Nach dem Verbotsverfahren muß noch eine funktionsfähige Vereinigung vorhanden sein, wenn sie sich gerichtlich durchgesetzt hat. Die Vereinigung darf sich nicht durch die Gerichtsverfahren „zu Tode" gesiegt haben.

Es bedarf deshalb einer soziologisch-technischen Analyse, was notwendig ist, um ein Verfahren durchstehen zu können, obwohl das Verbot sofort vollziehbar geworden ist und die Gerichte die Vollziehbarkeit nicht ausgesetzt haben.

Im Rahmen dieser Notwendigkeiten wurden bisher keine echten Kriterien erarbeitet.

*Seifert*⁴ meint, daß dazu unter Aufsicht der Vollzugsbehörde eine Vorstandssitzung und unter Umständen auch eine Mitgliederversammlung abgehalten werden könne. Die zur Rechtsverteidigung notwendigen Mittel seien aus den von der Vollzugsbehörde beschlagnahmten Mitteln freizugeben⁵. Gewisse Handlungen, bei denen ein Mißbrauch nicht zu befürchten sei, z. B. das bloße Aufsuchen eines Anwaltes, wären auch ohne eine behördliche Genehmigung zulässig⁶. *Von Feldmann*⁷ und *Willms*⁸ dagegen wollen in jedem Fall den organisatorischen Kern der Organisation aufrechterhalten wissen, solange das Verbotsverfahren nicht endgültig und unanfechtbar bzw. rechtskräftig abgeschlossen ist. So müßten die Funktionäre ungehinderten Zutritt zu den Geschäftsräumen und dgl. haben. Die Freiheit beziehe sich auch auf das Vereins-

---
³ Vgl. *Eyermann-Fröhler* VwGO, § 80, RdNr. 3; *Ule*, Verwaltungsprozeßrecht, § 66 I 2, S. 245, 246.
⁴ *Seifert*, DÖV 1965, S. 35.
⁵ *Seifert*, a. a. O.
⁶ *Seifert* in DÖV 1965, S. 35.
⁷ Von *Feldmann*, DÖV 1965, S. 33.
⁸ *Willms*, JZ 1965, S. 91.
⁹ Von *Feldmann*, a. a. O.; ebenso Walter *Schmidt* in NJW 1965, S. 428.

vermögen, so daß die Sicherheit von Vereinsvermögen praktisch nicht möglich sei, da Art. 19 Abs. 4 GG dagegen stehe[9].

Čopič schließlich will der Vereinigung nicht nur eine freie und ungehinderte interne Geschäftsführung zugestehen, sondern meint, daß auch eine öffentliche Kampagne gestattet werden müsse, da dieser öffentliche Werbefeldzug zu einer sachgemäßen Rechtsverteidigung gehöre. Die Gerichtsöffentlichkeit könne in einer Gesellschaft, die er als transparent versteht, von der allgemeinen Öffentlichkeit nicht getrennt werden[11].

Sachgemäß kann aber weder die totale Überwachung sein, wie sie *Seifert* für erforderlich hält[12], noch die absolute Freiheit in der Außentätigkeit, wie sie *Čopič* befürwortet, und zwar auch dann, wenn das Verbot vorläufig und sofort vollziehbar ist.

Die Rechtsverteidigung setzt die Weiterführung der internen Tätigkeit, wie sie oben festgelegt wurde, voraus. Wenn die Vereinigung als eigene Rechtsperson gegen das Verbot vorgehen kann, kann die Organisation nicht nur als noch bestehende Organisation fingiert werden, sondern muß auch wirklich noch bestehen[12]. Die interne Tätigkeit kann deshalb nicht zum Vollzugsbereich einer sofortigen Vollziehung gehören.

Die *externe* Tätigkeit außerhalb der eng zu begrenzenden Gerichtsöffentlichkeit fällt dagegen in den Vollzugsbereich einer sofortigen Vollstreckung. Wenn auch dieser Bereich ausgespart werden würde, wäre das Institut der sofortigen Vollziehung im Verfassungsschutz nicht mehr möglich bzw. durch Auslegung wieder beseitigt. Gerade im Verfassungsschutz kann aber das unabweisbare Bedürfnis bestehen, um der Freiheit willen eine verfassungswidrige Agitation sofort zu unterbinden[13].

Die *Weiterführung* der *internen* Tätigkeit jedoch *gebietet neben Art. 19 Abs. 4 GG* auch die Auslegung *des Art. 9 Abs. 1 GG*[14]. Durch das Weiterbestehen der Organisation als solche, ohne die eventuell verfassungsfeindliche Außentätigkeit, wird die „Mumifizierung der Vereinigung ohne Wiedererwachenschance" verhindert[15]. Diese Chance muß bestehen, wenn der Rechtsschutz effektiv sein soll. Gerade im Vereinswesen ist ein ungestörter innerer Zusammenhalt der Mitglieder notwendig, wenn die Vereinigung sich nicht allein schon durch den Verbotsakt

---

[10] Čopič, GG und p. St. n. A., S. 175 in Zusammenhang mit § 20 VereinsG.
[11] Čopič, a. a. O., S. 176 mit Fußnote 110; vgl. auch *Scholler*, Person und Öffentlichkeit, S. 113 zu dem Begriff der Gerichtsöffentlichkeit; *Scholler* zieht mit Recht die Grenzen enger als dies Čopič tut.
[12] Diese Aktivlegitimation läßt sich auch positiv aus § 13 Abs. 3, S. 3 VereinsG entnehmen, ergibt sich aber auch aus der Grundrechtsträgerschaft der Vereinigung selbst; vgl. oben § 12, 4, b.
[13] Vgl. oben § 17, 18, vor allem 5 b.
[14] Darauf verweisen *Schnorr*, VereinsG, § 20, RdNr. 2 und *Willms*, JZ 1965, S. 90.
[15] Vgl. *Ridder*, DÖV 1963, S. 326, zum Begriff der „Mumifizierung".

## § 20 Die Durchführung des Verbotsverfahrens

in alle Winde zerstreuen soll, obwohl ein endgültiges Urteil über die Vereinigung noch nicht gesprochen ist. Eine Verwaltung, die diesen Effekt auszunutzen weiß, könnte einen unzulässigen Vorsprung erreichen. Dieser Vorsprung wäre besonders ungerecht, da der automatische Auflösungseffekt naturgemäß bei „gutgläubigen" Vereinigungen größer ist als bei den Vereinigungen, die es bewußt auf den Umsturz der Verfassungsordnung anlegen.

Auch ein Eingreifen in den internen Tätigkeitsbereich würde deshalb insgesamt eine Verkürzung der Vereinigungsfreiheit bedeuten und auf eine gewisse Umgehung der konstitutiven Wirkung des Verbotsaktes hinauslaufen. Eine lebensfähige Organisation kann nur dann in die Zeit nach dem Gerichtsverfahren hinübergerettet werden, wenn der innere Zusammenhalt der Vereinigung bewahrt bleibt. Weder Gericht noch Verwaltung sind zu einer Vorwegnahme der endgültigen Entscheidung durch das Setzen von unwiderruflichen Fakten berechtigt.

Allerdings bedingt diese Auslegung auch eine Einschränkung der Zugriffsmaßnahmen auf das Vermögen im vorläufigen Verfahren. Zur internen Tätigkeit gehört die Möglichkeit des Zugriffs auf die Vermögensteile, die zur Weiterführung der Organisation notwendig sind. Dazu sind neben dem Vermögen vor allem die Mitgliederkartei und die Mitgliederbeiträge zu rechnen. Nur so ist es der Vereinigung z. B. möglich, einen Beschluß über die Weiterführung eines gerichtlichen Verfahrens herbeizuführen oder die Kosten eines Verfahrens auf die Mitglieder umzulegen.

Dieser liberale Verfahrensvorschlag führt auch im Ergebnis nicht dazu, daß der Vereinigung die organisatorischen Voraussetzungen geboten werden, ihren Mitgliederbestand zu verheimlichen und sich auf eine illegale Tätigkeit im Untergrund besser vorbereiten zu können. Wirklich bösartige Verfassungsfeinde werden sich bereits vor einem Verbotsakt darauf vorbereitet haben. Andererseits kann die einmalige Durchsicht der Mitgliederbestände der Verwaltung genügend Hinweise auf die Verfassungsfeinde geben. Die weitere Verhinderung der dann illegalen Vereinstätigkeit gehört nicht in den Bereich der Verwaltung, sondern in den Bereich des politischen Strafrechts, das hier seinen echten Verfassungsauftrag erfüllt. Die Kenntnis der Mitglieder durch zeitweise Beschlagnahme der Mitgliederkartei und die übrigen Erkundungen des Verfassungsschutzes werden der Strafrechtspflege die Möglichkeit geben, die unbedenklichen und notwendigen Verbotsfolgetatbestände so anzuwenden, daß sie ihre rechtspolitische Aufgabe erfüllen.

Daneben kann die Exekutive gegen Ersatzorganisationen vorgehen, § 8 VereinsG. Die Beweislage wird sich dabei oft zugunsten der Exekutive verschieben, wenn ehemalige Mitglieder verbotener Gruppen in einer neuen Organisation tätig werden. Die Durchsetzung eines unanfechtbaren Verbotes wird damit ebenfalls gesichert.

Daß eine geistige Richtung nicht durch Verbote oder die Strafrechtspflege aus dem Verfassungsleben gedrängt werden kann, ergibt sich aus der Natur der Sache. Danach zu streben wird keinen Erfolg haben. Ein Erfolg besteht aber bereits darin, das organisatorische Gerüst einer verfassungswidrigen geistigen Haltung zerstört zu haben.

b) Die Vereinbarkeit des § 20 Abs. 1 Nr. 1 VereinsG mit diesen Verfahrensnotwendigkeiten

Mit diesen Verfahrensnotwendigkeiten ist der generelle und pauschale Straftatbestand des § 20 Abs. 1 Nr. 1 VereinsG nicht haltbar.

§ 20 Abs. 1 Nr. 1 VereinsG bedroht den mit Gefängnis bis zu einem Jahr, der einem vollziehbaren Verbot zuwiderhandelt und den Verein fortführt, seinen organisatorischen Zusammenhalt aufrechterhält oder sich sonst als Mitglied beteiligt.

Gerade aber die *Aufrechterhaltung* des *organisatorischen Kerns ist* für einen *effektiven Rechtsschutz* erforderlich. Schon formaljuristisch besteht der Zusammenhalt fort, wenn die Vereinigung als Klagepartei im Verwaltungsprozeß auftritt. Mit dieser Strafdrohung wird ein Verhalten verlangt, das nicht verlangt werden darf. Art. 9 Abs. 1 GG und Art. 19 Abs. 4 GG sprechen gegen dieses strafrechtlich gesollte Verhalten[16].

Soweit eine Strafbarkeit auf einem Verhalten beruht, das der internen Tätigkeit einer noch nicht endgültig verbotenen Vereinigung gilt, kann § 20 VereinsG keine Gültigkeit beanspruchen[17].

Verfassungsmäßigkeit kann § 20 VereinsG auch nicht dadurch erlangen, daß er als reine Verwaltungsstrafnorm gegen behördliche Anordnungen angesehen wird[18]. Anordnungen der Verwaltung finden ihre Grenzen in der verfassungsrechtlich anerkannten Freiheit[19]. Die Verhinderung eines effektiven Rechtsschutzes bzw. die Erschwerung des

---

[16] *Seifert*, DÖV 1965, S. 35, meint, daß die Vereinigung die Möglichkeit habe, die behördliche Freigabe bestimmter interner Maßnahmen im Verwaltungsgerichtsweg zu erzwingen. Die dann erlaubten Tätigkeiten würden zwar tatbestandlich unter § 20, Abs. 1, Nr. 1 VereinsG fallen, aber nicht mehr rechtswidrig sein. Dieser Weg würde zumindest den Rechtsschutz unerträglich erschweren.
[17] Im Ergebnis die h. M.; vgl. *Schnorr*, VereinsG, § 20, RdNr. 2, S. 274; *Willms*, JZ 1965, S. 91, der auch auf die Bedenken der Großen Strafrechtskommission gegen diese Vorschrift hinweist; Walter *Schmidt*, NJW 1965, S. 428.
[18] So Begründung der BReg. zum Entwurf eines VereinsG. BT-Drucksache IV, 430, S. 26.
[19] Walter *Schmidt* meint, daß das Kriminalstrafrecht zur Durchsetzung eines Verwaltungsverfahrens herangezogen werde, NJW 1965, S. 428; er bezweifelt dessen Zulässigkeit.

§ 20 Die Durchführung des Verbotsverfahrens

Rechtsschutzes[20] kann nicht wegen der Arbeitserleichterung der Verbotsbehörden hingenommen werden[21]. Die Staatsraison, die scheinbar einen möglichst reibungslosen Vollzug eines sofort vollziehbaren Verbotes fordert[22], findet ihre Grenzen in den berechtigten Interessen des Bürgers an einem effektiven Rechtsschutz.

Dennoch kann § 20 Abs. 1 Nr. 1 insgesamt nicht für verfassungswidrig erklärt werden[23].

§ 20 Abs. 1 Nr. 1 VereinsG ist als Auffangtatbestand auch für ein unanfechtbares Vereinsverbot gedacht. Weiter soll damit vor allem die externe Tätigkeit einer Vereinigung auch strafrechtlich unterbunden werden können. Diese Funktion ist dabei wiederum eine echte Aufgabe des Verfassungsschutzes, wenn ein sofortiges Einschreiten gegen die externe verfassungsfeindliche Subversion erforderlich ist.

Damit kann § 20 Abs. 1 Nr. 1 VereinsG noch in Einklang mit der Verfassung, d. h. verfassungskonform, ausgelegt werden[24]. Eine restriktive Auslegung der Strafvorschrift wird den Intentionen der Verfassung gerecht werden können[25].

Eine gesetzliche Klarstellung dieser Rechtslage wäre wegen der damit verbundenen erhöhten Rechtssicherheit zu begrüßen.

---

[20] Vgl. Fußnote 16 auf Seite 298.
[21] Ein besonderes Problem liegt darin, daß § 20, Abs. 1, Nr. 1 VereinsG keine Strafbefreiung gewährt, wenn das Verbot später aufgehoben wird. Vgl. Winter, Bd. 10, S. 244, Niederschriften der Großen Strafrechtskommission. Strafgrund ist der verwaltungsrechtliche Ungehorsam, so daß § 359 StPO nicht angewandt werden kann. Nur Strafzumessung oder Gnadenweg möglich: Seifert, DÖV 1965, S. 35.
[22] Zum Schutzgut, Staatsräson, Walter Schmidt, NJW 1965, S. 428.
[23] So auch Schnorr, VereinsG, § 20, RdNr. 2, S. 274.
[24] Vgl. dazu BVerfG E 2, 266 (282); 13, 46 (51); 18, 97 (111) zu den Voraussetzungen einer verfassungskonformen Auslegung.
[25] Hesse, Grundzüge, S. 32.

# Thesen

1. *Die Freiheit zu politischen Zusammenschlüssen war in der Antike nur im Rahmen der Staatsgewalt, nicht als Freiheit von der Staatsgewalt möglich.*
2. *Im Mittelalter bestanden nur ständisch geordnete Gruppen, aber keine freien Zusammenschlüsse gleichgesinnter Bürger eines Staatswesens. Es fehlte das allgemeine Staatsbürgertum.*
3. *In den Vereinigten Staaten von Amerika entwickelte sich aus der Einzelfreiheit die Kollektivfreiheit, ohne daß ein systematischer, dogmatischer oder tatsächlicher Unterschied gemacht werden würde. Dies gilt auch für die Einschränkungen der Freiheit.*
4. *In der französischen Geistesgeschichte der neueren Zeit wurden ausgehend von Rousseau lange freiwillige Teilkollektive neben dem Gesamtkollektiv des Staates abgelehnt.*
5. *Im deutschen Vormärz wird zum erstenmal die Vereinigungsfreiheit geistesgeschichtlich und politisch anerkannt. Sie wird als Recht auf staatsfreien Raum gedeutet, aber auch als Mittel des Bürgers zur Teilnahme und Teilhabe am Staat. Dadurch soll das antinomistische Verhältnis zwischen Staat und Gesellschaft im Sinne Hegels überwunden werden.*
6. *Im späteren Verlauf wird die Vereinigungsfreiheit zwar wieder mehr in den negativen Status des absoluten Liberalismus zurückgedrängt, doch weitet sie sich im politischen Bereich immer mehr aus, auch im Bereich des Rechts auf Staatsteilnahme.*
7. *In der gegenwärtigen Gesellschaftssituation werden nur die Gruppen staatsrechtlich bedeutsam, die politische Relevanz besitzen, d. h. Gruppen, die zu ihren Gunsten oder zum Wohl der Gesamtheit oder Organe im Staate Einfluß nehmen wollen. Diese Gruppen sind die politischen Vereinigungen im weitesten Sinne.*
8. *Diese politischen Gruppen sind, soziologisch gesehen, oft besser in der Lage als die politischen Parteien, den politischen Willen ihrer Mitglieder zu repräsentieren. Die Gesinnungsgleichheit kann in den politischen Vereinigungen größer sein als in den politischen Parteien. Sie können deshalb mehr politische Energie und Dynamik entfalten als die relativ schwerfälligen Volksparteien. Die Repräsentation ist oft gerechter.*

9. Die Vereinigungen wirken aristokratisierend, da der einzelne in seiner, wenn auch kleinen Gruppe zum dialektischen Konsensus gezwungen wird und die leitenden Leute der Gruppe durch die interne Auslese eine bessere politische Qualifikation besitzen.
10. Die bestehende unübersichtliche, durch-demokratisierte und vollegalitäre Großraumdemokratie bedarf dieses aristokratisierenden und repräsentierenden Elementes neben den Parteien.
11. Dogmatisch muß die Neugesinnung auf die Freiheitsrechte und die Neuinterpretation der Freiheitsrechte auch für die Vereinigungsfreiheit fruchtbar gemacht werden.
12. Die Freiheitsrechte allgemein sind nicht nur in ihrem status negativus, im Recht auf staatsfreien Raum, zu sehen, sondern gewähren auch einen status activus bzw. politicus, ein Recht auf Teilnahme und Teilhabe am Staat. Liberale und demokratische Funktion ergänzen sich. Diese Funktionserweiterung, die sog. Umfunktionierung, darf die beiden Funktionen nicht vernachlässigen. Eine Einseitigkeit bringt entweder die Gefahr totalitär-demokratischer oder totalitär-rechtsstaatlicher, aber undemokratischer Verhältnisse.
13. Die Funktionserweiterung hat ihre geistesgeschichtlichen und staatsphilosophischen Grundlagen in Gedanken von Theoretikern wie Thomas von Aquin und in den Integrationslehren Rudolf Smends.
14. Diese notwendige Funktionserweiterung auf den status activus erfordert in der heutigen soziologischen Struktur neue Formen der Grundrechtsausübung. Besonders im status activus ist die Freiheit in der Gefahr, an Realität zu verlieren.
15. Die Institutionalisierung der Grundrechte und der Versuch der Verobjektivierung der Freiheitsrechte zeigen Versuche einer Lösung der soziologischen Gegebenheiten.
16. Wie alle Freiheitsrechte besitzt die Vereinigungsfreiheit eine liberale, negative Funktion. Sie besteht in der Gründungsfreiheit, der Bestandsgarantie und der Betätigungsfreiheit. Dazu gehört auch das Recht, einer privaten Vereinigung fernzubleiben.
17. Die interne Vereinstätigkeit ohne Außenwirkung kann nur im Rahmen des Art. 9 Abs. 2 GG eingeschränkt werden. Die externe Tätigkeit unterliegt den Schranken der allgemeinen Gesetze, die mit den jeweiligen Grundrechten vereinbar sein müssen.
18. Die Institutionalisierung der Vereinigungsfreiheit gewährt einen Anspruch auf einen freiheitlich-gestalteten Normenkomplex des öffentlichen, aber auch des privaten Vereinsrechts. Als Institution wird daneben der gesellschaftliche Sachverhalt „liberaler Kollektivismus" durch Art. 9 GG gewährt.

19. *Die demokratische Funktion der Vereinigungsfreiheit abhängig von der liberalen Funktion der Freiheit, gewährt im status politicus bzw. activus dem Bürger echte und effektive Teilhabe am Staat.*
20. *Die Vereinigungen werden zu den effektiven politischen Subjekten demokratischer Freiheit ohne Verlust des individuellen Bezuges. Einer drohenden Verkümmerung des Individuums zum Objekt des politischen Lebens kann durch diese Subjekterweiterung der Boden entzogen werden. Eine Subjektverschiebung jedoch würde den Intentionen des Grundgesetzes, vor allem der Grundentscheidung des Art. 1 GG, der Entscheidung zur individuellen Würde und Persönlichkeit des einzelnen, widersprechen.*
21. *Materiell stehen deshalb die politischen Vereinigungen den politischen Parteien gleich; ein materielles Parteienprivileg besteht nicht, auch wenn die Parteien als staatsnächste Integrationsverbände besondere politische Aufgaben übernehmen oder in tatsächlicher Hinsicht besondere politische Macht besitzen.*
22. *Diese Heranführung des Bürgers an den Staat durch die freien Vereinigungen hilft mit, die Antinomie zwischen Staat und Gesellschaft durch Zusammentreffen im status politicus zu überwinden.*

    *Das dialektische Spannungsverhältnis zwischen Staat und Gesellschaft in seiner freiheitsverbürgenden Funktion wird in der durch die Vereinigungen neu belebten gemeinsamen Ebene, die durch die funktionalisierten Grundrechte erweitert wurde, neu gestaltet. Staat und Gesellschaft sind „demokratisierend" untrennbar verknüpft.*
23. *Der Vereinsbegriff muß aus dieser besonderen strukturellen Situation heraus weit gefaßt werden.*
24. *Grundrechtsträger der Vereinigungsfreiheit ist sowohl der einzelne als auch die Gruppe.*
25. *Aus der besonderen Bedeutung der Vereinigungsfreiheit für den demokratischen Prozeß müssen die Schranken der Vereinigungsfreiheit neu interpretiert werden.*
26. *Wie der Staat ist auch der Bürger in seinem politischen Handeln nicht nur an die Legalität, sondern auch an die Legitimität gebunden. Im Bereich des Verfassungsschutzes kann Legalität nicht Legitimität und Legitimität nicht Legalität ersetzen.*
27. *Der Staatsschutz und der Verfassungsschutz und mittelbar der Bürgerschutz erfordern, daß nur legitime und legale Agitation geduldet werden kann.*
28. *Bei der Illegitimisierung einzelner Gruppenaktivität ist zu berücksichtigen, daß ein Verbot eine echte Freiheitsbeschränkung im politischen Bereich bringen muß und bringt.*

29. Ein Vereinigungsverbot steht im Gegensatz zum früh-liberalen Denken und widerspricht an sich dem Gedanken der Toleranz.
30. Daher muß ein Vereinigungsverbot als Teil der sicherheitsrechtlichen Gefahrenabwehr gesehen werden; es können nur der Demokratie gefährliche Vereinigungen verboten werden. In diesem Fall ist jedoch der Staat zum Eingreifen verpflichtet.
31. Bei der Interpretation der Verfassungsschutzbestimmungen und beim Verbotsermessen ist aber zu berücksichtigen, daß die Vereinigungen nicht unmittelbar an die staatliche Macht angrenzen und deshalb nicht so gefährlich werden können wie politische Parteien. Sie können somit mehr liberalen Spielraum beanspruchen.
32. Die allgemeinen Strafgesetze i. S. des Art. 9 Abs. 2 GG treffen im politischen Bereich die Gruppen, die den politischen Kampf unter Bruch allgemeiner Normen führen oder führen wollen. Terror und gewaltsame Revolution werden nicht dadurch erlaubt, daß sie in Gruppen ausgeübt werden.
33. Art. 9 Abs. 2 GG schützt damit den gewaltlosen politischen Kampf der geistigen Auseinandersetzung in Gruppen, verhindert aber den terroristischen oder gewaltsamen Weg der Durchsetzung politischer Ziele oder Ansichten.
34. Straftatbestände jedoch, die die Strafbarkeit allein an die Beteiligung an einer Organisation knüpfen, die nur besonders organisiert oder gegliedert ist, sind mit Art. 9 Abs. 1 und 2 GG nicht vereinbar. Art. 9 Abs. 2 GG regelt abschließend alle Illegitimisierungsgründe. § 128 1. Alt., 2. Alt. und 3. Alt. StGB waren deshalb verfassungswidrig. Der Gesetzgeber hat diese Strafbestimmungen mit Recht ersatzlos gestrichen.
35. Durch den Verbotsgrund des Kampfes einer Vereinigung gegen die verfassungsmäßige Ordnung und gegen den Gedanken der Völkerverständigung soll und muß der geistigen Subversion gegen die bestehende Ordnung gewehrt werden.
Bestimmte geistige Haltungen können illegitim werden.
36. Art. 18 GG, Art. 21 Abs. 2 GG und Art. 9 Abs. 2, 2. und 3. Alternative GG stehen in einem systematisch engen, funktionalen Zusammenhang. Sie entsprechen sich inhaltlich und stellen den Staatsschutz gegenüber parteikonnexem, verbandskonnexem und individuellem Grundrechtsmißbrauch sicher. Das Schutzgut in Art. 9 Abs. 2 GG ist dem Schutzgut in Art. 18 GG und 21 Abs. 2 GG gleich.
37. Staatsraison, Interessen der Regierenden oder Zementierung bestehender Machtverhältnisse gehören nicht zur verfassungsmäßigen Ordnung im Sinne des Art. 9 Abs. 2 GG, wohl aber die Ablehnung alles Totalitären, die Anerkennung des offenen politischen Prozesses

und die Anerkennung der höchsten Kultur- und Wertgüter der demokratischen und sozialen Tradition westlicher Kulturländer.

38. Eine abschließende Aufzählung bestimmter Elemente, die die verfassungsmäßige Ordnung im Sinne des Art. 9 Abs. 2 GG beinhalten, ist nicht möglich Unangreifbare Strukturen der freiheitlichen Grundordnung sind: Die gegenseitige Achtung und Respektierung von Grundwerten der Freiheit und Gerechtigkeit (= die wichtigsten Grundrechte in ihrem Kernbereich in der status-negativus-Funktion);

die Garantie eines freien politischen und rechtlichen Lebensprozesses (= die wichtigsten Grundrechte in ihrem Kernbereich in der status-activus-Funktion);

die Ablösbarkeit einer frei gewählten Regierung durch eine andere frei gewählte Regierung und die Gewaltenteilung (= die Anerkennung der Grundorganisation der Staatsgewalt und der damit verbundenen Freiheitsgarantie).

39. Vereinigungen sind genauso wie Einzelpersonen den allgemeinen Gesetzen und den in diesen enthaltenen Schranken unterworfen. Der Staat schreitet wegen Verstößen gegen diese Ordnung mit punktuellen Maßnahmen gegen die Vereinigung ein.

40. Ein Verbot einer Vereinigung ist aus dem Gedanken des Übermaßverbotes heraus nur dann zulässig, wenn punktuelle Maßnahmen nicht möglich sind oder versagt haben.

41. Die punktuellen Maßnahmen können sich auch gegen die einzelnen Vereinigungsmitglieder, Förderer oder Funktionäre richten, sie dürfen aber nicht das Vereinigungsverbot unterlaufen und vor allem keine Behinderung der Vereinigung bringen, die inhaltlich über den Tatbestand des Art. 9 Abs. 2 GG hinausgeht.

42. Der Durchgriff auf Mitglieder nach Art. 18 GG ist zulässig.

43. Der Durchgriff auf Mitglieder nach den Normen des politischen Strafrechts ist nur insoweit möglich, als die Normen des politischen Strafrechts zulässig sind. Unzulässig sind solche Normen, die eine Strafbarkeit an eine Betätigung knüpfen, die in einer noch nicht verbotenen Vereinigung ausgeübt wurde und die nicht nach allgemeinen Strafnormen strafbar war.

44. Der Staat hat jedoch das Recht und die Pflicht, jeden, der die allgemeine Ordnung der allgemeinen Gesetze überschreitet, in die Schranken der Rechtmäßigkeit zurückzudrängen; die Gruppe genießt dabei nicht mehr Rechte als der einzelne. In diesem Rahmen ist er auch zu Strafen und sonstigen Zwangsmaßnahmen gegen Rechtsbrecher, auch wenn sie politische Ziele verfolgen, verpflichtet. Eine allgemeine Straffreiheit oder Freiheit von der Polizeipflich-

*tigkeit darf es in einem Staat nicht geben, der seine Existenz und Effizienz nicht gefährden will.*

45. *Die nicht allgemein rechtswidrige Handlung ist bis zu einem Verbot, das materiell-konstitutive Wirkung hat, nicht verfassungsrechtlich illegitim und nicht illegal und somit auch nicht rechtswidrig. Es besteht insoweit ein „Vereinigungsprivileg", das ähnlich dem „Parteienprivileg" und dem allgemeinen „Aktivbürgerprivileg" jede politische Meinung bis zu ihrer Illegitimierung schützt.*

46. *Es dürfen keine Tatbestände geschaffen werden, die außerhalb des Art. 9 Abs. 2 GG weitere Schranken gegen eine freie politische Entfaltung der verbandskonnexen Aktivität errichten.*

47. *Nur Tatbestände, die für die Zukunft die Einhaltung der einmal vorgenommenen Illegitimierung und Illegalisierung sichern sollen, sind möglich. § 129 n. F. StGB bewegt sich deshalb an der Grenze der verfassungsrechtlichen Zulässigkeit.*

48. *Das Verbotsverfahren ist zweispurig. Gegen Vereinigungen kann sowohl ein Verwirkungsverfahren nach Art. 18 GG durchgeführt werden als auch ein Verbotsverfahren nach Art. 9 Abs. 2 GG. Beide Verfahren können zur Auflösung der Vereinigung führen.*

49. *Das Verbotsverfahren des Vereinsgesetzes von 1964 ist in allen Punkten verfassungsmäßig, da es verfassungskonform ausgelegt werden kann.*

50. *Das Verbotsverfahren nach dem Vereinsgesetz gliedert sich in einen Illegitimisierungsakt und einen Illegalisierungsakt; daneben stehen Vermögensbeschlagnahme und Vermögenseinziehung.*

51. *Zum Verbot ist die Exekutive befugt. Vielfache dogmatische und systematische Bedenken gegen eine exekutivische Paralysierung der politischen Vereinigungen im Weg des ersten Zugriffs und vielfache andere Lösungsmöglichkeiten scheitern am Wortlaut des Art. 9 Abs. 2 GG und der fehlenden Zuweisung an die Gerichte durch die Verfassung.*

52. *Der vorläufige Vollzug eines Vereinigungsverbotes muß so durchgeführt werden, daß der Rechtsschutz noch effektiver ist und die Vereinigung nach einem gerichtlichen Verfahren noch lebenskräftig ist.*

53. *Der vorläufige Vollzug ist daher nur in Sonderfällen möglich. Die Rechtslage muß eindeutig sein und die Staatssicherheit muß gerade den sofortigen Vollzug dringend erfordern. Die Rechtsverfolgung darf in keinem Fall behindert werden. Die legale Prämie auf den legalen Besitz der Macht darf nicht übergroß, d. h. illegal werden.*

54. *In den meisten Fällen wird bei dieser Sonderlage die Einschränkung der externen Tätigkeit genügen. Die Einschränkung der internen*

*Tätigkeit ist nur dann zu verantworten, wenn sie die Weiterwirkung der Vereinigung im Untergrund verhindern kann. Im übrigen würde das Recht auf Vereinigen unzulässig verkürzt werden.*

55. *§ 20 VereinsG ist daher bedenklich.*
56. *Der Zuständigkeit des Bundesinnenministers für überregionale Vereinigungen begegnen bundesstaatliche Bedenken, vor allem unter dem Gesichtspunkt der vertikalen Gewaltenteilung.*
   *Diese haben jedoch hinter dem unabweisbaren Bedürfnis zurückzustehen, daß einem zentral organisierten Verfassungsfeind ein zersplitterter und eventuell uneiniger Gegner gegenüberstehen würde, der unterlegen ist; die Geschichte von Weimar hat dies gelehrt.*
   *Unter dem Gesichtspunkt des überregionalen Verwaltungsaktes ist diese Zuständigkeit constitutione legata noch möglich.*
57. *Die Vermögenseinziehung muß die Werte der Vereinigungsfreiheit und der Eigentumsgarantie berücksichtigen.*
58. *Die Einziehung des Vereinsvermögens ist verfassungsrechtlich zulässig, obwohl die Handlung der Vereinigung nicht rechtswidrig oder illegitim war (These 45) oder sein mußte. Die Verfassungsgefährlichkeit und der damit verbundene Vorwurf sind genügender Einziehungsgrund.*
59. *Bei der Vermögenseinziehung muß besonders die Einsichtsmöglichkeit der Mitglieder in die Verfassungsgefährlichkeit und spätere Verfassungswidrigkeit als Zielsetzung geprüft werden. In vielen Fällen wird sich das Ermessen der Verwaltung für eine Vermögenseinziehung auf Null reduzieren, wenn nicht Eigentum und Vereinsfreiheit unzulässig beschnitten werden sollen.*
60. *Die Vermögenseinziehung gegen Dritte ist verfassungsrechtlich unbedenklich, da jetzt derselbe Vorwurf wie gegen die Vereinigung erhoben werden muß.*

## Literaturverzeichnis

*Abel*, Georg: Die Bedeutung der Lehre von den Einrichtungsgarantien für die Auslegung des Bonner Grundgesetzes, Berlin 1964 (zit. Abel, Einrichtungsgarantien).

*Achterberg*, Norbert: Zulässigkeit und Schranken stillschweigender Verwaltungszuständigkeit des Bundes, DÖV 1964, S. 612 ff.

*Adamovich*, Ludwig/*Spanner*, Hans: Handbuch des österreichischen Verfassungsrechtes, Wien 1957 (zit. Adamovich-Spanner, Verfassungsrecht).

*Altmann*, Rüdiger: Zur Rechtsstellung der öffentlichen Verbände, Zeitschrift für Politik 1955, S. 211 ff. (zit. Altmann, Öffentliche Verbände).

*Anschütz*, Gerhard: Die Verfassung des Deutschen Reiches, 14. Aufl. 1933 im Neudruck 1960, Bad Homburg vor der Höhe (zit. Anschütz, Verfassung).

*Arndt*, Claus: Der Begriff der Partei im Organstreitverfahren, AöR 87 (1962), S. 235 ff.

*Badura*, Peter: Besprechung: Wittkämper, GG und Interessenverbände, JZ 1965, S. 331 f.

*Ballerstaedt*, Kurt: Von den Grenzen der Vereinigungsfreiheit, Der öffentliche Dienst 1952 S. 161 ff. (zit. Ballerstaedt, Vereinigungsfreiheit).

*Bäumen*, Heinz: Sinn und Grenzen der Vereins- und Versammlungsfreiheit im Rahmen der Grundrechte des Bonner Grundgesetzes, Diss. Freiburg 1955 (zit. Bäumen, Versammlungsfreiheit).

*Bäumlin*, Richard: Demokratie in Ev. Staatslex. 1966, Sp. 278 ff. (zit. Bäumlin, Demokratie).

— Rechtsstaat in Ev. Staatslex. 1966, Sp. 1734 ff. (zit. Bäumlin, Rechtsstaat).

*Bartelsperger*, Richard: Die Integrationslehre Rudolf Smends als Grundlegung einer Staats- und Rechtstheorie, Diss. Erlangen-Nürnberg 1964 (zit. Bartelsperger, Integrationslehre).

*Barzel*, Rainer: Die verfassungsrechtliche Regelung der Grundrechte und Grundpflichten der Menschen, Diss. Köln 1949 (zit. Barzel, Grundrechte).

*Baumann*, Jürgen/*Brauneck*, Anne-Eva und andere: Alternativ-Entwurf eines Strafgesetzbuches, Besonderer Teil, Politisches Strafrecht, Tübingen 1968: verfaßt von Jürgen Baumann, Anne-Eva Brauneck, Gerald Grünwald, Ernst-Walter Hanack, Armin Kaufmann, Arthur Kaufmann, Ulrich Klug, Ernst-Joachim Lampe, Theodor Lenckner, Werner Maihofer, Peter Noll, Claus Roxin, Rudolf Schmitt, Hans Schultz, Günter Strahtenwerth, Walter Stree (zit. Baumann, Brauneck Alternativentwurf).

*Benda*, Ernst: Unser Staat und seine jungen Bürger, Regierungserklärung der Bundesregierung durch den Bundesminister des Inneren nach der Dokumentation der Süddeutschen Zeitung München vom 2. Mai 1968 (Nr. 105/106), S. 37 f. (zit. Benda).

*Bender*, Hans: Zur Frage der Verfassungsmäßigkeit des Verwaltungsstrafverfahrens, Bonn 1963 (zit. Bender, Verwaltungsstrafverfahren).

*Beitzke*, Günter: Juristische Personen im Internationalprivatrecht und Fremdenrecht, München und Berlin 1938 (zit. Beitzke, Juristische Personen).

*Besson*, Waldemar/*Jasper*, Gotthard: Das Leitbild der modernen Demokratie, 2. Auflage München 1966 (zit. Besson, Leitbild).

*Bettermann*, Karl-August: Verwaltungsakt und Richterspruch in Gedächtnisschrift für Walter Jellinek, München 1955, S. 361 ff. (zit. VA und Richterspruch).
*Biedermann*, Carl: Verein, Vereinswesen, Vereinsrecht in Staatslexikon 1866, Altona, herausgegeben von Carl von Rotteck und Carl Welcker, 3. Aufl., 14. Bd. (zit. Biedermann, Staatslexikon).
*Birch*, Robert: Representative and Responsible Government London 1964 (2 t. Birch Representative and Responsible Government).
*Bluntschli*, Johann Caspar: Allgemeines Staatsrecht, 4. Aufl., München 1868 (zit. Bluntschli, Allg. Staatsrecht).
*Bracher*, Karl-Diether: Gegenwart und Zukunft der parlamentarischen Demokratie in Europa, Deutschland zwischen Demokratie und Diktatur, Köln-Berlin 1964, S. 386 ff. (zit. Bracher, Demokratie).
*Brauchitsch*, Max von: Verwaltungsgesetze für Preußen, Bd. 2, Berlin 1928 (zit. Brauchitsch, Verwaltungsgesetze).
*Breitling*, Rupert: Die Verbände in der Bundesrepublik. Ihre Arten und ihre polit. Wirkungsweise, 1955, Meisenheim an der Glan (zit. Breitling, Verbände).
— Die zentralen Begriffe der Verbandsforschung in Politische Vierteljahreszeitschrift 1960, S. 47 ff.
*Brinkmann*, Karl: Grundrechtskommentar zum Grundgesetz, Bonn 1967 (zit. Brinkmann, Komm.).
*Bullinger*, Martin: Der überregionale Verwaltungsakt (BVerfGE 11, 6 ff.), JuS 1964, 228 ff.
*Burdeau*, Georges: Les Libertés publiques, 2e ed. Paris 1961 (zit. Burdeau, Libertés).
*Busse*, Karl: § 401 der RAO ist mit dem Rechtsstaatsprinzip unvereinbar, NJW 1958, 1417 ff.
*Calamandrei/Barile*: Die Grundrechte in Italien, in Bettermann-Neumann-Nipperdey, Bd. 1/2, Berlin 1967, S. 761 ff. (zit. Calamandrei, Grundrechte in Italien).
*Carr*, Robert K.: Grundrechte in den Vereinigten Staaten, in Bettermann-Neumann-Nipperdey, Bd. 1/2, Berlin 1967, S. 883 ff. (zit. Robert K. Carr, Grundrechte in den Vereinigten Staaten).
*Commager*, Henry Stelle: Die Rechte der Minderheit im Rahmen der Mehrheitsherrschaft, in der Übersetzung von G. von Poser, Wiesbaden 1953 (zit. Commager, Rechte der Minderheit).
*Constant*, Benjamin: Cours de politique constitutionelle, ed Laboulaye II, Paris 1861 (zit. Constant, Cours).
*Čopič*, Hans: Berufsverbot und Pressefreiheit, JZ 1963, S. 494 ff.
— Grundgesetz und politisches Strafrecht neuer Art, Tübingen 1967 (zit. Čopič, GG und p. St. n. A.).
*Cordier*, Franz: Inhalt und Grenzen des Begriffs der rspr. Gewalt, NJW 1967, S. 2141 ff.
*Dagtoglou*, Prodromous: Wesen und Grenzen der Pressefreiheit, Stuttgart 1963 (zit. Dagtoglou, Pressefreiheit).
*Dahrendorf*, Ralf: Gesellschaft und Demokratie in Deutschland, München 1965 (zit. Dahrendorf, Gesellschaft).
*Dannbeck*, Siegmund: Das neue öffentliche Vereinsrecht, BayVerwBl. 1965, S. 253 ff.
*Daumann*, Klaus-Dietrich: Der Suspensiveffekt des § 80 VwGO als Vollzugs- oder Wirkungshemmung, Diss. Berlin 1964 (zit. Daumann, Suspensiveffekt).

*Delius*, Hans: Das preußische Vereins- und Versammlungsrecht, 4. Aufl., Berlin 1908 (zit. Delius, Vereins- und Versammlungsrecht).
— Art. 123, 124. Versammlungs- und Vereinsrecht, in Die Grundrechte und Grundpflichten der Reichsverfassung, Bd. 2, Berlin 1930, S. 138 ff., herausgegeben von Nipperdey (zit. Delius, Grundrechte).
*Dietz*, Rolf: Anspruchskonkurrenzen bei Vertragsverletzung und Delikt, Bonn, Köln 1934 (zit. Dietz, Anspruchskonkurrenzen).
*Divo*-Pressedienst: Frankfurt 1964, August I, herausgegeben vom Frankfurter Institut für Wirtschaftsforschung, Sozialforschung und angewandte Mathematik (zit. Divo-Pressedienst).
*Drews*, Bill/*Wacke*, Gerhard: Allgemeines Polizeirecht, 7. Aufl., Berlin-Köln-München-Bonn 1961 (zit. Drews-Wacke, Allg. Polizeirecht).
*Dürig*, Günther: Die Verwirkung von Grundrechten nach Art. 18 GG, JZ 1952, S. 513 ff.
— Der deutsche Staat im Jahre 1945 und seither, VVDStL, Heft 13 (1955), S. 27 ff.
— Der Grundrechtssatz von der Menschenwürde, AöR 81 (1956), S. 117 ff.
— Das Grundgesetz, Kommentar zusammen mit Theodor Mainz und Roman Herzog, München und Berlin, 3. Aufl., Stand Sept. 1968 (zit. Dürig in Maunz-Dürig-Herzog, Art. GG).
*Duverger*, Maurice/*Sfez*, Lucien: Die staatsbürgerlichen Freiheitsrechte in Frankreich und in der Union Francaise, in Bettermann-Neumann-Nipperdey, Bd. 1/2. Halbband, 1967, S. 589 ff., Berlin (zit Duverger, Grundrechte in Frankreich).
*Ebke*, Klaus: Bundesstaat und Gewaltenteilung, Diss. Göttingen 1965 (zit. Ebke, Bundesstaat und Gewaltenteilung).
*Ehmke*, Horst: Wirtschaft und Verfassung in den Vereinigten Staaten von Amerika, Die Rechtsprechung des Supreme Court zur Wirtschaftsregulierung, Karlsruhe 1961 (zit. Ehmke, Wirtschaft und Verfassung).
— Staat und Gesellschaft, Festschrift für Smend, 1962, Tübingen, S. 23 ff. (zit. Ehmke, Festschrift für Smend).
— Prinzipien der Verfassungsinterpretation, VVDStL, Heft 20 (1963), S. 53 ff.
*Ehrenberg*, Friedrich: Der Staat der Griechen, Zürich 1965 (zit. Ehrenberg, Der Staat der Griechen).
*Eisenhardt*, Ulrich: Der Begriff der Toleranz im öffentlichen Recht, JZ 1968, S. 214 ff.
*Enneccerus*, Carl/*Nipperdey*, Hans C.: Allgemeiner Teil des Bürgerlichen Rechts, 15. Aufl., Tübingen 1959/1960 (zit. Enneccerus-Nipperdey, Allg. Teil).
*Ermacora*, Felix: Handbuch der Grundfreiheiten und der Menschenrechte, Ein Kommentar zu den österreichischen Grundrechtsbestimmungen, 1963 Wien (zit. Ermacora, Handbuch).
*Esser*, Josef: Grundsatz und Norm in der richterlichen Fortbildung des Privatrechts, 1956 Tübingen (zit. Esser, Grundsatz und Norm).
*Ex. Staatslexikon*: herausgegeben von Herrmann Kunst und Siegfried Grundmann in Verbindung mit Wilhelm Schneemelcher und Roman Herzog, Stuttgart 1966.
*Eyermann*, Erich/*Fröhler*, Ludwig: Verwaltungsgerichtsordnung, Kommentar, 4. Aufl., München und Berlin 1965 (zit. Eyermann-Fröhler, VwGO).
*Feldmann*, Peter von: Nochmals: Das neue Vereinsgesetz, DÖV 1965, S. 29 ff.
*Forsthoff*, Ernst: Begriff und Wesen des sozialen Rechtsstaates, VVDStL, Heft 12 (1954), S. 8 ff.

*Forsthoff,* Ernst: Rechtsfragen der leistenden Verwaltung, Stuttgart 1959 (zit. Forsthoff, Rechtsfragen der leistenden Verwaltung).
— Umbildung des Verfassungsgesetzes, Festschrift für Carl Schmitt, Berlin 1959, S. 36 ff. (zit. Forsthoff, Umbildung).
— Zur Problematik der Verfassungsauslegung, Stuttgart 1961 (zit. Forsthoff, Verfassungsauslegung).
— Die Tagespresse und das Grundgesetz, DÖV 1963, S. 633 ff.
— Strukturwandlungen der modernen Demokratie, Berlin 1964 (zit. Forsthoff, Strukturwandlungen).
— Rechtsstaat im Wandel, Verfassungsrechtliche Abhandlungen 1950-1964, Stuttgart 1964 (zit. Forsthoff, Rechtsstaat im Wandel).
— Lehrbuch des Verwaltungsrechts, 1. Bd., 9. Aufl. 1966, München und Berlin (zit. Forsthoff, Lehrbuch).
*Fraenkel,* Ernst: Möglichkeiten und Grenzen politischer Mitarbeit der Bürger in einer modernen parlamentarischen Demokratie, Politik und Zeitgeschichte, Beilage 14, S. 3 ff., 1966 Hamburg, Wochenzeitung das Parlament (zit. Fraenkel, Politische Mitarbeit).
*Francis,* Emmerich: Die Rolle der Interessengruppen im Prozeß der demokratischen Meinungsbildung, Politik und Zeitgeschichte, Beilage 26 1966 zur Wochenzeitung Das Parlament, Hamburg (zit. Francis, Interessengruppen).
*Friesenhahn,* Ernst: Verfassungsgerichtsbarkeit in der Bundesrepublik, Köln und Berlin 1962 (zit. Friesenhahn, Verfassungsgerichtsbarkeit).
— Gutachten, erstattet dem Deutschen Bundestag zur Frage der staatlichen Parteifinanzierung, Maschinenschrift Bonn 1966 (zit. Friesenhahn, Gutachten).
*Fröhlich,* Peter: Die Grundzüge des Gesetzes zur Regelung des öffentlichen Vereinsrechts vom 4. August 1964, DVBl. 1964, S. 799 ff.
*Füsslein,* Rudolf Werner: Vereins- und Versammlungsfreiheit, in Neumann-Nipperdey-Scheuner Bd. 2, Berlin 1954: Die Freiheitsrechte in Deutschland, S. 425 ff. (zit. Füßlein, Vereins- und Versammmlungsfreiheit).
*Fuss,* Werner: Rechtsverhältnisse und Verbindlichkeiten einer für verfassungswidrig erklärten Partei, JZ 1959, S. 741 ff.
*Gablentz,* Otto Heinrich von der: Staat und Gesellschaft, Politische Vierteljahresschrift 1961, S. 2 ff. (zit. Gablentz, Staat und Gesellschaft).
— Der Kampf um die rechte Ordnung, Opladen 1964 (zit. Gablentz, Der Kampf um die rechte Ordnung).
*Gastroph,* Claus: Vereinigungsverbot und Verwirkungsverfahren, Ein Beitrag zur Abgrenzung der Verfassungsschutzmaßnahmen nach Art. 9 Abs. 2 und Art. 18 GG, BayVerwBl. 69, 299 ff.
*Gallwas,* Hans-Ulrich: Die Privatschulfreiheit im Bonner Grundgesetz, Beiträge zur einer freiheitlichen Ordnung des Bildungswesens, Heidenheim/Brenz 1963 (zit. Gallwas, Privatschulfreiheit).
— Mißbrauch von Grundrechten, Berlin 1967 (zit. Gallwas, Mißbrauch).
*Gamillscheg,* Franz: Die Differenzierung nach der Gewerkschaftszugehörigkeit, Berlin 1966 (zit. Gamillscheg, Differenzierung).
*Geiger,* Willi: Kommentar zum BVerfGG, Berlin und Frankfurt 1952 (zit. Geiger, BVerfGG).
— Die Wandlung der Grundrechte, in Gedanke und Gestalt des demokratischen Rechtsstaates, herausgegeben von Max Imboden, Wien 1965, S. 9 ff. (zit. Geiger, Wandlung der Grundrechte).
— Gewissen, Ideologie, Widerstand und Nonkonformismus, München 1963 (zit. Geiger, Gewissen, Ideologie, Widerstand und Nonkonformismus).

*Gilsdorf,* Peter: Die verfassungsrechtlichen Schranken der Einziehung, JZ 1958, S. 641 ff. und S. 685 ff.
*Gneist,* Rudolf von: Der Rechtsstaat, 2. Aufl. Berlin 1879 (zit. Gneist, Rechtsstaat).
*Grundmann,* Siegfried: Toleranz als Rechtsbegriff, Ev. Staatslex, Sp. 2302 ff.
*Hacke,* Wilmont/*Visbeck,* Hartmut: Institutionen der Meinungsbildung: Freiheitsgarantien des Bürgers — Mächte der Öffentlichkeit, in Verfassungsrecht und Verfassungswirklichkeit, Bd. 4, Hannover 1967 (zit. Haacke, Meinungsbildung).
*Haas,* Dieter: System der öffentlich-rechtlichen Entschädigungspflichten, Karlsruhe 1955 (zit. Haas, Entschädigungspflichten).
*Habermas,* Jürgen: Strukturwandel der Öffentlichkeit, Neuwied 1962 (zit. Habermas, Strukturwandel).
*Häberle,* Peter: Die Wesensgehaltsgarantie des Art. 19 II Grundgesetz, Zugleich ein Beitrag zum institutionellen Verständnis der Grundrechte und zur Lehre vom Gesetzesvorbehalt, Karlsruhe 1962 (zit. Häberle, Wesensgehaltsgarantie).
— Unmittelbare staatliche Parteifinanzierung unter dem GG. JuS 1967, S. 64 ff.
*Hamann,* Andreas: Das Grundgesetz, Kommentar, 2., erw. Aufl., Neuwied-Berlin 1961 (zit. Hamann).
— Grundgesetz und Strafgesetzgebung, Neuwied und Berlin 1963 (zit. Hamann, Grundgesetz und Strafgesetzgebung).
*Hamel,* Walter: Die Bedeutung der Grundrechte im sozialen Rechtsstaat, Berlin 1957 (zit. Hamel, Grundrechte).
*Hartung,* Fritz: Deutsche Verfassungsgeschichte vom 15. Jahrhundert bis zur Gegenwart, 7. Aufl., Stuttgart 1959 (zit. Hartung, Dt. Verfassungsgeschichte).
— Die Entwicklung der Menschen- und Bürgerrechte von 1776 bis zur Gegenwart, 3. Aufl., Göttingen, Berlin, Frankfurt 1968 (zit. Hartung, Quellensammlung).
*Heinemann* Gustav: Wiederzulassung der KPD, JZ 1967, S. 425 ff.
*Heller,* Hermann: Allgemeine Staatslehre, Leiden 1934 (zit. Heller, Allg. Staatslehre).
*Henke,* Wilhelm: Kommentierung von Art. 21 GG in Bonner Kommentar, Loseblattausgabe, Zweitbearbeitung 1965 Hamburg (zit. Henke in BK Art. 21 GG).
*Hennis,* Wilhelm: Amtsgedanke und Demokratiebegriff, Festschrift für Smend, Tübingen 1962, S. 51 ff. (zit. Hennis, Festschrift für Smend).
*Herrfahrdt,* Heinrich: Rechtssoziologie, in Ev. Staatlex., Sp. 1728 ff. (zit. Herrfahrdt, Rechtssoziologie).
*Herz-Carter:* Regierungsformen des 20. Jahrhunderts, Stuttgart 1962 (zit. Herz-Carter, Regierungsformen).
*Herzog,* Roman: Der Mensch des technischen Zeitalters als Problem der Staatslehre, in Ev. Staatslex., S. XXI ff. (zit. Herzog, Ev. Staatslex.).
— Pluralismus, in Ev. Staatslex., Sp. 1541 ff. (zit. Herzog, Pluralismus).
— Die Einschränkung der Versammlungsfreiheit durch Gesetzgebung und Verwaltung, BayVerwBl. 1968, S. 77 ff.
— Das Grundgesetz, Kommentar zusammen mit Theodor Menz und Günther Dürig, München und Berlin, Stand Sept. 1968 (zit. Herzog in Maunz-Dürig-Herzog, Art. GG).
*Hesse,* Konrad: Die verfassungsrechtliche Stellung der politischen Parteien, VVDStL, Heft 17 (1959), S. 11 ff.
— Der unitarische Bundesstaat, Karlsruhe 1962 (zit. Hesse, Bundesstaat).

*Hesse,* Konrad: Der Rechtsstaat im Verfassungssystem des Grundgesetzes, Festschrift für Smend, Tübingen 1962 (zit. Hesse, Festschrift für Smend).
— Grundzüge des Verfassungsrechts der Bundesrepublik Deutschland, Karlsruhe, 2. Aufl. 1968 (zit. Hesse, Grundzüge).
*Hippel,* Ernst von: Allgemeine Staatslehre, 2. Aufl., Berlin und Frankfurt 1967 (zit. Hippel, Allg. Staatslehre).
*Hirschmann,* Johann Baptist: Die Freiheit des Christen und die Kirche, in Artikel Freiheit unter IV in Herders Staatslex., Bd. 3, Freiburg 1959, Sp. 544 ff. (zit. Hirschmann, Freiheit).
*Holstein,* Günther: Von Aufgaben und Zielen heutiger Staatsrechtswissenschaft, AöR Bd. 11 (1926), S. 1 ff.
*Huber,* Ernst Rudolf: Deutsche Verfassungsgeschichte seit 1789, Bd. I, Reform und Restauration 1789 bis 1830, Stuttgart 1957 (zit. Huber, Verfassungsgeschichte, Bd. I).
— Deutsche Verfassungsgeschichte seit 1789, Bd. II, Der Kampf um Einheit und Freiheit 1830 bis 1850, Stuttgart 1960 (zit. Huber, Verfassungsgeschichte Bd. II).
— Wirtschaftsverwaltungsrecht, Bd. I, 2. Aufl., Tübingen 1953 (zit. Huber, Wirtschaftsverwaltungsrecht, Bd. I).
— Wirtschaftsverwaltungsrecht, Bd. II, 2. Aufl., Tübingen 1954 (zit. Huber, Wirtschaftsverwaltungsrecht, Bd. II).
*Huber,* Hans: Die Bedeutung der Grundrechte für die sozialen Beziehungen unter den Rechtsgenossen, Zeitschrift für Schweizer Recht, Bd. 74 n. F., S. 173 ff.
— Staat und Verbände, in Recht und Staat in Geschichte und Gegenwart, 218/1958 Tübingen (zit. Huber, Staat und Verbände).
— Vereinsfreiheit der Ausländer, in Festschrift für Jahrreiß, Köln-Berlin-Bonn-München 1964, S. 101 ff. (zit. Huber, Hans, Festschrift für Jahrreiß).
— Die Grundrechte in der Schweiz, in Bettermann-Neumann-Nipperdey, Bd. I/1, Berlin 1966, S. 179 ff. (zit. Huber, Hans, Die Grundrechte in der Schweiz).
*Hueck,* Alfred/*Nipperdey,* Hans C.: Arbeitsrecht, Bd. 2, 6. Aufl., München und Berlin 1957 (zit. Hueck-Nipperdey, Arbeitsrecht).
*Hurst,* Werner: Zur Problematik der polizeirechtlichen Handlungshaftung, AöR 83 (1958), S. 43 ff.
*Ipsen,* Hans Peter: Enteignung und Sozialisierung, VVDtL, Heft 10, (1952), S. 74 ff.
*Jagusch,* Heinrich: Strafgesetzbuch, Leipziger Kommentar, Begründet von Ebermayer, Lobe, Rosenberg, herausgegeben von Jagusch und Mezger, § 40 StGB, 8. Aufl., Berlin 1957/1958 (zit. Jagusch, LK).
*Jahrreiß,* Hermann: Rechtsphilosophie, staatsrechtliche und völkerrechtliche Grundfragen in unserer Zeit, in Mensch und Staat, Köln-Berlin 1957 (zit. Jahrreiß, Grundfragen).
*Jan,* Heinrich von: Das Vereinsgesetz, München und Berlin 1931 (zit. Jan, Vereinsgesetz).
*Jasper,* Gotthard: Der Schutz der Republik, Studien zur staatlichen Sicherung der Demokratie in der Weimarer Republik, Tübingen 1963 (zit. Jasper, Der Schutz der Republik).
*Jellinek,* Georg: Allgemeine Staatslehre, fünfter Neudruck, Berlin 1929 der 3. Aufl. 1914, die von Walter Jellinek durchgesehen und ergänzt wurde (zit. Jellinek, Georg, Allg. Staatslehre).
— System der subjektiven öffentlichen Rechte, 2., unveränderter Nachdruck der zweiten Aufl., Darmstadt 1963 (zit. Georg Jellinek, System).

*Kääb*, Arthur/*Rösch*, Walter: Bayerisches Landesstraf- und Verordnungsgesetz, 2. Aufl., München 1967 (zit. Kääb-Rösch, LStVG).
*Kägi*, Werner: Die Verfassung als rechtliche Grundordnung des Staates, Zürich 1945 (zit. Kägi, Die Verfassung als Grundordnung).
*Kaiser*, Joseph H.: Die Repräsentation organisierter Interessen, Berlin 1956 (zit. Kaiser, Organisierte Interessen).
*Kaub*, Reinhold: Das Grundrecht der Vereinigungsfreiheit im Bonner Grundgesetz, Diss. Würzburg 1955 (zit. Kaub, Diss.).
*Kelsen*, Hans: Allg. Staatslehre, Berlin 1925 (zit. Kelsen, Allg. Staatslehre).
*Kimminich*, Otto: Kommentierung Art. 14 GG in Bonner Kommentar, Hamburg 1966 (zit. Kimminich in BK Art. 14).
*Klein*, Ernst Ferdinand: Freyheit und Eigentum, abgehandelt in acht Gesprächen über die Beschlüsse der französischen Nationalversammlung, Berlin-Stettin 1790 (zit. Klein, Freyheit).
*Klinger*, Hans: Kommentar zur Verwaltungsgerichtsordnung, 2. Aufl., Göttingen 1964 (zit. Klinger, VwGO).
*Knauß*, Rudolf: Das negative Vereinigungsrecht und seine Schutzfunktion, Diss. Tübingen 1959 (zit. Knauß, Negatives Vereinigungsrecht).
*Koehler*, Alexander: Verwaltungsgerichtsordnung, Kommentar, Berlin und Frankfurt 1960 (zit. Koehler, VwGO).
*Kölble*, Josef: Inwieweit schützt das Parteienprivileg des Art. 21 II S. 2 GG auch Nebenorganisationen von Parteien, AöR 87 (1962), S. 48 ff.
— Zur Lehre von den — stillschweigend — zugelassenen Verwaltungszuständigkeiten des Bundes, DÖV 1963, S. 660 ff.
*König*, Hans-Günther: Allgemeines Sicherheits- und Polizeirecht in Bayern, Köln-Berlin-Bonn-München 1962 (zit. König, Sicherheitsrecht).
*Köttgen*, Arnold: Der Einfluß des Bundes auf die deutsche Verwaltung, JöR n. F. 116 (1962), S. 173 ff.
*Kriele*, Martin: Theorie der Rechtsgewinnung, entwickelt am Problem der Verfassungsinterpretation, Berlin 1967 (zit. Kriele, Rechtsgewinnung).
*Krüger*, Herbert: Neues zur Freiheit der Persönlichkeitsentfaltung und deren Schranken, NJW 1955, S. 201 ff.
— Bestimmung des Eigentumsinhalts Art. 14 I, S. 2 GG, Festschrift für Schack, Berlin-Frankfurt 1966 (zit. Krüger, Festschrift für Schack).
— Allgemeine Staatslehre, 2. Aufl., Stuttgart 1966 (zit. Krüger, Allg. Staatslehre).
— Sinn und Grenzen der Vereinbarungsbefugnis der Tarifvertragsparteien, Dt. Juristentag 1966 Essen, Bd. I, München und Berlin 1966.
*Kübler*, Klaus: Über Wesen und Begriff der Grundrechte, Diss. Tübingen 1965 (zit. Kübler, Grundrechte).
*Küchenhoff*, Günther: Ausdrückliches, stillschweigendes und ungeschriebenes Recht in der bundesstaatlichen Kompetenzverteilung, AöR 82 (1957), S. 413 ff.
*Küchenhoff*, Klaus: Die geistesgeschichtliche Entwicklung der Vereins- und Versammlungsfreiheit, in Verfassungsrecht und Verfassungswirklichkeit, Bd. 2, Hannover 1966 (zit. Küchenhoff, Vereins- und Versammlungsfreiheit).
*Kühn*, Rolf: Abgabenordnung, Kommentar, 6. Aufl. bzw. 7. Aufl.).
*Larenz*, Karl: Methodenlehre der Rechtswissenschaft, Berlin-Göttingen-Heidelberg 1960 (zit. Larenz, Methodenlehre).
*Laufer-Heydenreich*, Sybille: Die Verbände, Idee und Wirklichkeit der Verbände in der Bundesrepublik, München 1964 (zit. Laufer, Verbände).
*Lechner*, Hans: Bundesverfassungsgerichtsgesetz, Kommentar, 2. Aufl., München und Berlin 1967 (zit. Lechner, BVerfGG).

*Leibholz*, Gerhard: Staat und Verbände, VVDStL, Heft 24 (1966), S. 1 ff.
— Strukturprobleme der modernen Demokratie, 3. Aufl., Karlsruhe 1966 (zit. Leibholz, Strukturprobleme).
*Leibholz*, Gerhard/*Rinck*, H. J.: Grundgesetz für die Bundesrepublik Deutschland, Kommentar an Hand der Rechtsprechung des Bundesverfassungsgerichts, 2., unveränderte Aufl., Köln-Marienburg 1966 (zit. Leibholz-Rinck).
*Leisner*, Walter: Grundrechte und Privatrecht, München und Berlin 1960 (zit. Leisner, Grundrechte und Privatrecht).
— Die Gesetzmäßigkeit der Verfassung, JZ 1964, S. 201 ff.
— Öffentlichkeitsarbeit der Regierung im Rechtsstaat, Berlin 1966 (zit. Leisner, Öffentlichkeitsarbeit).
— Vereinigungsfreiheit, in Ev. Staatslex. 1966, Sp. 2338 f. (zit. Leisner, Vereinigungsfreiheit).
*Lengsfeld*, Michael: Das Recht zum Verbot verfassungswidriger Vereinigungen und der Ausgleich zwischen Interessen des Staates und Rechten der Individualsphäre, Diss. Münster 1965 (zit. Lengsfeld, Vereinigungsfreiheit).
*Lerche*, Peter: Grundrechtsbegrenzungen „durch Gesetz" im Wandel des Verfassungsbildes, DVBl. 1958, 524 ff.
— Übermaß und Verfassungsrecht, Zur Bindung des Gesetzgebers an die Grundsätze der Verhältnismäßigkeit und der Erforderlichkeit, Köln-Berlin-München-Bonn 1961 (zit. Lerche, Übermaß).
— Föderalismus als nationales Ordnungsprinzip, VVDStL, Heft 21 (1964), S. 66 ff.
— Besprechung: Peter Häberle, Wesensgehaltsgarantie des Art. 19 II GG, DÖV 1965, S. 212 ff.
— Werbung und Verfassung, München und Berlin 1967 (zit. Lerche, Werbung und Verfassung).
*Litt*, Theodor: Individuum und Gemeinschaft, 3. Aufl., Leipzig-Berlin 1926 (zit. Litt, Individuum und Gemeinschaft).
*Loewenstein*, Karl: Verfassungsrecht und Verfassungspraxis in den Vereinigten Staaten, Berlin 1959 (zit. Loewenstein, Verfassungsrecht und Verfassungspraxis).
— Max Webers Beitrag zur Staatslehre in der Sicht unserer Zeit, in Max Weber Gedächtnisschrift der Ludwig-Maximilians-Universität München 1966, herausgegeben von Karl Engisch, Bernhard Pfister, Johannes Winkelmann, Berlin 1966 (zit. Loewenstein, Max Weber Gedächtnisschrift).
*Lohmar*, Ulrich: Innerparteiliche Demokratie, Stuttgart 1963: Eine Untersuchung der Verfassungswirklichkeit politischer Parteien in der Bundesrepublik Deutschland (zit. Lohmar, Innerparteiliche Demokratie).
*Lübtow*, Ulrich von: Das römische Volk, sein Staat und sein Recht, Berlin 1955 (zit. Lübtow, Das römische Volk).
*Luhmann*, Niklas: Die Gewissensfreiheit und das Gewissen, AöR 90 (1965), S. 257 ff.
— Grundrechte als Institution, Ein Beitrag zur politischen Soziologie, Berlin 1965 (zit. Luhmann, Institution).
*Machiavelli*, Niccolo: Der Fürst, aus dem Italienischen übertragen von Ernst Maria Genast, Einführung von Hans Freyer, Stuttgart 1961 (zit. Machiavelli, Der Fürst).
*Mackenzie*, W. J. M./*Street*, Harry: Grundfreiheiten in Großbritannien und Nordirland, in Bettermann-Neumann-Nipperdey, Bd. I/2. Halbband, Berlin 1967 (zit. Mackenzie, Grundrechte in Großbritannien).

*Maier*, Hans: Rechtsstaat und Grundrechte im Wandel des modernen Freiheitsverständnisses, in Politik und Zeitgeschichte, Beilage 29 der Wochenzeitschrift Das Parlament, Hamburg 1966, S. 11 ff. (zit. Maier, Modernes Freiheitsverständnis).

*Mallmann*, Walter: Vereins- und Versammlungsfreiheit, in Herders Staatslexikon, Bd. 8, Freiburg 1963, Sp. 106 ff. (zit. Mallmann, Vereinsfreiheit).
— Literaturschau Presserecht (II), JZ 1964, S. 141 ff.
— Neue Presserechtliche Entwicklungen, JZ 1966, S. 625 ff.

*Mangoldt*, Herrmann von: Rechtsstaatsgedanke und Regierungsformen in den Vereinigten Staaten von Amerika, Essen 1938 (zit. von Mangoldt, Rechtsstaatsgedanke).

*Mangoldt*, Hermann von/*Klein*, Friedrich: Das Bonner Grundgesetz, Kommentar, 2. Aufl., Berlin und Frankfurt 1957 (zit. v. Mangoldt-Klein).

*Marčič*, René: Vom Gesetzesstaat zum Richterstaat, Wien 1957 (zit. Marčič, Richterstaat).

*Marmy*, Erich: Mensch und Gemeinschaft in christlicher Schau, Dokumente, herausgegeben von E. Marmy: Die Enzykliken Rerum Novarum (1891) und Quadragesimo Anno (1931), Freiburg/Schweiz 1945 (zit. Marmy, Rerum Novarum bzw. Quadragesimo Anno).

*Maste*, Ernst: Die Unterscheidung von Staat und Gesellschaft und der Staatsbegriff, in Politik und Zeitgeschichte, Beilage 4 der Wochenzeitschrift Das Parlament, Hamburg 1966, S. 1 ff. (zit. Maste, Staat und Gesellschaft).

*Maunz*, Theodor: Grundgesetz und Landesrecht, Erster Teil in Mang-Maunz-Mayer-Obermayer, Staats- und Verwaltungsrecht in Bayern, 2. Aufl., München 1964, S. 1 St. (zit. Maunz in Mang-Maunz-Mayer-Obermayer).
— Das Grundgesetz, Kommentar zusammen mit Günther Dürig und Roman Herzog, München und Berlin, 3. Aufl., Stand Sept. 1968) (zit. Maunz in Maunz-Dürig-Herzog).
— Deutsches Staatsrecht, 16. Aufl., München und Berlin 1968 (zit. Maunz, Dt. Staatsrecht).

*Maurach*, Reinhard: Deutsches Strafrecht, Allgemeiner Teil, 3. Aufl., Karlsruhe 1965 (zit. Maurach AT).

*Maurach*, Reinhard: Deutsches Strafrecht, Besonderer Teil, 4. Aufl., Karlsruhe 1964 (zit. Maurach BT).

*Menger*, Erich: Verwaltungsarchiv: Besprechung höchstrichterlicher Rechtsprechung zum Verwaltungsrecht, VerwArch. Bd. 55 (1964), 275 ff.

*Menzel*, Adolf: Beiträge zur Geschichte der Staatslehre, Wien 1929 (zit. Menzel, Beiträge).

*Menzel*, Eberhard: Staatliche Parteifinanzierung und moderner Parteienstaat, DÖV 1966, S. 585 ff.

*Mestmäcker*, Hans-Joachim: Wirtschaft und Verfassung, Besprechung zu dem Buch Ehmkes: Wirtschaft und Verfassung in den Vereinigten Staaten von Amerika, DÖV 1964, S. 606 ff.

*Mitscherlich*, Alexander: Proklamierte und praktizierte Toleranz, in: Die politische Verantwortung der Nichtpolitiker, München 1964, S. 145 ff. (zit. Mitscherlich, Proklamierte und praktizierte Toleranz).

*Moecke*, Hans-Jürgen: Rechtsnatur der Parlamentsfraktionen, NJW 1965, S. 276 ff.

*Mohl*, Robert von: Das Staatsrecht des Königreiches Württemberg, 2. Aufl., Tübingen 1840 (zit. Robert von Mohl, Württembergisches Staatsrecht).
— Praeventiv-Justiz, 2. Aufl., Tübingen 1845 (zit. Robert von Mohl, Praeventiv-Justiz).

*Müller*, Friedrich: Korporation und Assoziation, Eine Problemgeschichte der Vereinigungsfreiheit im Deutschen Vormärz, Berlin 1965 (zit. F. Müller, Korporation).
*Müller*, Max: Freiheit, in Herders Staatslexikon, Bd. 3, Freiburg 1959, Sp. 528 ff. (zit. Max Müller, Freiheit).
— Philosophische Grundlagen der Politik, Festschrift für Erik Wolf, Frankfurt 1962, S. 282 ff. (zit. Max Müller, Festschrift für Erik Wolf).
*Münch*, Ingo von: Kommentierung von Art. 8 GG in Bonner Kommentar, Zweitbearbeitung, Hamburg 1964 (zit. von Münch in BK, Art. 8 GG).
— Kommentierung von Art. 9 GG in Bonner Kommentar, Zweitbearbeitung Hamburg 1966 (zit. von Münch in BK, Art. 9 GG).
*Nawiasky*, Hans: Allgemeine Staatslehre, Zürich-Köln 1956 (zit. Nawiasky, Allg. Staatslehre).
*Noelle-Neumann*, Elisabeth: Öffentliche Meinung und soziale Kontrolle, in Recht und Staat in Geschichte und Gegenwart, 329/1966 Tübingen (zit. Noelle-Neumann, Öffentliche Meinung).
*Obermayer*, Klaus: Der Vollzug des Vereinigungsverbotes nach Art. 9 Abs. 2 GG, BayVerwBl. 1956, S. 5 ff., 38 ff., 146 f.
*Oppermann*, Hans: Öffentliches Recht, Staatswissenschaften und Sozialwissenschaften, JZ 1967, S. 721 ff.
*Papst Leo XIII.*: Enzyklika Rerum Novarum (1891), siehe Marmy.
*Papst Pius XI*: Enzyklika Quadragesimo Anno (1931), siehe Marmy.
*Peters*, Hans: Die freie Entfaltung der Persönlichkeit als Verfassungsziel, Festschrift für Laun, Hamburg 1953, S. 671 ff. (zit. Peters, Festschrift für Laum).
— Öffentliche und staatliche Aufgaben, Festschrift für Nipperdey, München und Berlin 1965, S. 877 ff. (zit. Peters, Festschrift für Nipperdey).
*Petzold*, Kurt: Rechtsstaatliches Verfahren für verfassungswidrige Vereine — das neue Vereinsgesetz, NJW 1964, 2281 ff.
*Pfeiffer*, Gerd: Die Verfassungsbeschwerde in der Praxis, Essen 1959 (zit. Pfeiffer, Verfassungsbeschwerde in der Praxis).
*Piepenstock*, Wolfgang: Das Verbot politischer Vereinigungen und die freiheitliche Demokratie, Anmerkungen zum Gesetz zur Regelung des öffentlichen Vereinsrechts (Vereinsgesetz) vom 5. August 1964, in Bl. für dt. und intern. Politik 1965, S. 142 ff. (zit. Piepenstock, Bl. für dt. und intern. Politik).
*Planitz*, Hans: Zur Ideengeschichte der Grundrechte, in Grundrechte und Grundpflichten der Reichsverfassung, Bd. 3 1930, herausgegeben von Nipperdey, Berlin, S. 397 ff. (zit. Planitz, Ideengeschichte).
*Plutarch*: Große Griechen und Römer, Bd. 1, deutsch von K. Ziegler, Zürich-Stuttgart 1954 (zit. Plutarch).
*Pongratz*, Heribert: Die Frage der verfassungsrechtlichen Zulässigkeit des Schulgebetes an öffentlichen Volksschulen des Freistaates Bayern, Diss. München 1967 (zit. Pongratz, Diss.).
*Quaritsch*, Helmut: Eigentum und Handlungshaftung, DVBl. 1959, S. 455 ff.
*Radbruch*, Gustav: Rechtsphilosophie, in der von Erik Wolf besorgten Ausgabe, Stuttgart 1950 (zit. Radbruch, Rechtsphilosophie).
*Ramm*, Thilo: Die Freiheit der Willensbildung, Zur Lehre von der Drittwirkung der Grundrechte und der Rechtsstruktur der Vereinigungen, Stuttgart 1960 (zit. Ramm, Freiheit der Willensbildung).
*Ramm*, Thilo: Koalitionsbegriff und Tariffähigkeit, JuS 1966, S. 223 ff., Besprechung von BVerfGE 18, S. 18 ff.
*Rasch*, Ernst: Besprechung von Schnorr, Vereinsrecht, DVBl. 1966, S. 583 f.

*Redecker,* Konrad/*Oertzen,* Hans-Joachim von: Verwaltungsgerichtsordnung, 2. Aufl., Münster 1965 (zit. Redecker-Oertzen VwGO).
*Reissmüller* Johann Georg: Das Monopol des BVerfG aus Art. 18 des Grundgesetzes, JZ 1960, S. 529 ff.
*Ridder,* Helmut: Meinungsfreiheit, in Neumann-Nipperdey-Scheuner, Die Grundrechte, Bd. 2, Berlin 1954, S. 243 ff. (zit. Ridder, Meinungsfreiheit).
— Zur verfassungsrechtlichen Stellung der Gewerkschaften im Sozialstaat nach dem Grundgesetz für die Bundesrepublik Deutschland, Stuttgart 1960 (zit. Ridder, Stellung der Gewerkschaften).
— Von Ursachen und Folgen föderalistischer Mißverständnisse, Bemerkungen zum Entwurf der Bundesregierung für ein Vereinsgesetz, Bl. für dt. und intern. Politik 1962, S. 515 ff. (zit. Ridder, Föderalistische Mißverständnisse).
— Die öffentliche Aufgabe der Presse im System des modernen Verfassungsrechts, Wien 1962 (zit. Ridder, Öffentliche Aufgabe der Presse).
— „Sühnegedanke", Grundgesetz, „verfassungsmäßige Ordnung" und Verfassungsordnung der Bundesrepublik Deutschland, DöV 1963, S. 321 ff.
— Grundgesetzwidrige Wettbewerbsbeschränkungen im politischen Prozeß durch staatliche Direktfinanzierung der politischen Parteien?, in Festschrift für Böhm, Karlsruhe 1965, S. 21 ff. (zit. Ridder, Festschrift für Böhm).
— Grundgesetz, Notstand und politisches Strafrecht, Frankfurt 1965 (zit. Ridder, GG, Notstand und p. Strafrecht).
*Röpke,* Wilhelm: Interessenvertretung als Mittel der Einflußnahme, Die politische Verantwortung der Nichtpolitiker, München 1964, S. 51 ff. (zit. Röpke, Interessenvertretung).
*Rosenberg,* Ludwig: Die Aufgaben der freien Verbände im demokratischen Staat, in Zeitschrift für Sozialreform, Wiesbaden 1964, S. 167 ff. (zit. Rosenberg, Freie Verbände).
*Rostow,* Walter W. The United States in the World Arena, New York 1960 (zit. Rostow, The United States).
*Rotteck,* Carl von: Staatsrecht der constitutionellen Monarchie, Fortsetzung des Aretinschen Staatsrechts, Bd. II/2, Altenburg 1831 (zit. Rotteck, Staatsrecht).
*Rousseau,* Jean-Jacques: Du contract social, Texte presenté par Francois Bouchardy, Paris 1946 (zit. Rousseau, Du contrat social, Bd. I bzw. Bd. II).
*Sauter,* Eugen: Der eingetragene Verein, 6. Aufl., München und Berlin 1965 (zit. Sauter, Der eingetragene Verein)
*Schack,* Friedrich: Generelle Eigentumsentziehung als Enteignungen, NJW 1954, S. 577 ff.
*Schafheutle,* Josef: Das Strafrechtsänderungsgesetz — Materielles Strafrecht, JZ 1951, S. 609 ff.
*Scheidle,* Günter: Das Widerstandsrecht, entwickelt an Hand der Höchstrichterlichen Rechtsprechung der Bundesrepublik Deutschland, Berlin 1969 (zit. Scheidle, Widerstandsrecht).
*Schelsky,* Helmuth: Soziologie der Sexualität, Hamburg 1955 (zit. Schelsky, Soziologie).
*Scheuner,* Ulrich: Politische Repräsentation und Interessenvertretungen, DöV 1965, S. 579 ff.
— Pressefreiheit, VVDStL, Heft 22 (1965), S. 1 ff.
— Die Garantie des Eigentums in der Geschichte der Grund- und Freiheitsrechte, in Verfassungsrecht und Verfassungswirklichkeit, Bd. 3, Hannover 1966 (zit. Scheuner, Garantie des Eigentums).

*Scheuner,* Ulrich: Aufgaben und Probleme des Verfassungsschutzes, Schriftenreihe der Hessischen Hochschulwochen, Bd. 31, Bad Homburg, Berlin, Zürich 1961 (zit. Scheuner, Verfassungsschutz).
— Besprechung: Hesse, Grundzüge des Verfassungsrechts, DÖV 1967, S. 283 ff.
*Schmid,* Richard: Auf dem Weg zum Überwachungsstaat, in Die Zeit vom 12. 3. 1965 (Nr. 11), S. 3 (zit. Schmid, Überwachungsstaat).
*Schmidt,* Erich: Die Entwicklung des Vereins- und Versammlungsrechts seit Erlaß des Reichsvereinsgesetzes vom 19. 4. 1908 und der gegenwärtige Rechtszustand, Diss. München 1954 (zit. Schmidt, Diss.).
*Schmidt,* Walter: Das neue Vereingesetz und Art. 9 II, 18 des Grundgesetzes, NJW 1965, S. 424 ff.
*Schmidt-Bleibtreu-Klein,* Bruno: Kommentar zum Grundgesetz, Neuwied und Berlin 1967 (zit. Schmidt-Bleibtreu-Klein).
*Schmidtchen,* Gerhard: Die befragte Nation, 2. Aufl., Freiburg 1961 (zit Schmidtchen, Befragte Nation).
*Schmitt,* Carl: Verfassungslehre, 4., unveränderte Auflage, Neudruck Berlin 1958 (zit. Carl Schmitt, Verfassungslehre).
— Verfassungsrechtliche Aufsätze aus den Jahren 1924—1954, Materialien zu einer Verfassungslehre, Berlin 1958.
Daraus:
— Das Reichsgericht als Hüter der Verfassung (1929), S. 63 ff. (zit. Carl Schmitt, Verf. Aufsätze, Hüter der Verfassung).
— Grundrechte und Grundpflichten (1932), S. 181 ff. (zit. Carl Schmitt, Verf.-Aufsätze, Grundrechte und Grundpflichten).
— Die staatsrechtliche Bedeutung der Notverordnung, insbesondere ihre Rechtsgültigkeit (1931), S. 235 ff. (zit. Carl Schmitt, Verf.Aufsätze, Notverordnung).
— Legalität und Legitimität (1932), S. 236 ff. (zit. Carl Schmitt, Verf.Aufsätze, Legalität und Legitimität).
— Probleme der Legalität (1950), S. 440 ff. (zit. C. Schmitt, Verf.Aufsätze, Legalität).
— Rechtsstaatlicher Verfassungsvollzug (1952), S. 452 ff. (zit. Carl Schmitt, Verf.Aufsätze, Verfassungsvollzug).
*Schmitt,* Rudolf: Strafrechtliche Maßnahmen gegen Verbände, Stuttgart 1958, (zit. Schmitt, Rudolf, Strafrechtliche Maßnahmen gegen Verbände).
*Schmitt-Gläser,* Walter: Mißbrauch und Verwirkung von Grundrechten im politischen Meinungskampf, Bad Homburg, Berlin 1968 (zit. Schmitt-Gläser, Mißbrauch und Verwirkung).
*Schmitt-Lermann,* Hans: Bayerische Verwaltungszustellungs- und Vollstreckungsgesetz, München 1961 (zit. Schmitt-Lermann, VerwZustVollstrG).
*Schneider,* Peter: In dubio pro libertate, Festschrift Deutscher Juristentag 1960, Bd. II, S. 263 ff. (zit. Peter Schneider, in dubio pro libertate).
— Prinzipien der Verfassungsinterpretation, VVDStL, Heft 20 (1963), S. 1 ff.
*Schneider,* Peter: Pressefreiheit und Staatssicherheit, Mainz 1968 (zit. Peter Schneider, Pressefreiheit und Staatssicherheit).
*Schnorr,* Gerhard: Bundesverfassungsgericht und kollektives Arbeitsrecht, Recht der Arbeit 1955, S. 13 ff.
— Öffentliches Vereinsrecht, Kommentar zum Vereinsgesetz, Köln-Berlin-Bonn-München 1965 (zit. Schnorr, VereinsG).
*Schnur,* Roman: Pressefreiheit, VVDStL, Heft 22 (1965), S. 101 ff.
*Schönke,* Adolf/*Schröder,* Horst: Strafgesetzbuch, Kommentar, 13. Aufl., München und Berlin 1967 (zit. Schönke-Schröder).

*Scholler*, Heinrich: Freiheit des Gewissens, Berlin 1958 (zit. Scholler, Freiheit des Gewissens).
— Besprechung: Luhmann, Grundrechte als Institution, BayVerwBl. 1965, S. 434 ff.
— Person und Öffentlichkeit, München 1967 (zit. Scholler, Person und Öffentlichkeit).
— Die Freiheit der Meinungsäußerung in der Rechtsprechung des Bundesverfassungsgerichts, BayVerwBl. 1968, S. 41 ff.
*Scholz*, Georg: Die aufschiebende Wirkung von Widerspruch und Anfechtungsklage nach § 80 VwGO, Diss. Kiel 1964 (zit. Scholz, Aufschiebende Wirkung).
*Schulz*, Wilhelm: Geheime Gesellschaften in Staatslexikon, Bd. 5, 1847 Altona, herausgegeben von Carl von Rotteck und Carl Welcker, Sp. 427 ff. (zit. Schulz, Geheime Gesellschaften).
*Schunck*, Egon/*De Clerck*, Hans: Siegburg 1967 (zit. Schunck-de Clerck, VwGO).
*Schwarz*, Otto/*Dreher*, Eduard: Strafgesetzbuch, Kurzkommentar, München und Berlin, 25. Aufl. 1963 (zit. Schwarz-Dreher, StGB).
*Seifert*, Karl-Heinz: Probleme des öffentlichen Vereinsrechts, DÖV 1954, S. 353 ff..
— Zum Verbot politischer Parteien, DÖV 1961, S. 81 ff.
— Vereinsverbindungen im öffentlichen Recht, DÖV 1962, S. 408 ff.
— Ist § 128 StGB verfassungsgemäß? NJW 1964, S. 2142 f.
— Nochmals: Das neue Vereinsgesetz, DÖV 1965, S. 35 f.
*Serik*, Rolf: Rechtsform und Realität Juristischer Person, Berlin und Tübingen 1955 (zit. Serik, Juristische Person).
*Siewerth*, Gustav: Freiheit, in Lexikon für Theologie und Kirche, 2. Aufl., Freiburg 1960 (zit. Siewerth, Lexikon für Theologie und Kirche).
*Smend*, Rudolf: Zum Problem des Öffentlichen und der Öffentlichkeit, Gedächtnisschrift für G. Jellinek München 1955, S. 16 (zit. Smend, Gedächtnisschrift für G. Jellinek).
— Staatsrechtliche Abhandlungen und andere Aufsätze, Berlin 1955, Daraus:
— Recht der freien Meinungsäußerung (1928), S. 89 ff. (zit. Smend, Staatsrechtliche Abhandlungen, Meinungsäußerung).
— Verfassung und Verfassungsrecht (1928), S. 119 ff. (zit. Smend, Staatsrechtliche Abhandlungen, Verfassung und Verfassungsrecht).
— Bürger und Bourgeois im deutschen Staatsrecht (1933), S. 309 ff. (zit. Smend, Staatsrechtliche Abhandlungen, Bürger und Bourgeois).
*Stein*, Erwin: Die verfassungsrechtlichen Grenzen der Rechtsfortbildung durch die Rechtsprechung, NJW 1964, S. 1745 ff.
*Stödter*, Rolf: Öffentlich-rechtliche Entschädigung, Hamburg 1933 (zit. Stödter, Entschädigung).
*Strauss*, Herbert Arthur: Staat, Bürger, Mensch, Die Debatten der Deutschen Nationalversammlung 1848/1949 über die Grundrechte, in Berner Untersuchungen zur Allgemeinen Geschichte, Heft 15 (1952), (zit. Strauss, Staat Bürger, Mensch).
*Stree*, Walter: Deliktsfolgen und Grundgesetz, Zur Verfassungsmäßigkeit der Strafen und sonstigen strafrechtlichen Maßnahmen, Tübingen 1960 (zit. Stree, Deliktsfolgen und GG).
*Thomas von Aquin*: Sancti Thomae Aquinatis (Summa theologica) Turin und London 1876 (zit. Thomas von Aquin, Summa theologica nach Bd., Questiones und Art.).

*Tocqueville*, Alexis de: Die Demokratie in Amerika, Eine Auswahl übersetzt, eingeleitet und erklärt von Friedrich August Freiherr von der Heydte, Regensburg 1955 (zit. Tocqueville, Demokratie in Amerika).
*Ule*, Carl Herrmann: Verwaltungsprozeßrecht, 4. Aufl., München und Berlin 1966 (zit. Ule, Verwaltungsprozeßrecht).
*Varain*, Heinz-J.: Partei und Verbände.
*Varain*, Heinz-J.: Verbände, in Ev. Staatslex., Sp. 2322 (zit. Varain, Verbände in Ev. Staatslex.).
*Voigt*, Alfred: Geschichte der Grundrechte, Stuttgart 1948 (zit. Voigt, Geschichte der Grundrechte).
*Waldecker*, Ludwig: Vereins- und Versammlungsfreiheit, in Handbuch des Deutschen Staatsrechts, herausgegeben von Anschütz-Thoma, Bd. 2, Tübingen 1932, S. 637 ff. (zit. Waldecker, Handbuch).
*Weber*, Hellmuth von: Das Strafrechtsänderungsgesetz, MDR 1951, S. 517 ff., 641 ff.
— Zum SRP-Urteil des Bundesverfassungsgerichts, JZ 1953, S. 293 ff.
*Weber*, Max: Rechtssoziologie, herausgegeben von Johannes Winckelmann, Neuwied 1960 (zit. Max Weber, Rechtssoziologie).
*Weber*, Werner: Zur Problematik von Enteignung und Sozialisierung nach neuem Verfassungsrecht, NJW 1950, S. 401 ff.
— Eigentum und Enteignung, in Neumann-Nipperdey-Scheuner, Grundrechte, Bd. 2, Berlin 1954, S. 331 ff. (zit. Werner Weber, Eigentum und Enteignung).
— Spannungen und Kräfte im westdeutschen Verfassungssystem, 2. Aufl., Stuttgart 1958 (zit. Werner Weber, Spannungen und Kräfte).
*Welcker*, Carl: Association Staatslexikon, Bd. 1, 1845 Altona, herausgegeben von Carl von Rotteck und Carl Welcker, Sp. 723 ff. (zit. Welcker, Association).
— Bürgertugend, Staatslexikon, Bd. 2, 1845 Altona, herausgegeben von Carl von Rotteck und Carl Welcker, Sp. 763 ff. (zit. Welcker, Bürgertugend).
*Welcker*, Carl: Staatsverfassung, Staatslexikon, Bd. 12, 1848 Altona, herausgegeben von Carl Rotteck und Carl Welcker, Sp. 431 ff. (zit. Welcker, Staatsverfassung).
*Wernicke*, Kurt Georg: Erstbearbeitung im Bonner Kommentar, Art. 9 GG und 18 GG, Hamburg 1950 (zit. Wernicke, Erstbearbeitung in BK).
*Wiedemann*, Herbert: Richterliche Kontrolle privater Vereinsmacht, JZ 1968, S. 219 ff.
*Willms*, Günther: Die Organisationsdelikte, NJW 1957, S. 565 ff.
— Das Vereinigungsverbot des Art. 9 GG und seine Vollziehung, NJW 1957, S. 1617 ff.
— Staatsschutz im Geiste der Verfassung, Frankfurt-Bonn 1962 (zit. Willms, Staatsschutz).
— Die Kalamität des § 129 a StGB, Wege und Irrwege zum Vollzug des Verbots verfassungsfeindlicher Vereinigungen, JZ 1963, S. 121 ff.
— Art. 18 GG und der strafrechtliche Staatsschutz, NJW 1964, S. 225 ff.
— Der strafrechtliche Staatsschutz nach dem neuen Vereinsgesetz, JZ 1965, S. 86 ff.
— Geheimbündelei, Änderung oder Verzicht? NJW 1965, S. 565 ff.
*Winckler*, Günther: Staat und Verbände, VVDStL, Heft 24 (1966), S. 34 ff.
*Wittkämper*, Gerhard W.: Grundgesetz und Interessenverbände, Köln und Opladen 1963 (zit. Wittkämper, Interessenverbände).
*Wolf*, Ernst: Freiheit, in Die Religion in Geschichte und Gegenwart, Bd. II (zit. Wolf, Freiheit).

*Wolff*, Hans-Julius: Verwaltungsrecht, Bd. 1, 6. Aufl., München und Berlin 1965 (zit. Wolff,Verwaltungsrecht, Bd. 1).
— Verwaltungsrecht, Bd. 3, 1. Aufl., München und Berlin 1966 (zit. Wolff, Verwaltungsrecht, Bd. 3).
— Anmerkung zum Urteil des OLG Hamm vom 21. 5. 1951, NJW 1951, S. 771 ff.
*Wurzbacher*, Gerhard/*Schrötter*, Gertrud Freifrau von: Das Grundrecht der freien Vereiniung und seine Verwirklichung in der Bundesrepublik Deutschland, Beiträge zur Sozialkunde des Vereins-Verband- und Parteiwesen, in Verfassungsrecht und Verfassungswirklichkeit, Bd. 2, Hannover 1966 (zit. Wurzbacher, Freie Vereinigungen).
*Zeidler*, Karl: Strafrechtliche Einziehung und Art. 14 GG, NJW 1954, S. 1148 ff.
*Ziegler*, Hans: Probleme der inneren Sicherheit des Staates, BayVerwBl. 1968, 333 ff. und 382 ff.
*Zippelius*, Reinhold: Das Wesen des Rechts, München 1965 (zit. Zippelius, Wesen des Rechts).
— Freiheit, in Ev. Staatslex. Sp. 556, (zit. Zippelius, Freiheit).
— Kommentierung zu Art. 1 GG, in BK Hamburg, Okt. 1966 (zit. Zippelius, in BK, Art. 1 GG).
*Zorn*, Wolfgang: Gesellschaft und Staat in Bayern, in Staat und Gesellschaft im deutschen Vormärz 1815—1948, S. 125 ff., Stuttgart 1962 (zit. Zorn, Gesellschaft und Staat in Bayern).

Printed by Libri Plureos GmbH
in Hamburg, Germany